本书得到国家自然科学基金青年项目"个体自我认知偏差与创新二元悖论：家长式领导的破解机理"（71402124）的资助

任务紧迫性下
项目创新实施路径研究：
基于创新与效率协同的视角

>>> 张敏/著

中国社会科学出版社

图书在版编目（CIP）数据

任务紧迫性下项目创新实施路径研究：基于创新与效率协同的视角 / 张敏著. —北京：中国社会科学出版社，2015.12
ISBN 978 – 7 – 5161 – 7218 – 6

Ⅰ. ①任…　Ⅱ. ①张…　Ⅲ. ①项目管理—创新管理—研究　Ⅳ. ①F224.5

中国版本图书馆 CIP 数据核字（2015）第 291227 号

出 版 人	赵剑英
责任编辑	王　曦
责任校对	周晓东
责任印制	戴　宽

出　　版	中国社会科学出版社
社　　址	北京鼓楼西大街甲 158 号
邮　　编	100720
网　　址	http://www.csspw.cn
发 行 部	010 – 84083685
门 市 部	010 – 84029450
经　　销	新华书店及其他书店
印　　刷	北京君升印刷有限公司
装　　订	廊坊市广阳区广增装订厂
版　　次	2015 年 12 月第 1 版
印　　次	2015 年 12 月第 1 次印刷
开　　本	710×1000　1/16
印　　张	14.75
插　　页	2
字　　数	258 千字
定　　价	56.00 元

凡购买中国社会科学出版社图书，如有质量问题请与本社营销中心联系调换
电话：010 – 84083683
版权所有　侵权必究

目 录

第一章　导言 …………………………………………………………… 1

第二章　任务紧迫性下个体情绪与面子感知对项目创新行为的
　　　　影响机理研究 ………………………………………………… 9

　第一节　任务紧迫性下个体情绪对项目创新行为的实验研究 …… 9
　第二节　任务紧迫性下个体面子观对项目创新行为的实验研究 … 21

第三章　任务紧迫性下个体的积极拖延行为与项目创新行为的
　　　　关系研究 ………………………………………………………… 33

　第一节　任务紧迫性下无法忍受不确定性、积极拖延及
　　　　　创新行为的关联机理研究 ……………………………………… 34
　第二节　情感网络中个体积极拖延对创新行为影响的实验研究 … 46
　第三节　任务紧迫性下积极拖延对团队创新绩效的
　　　　　影响机制研究 ……………………………………………………… 58

第四章　基于计划行为理论的个体创新行为实施路径研究 ………… 72

　第一节　基于计划行为理论的个体创新行为实施策略研究 ……… 72
　第二节　基于情绪驱动的项目成员创新过程控制策略实验研究 … 87

第五章　网络嵌入视角下情绪劳动对项目成员创新行为的影响 …… 98

　第一节　任务紧迫性下关系嵌入、情绪劳动及个体创新行为的
　　　　　关系研究 …………………………………………………………… 98
　第二节　任务紧迫性下个体情感网络特征、情绪劳动及
　　　　　创新行为的关系研究 ……………………………………………… 117

第六章　任务紧迫性下团队情绪、创新氛围对项目成员创新行为的影响研究……………………………………… 129

　　第一节　建设性争辩、团队情绪对团队成员创新行为影响的实证研究…………………………………………… 129

　　第二节　建设性争辩、创新氛围对团队成员创新行为影响的实验研究…………………………………………… 137

第七章　任务紧迫性下团队情绪能力与团队创新的提升策略研究…… 147

　　第一节　个体情感网络嵌入与团队情绪能力的关联机制研究
　　　　　——基于家长式领导的调节作用…………………… 147

　　第二节　组织结构、团队情绪与团队创新绩效的关系研究
　　　　　——基于情绪感染的视角…………………………… 163

第八章　任务紧迫性下基于效率与创新协同的项目过程控制策略研究……………………………………………………… 180

　　第一节　基于过程控制的项目创新速度实验研究………… 180

　　第二节　基于效率与创新协同控制的两阶段激励契约设计……… 191

第九章　结语……………………………………………………… 203

参考文献……………………………………………………… 205

第一章　导言

一　研究背景

当前，我国正处于资源依赖型向创新驱动型战略转变的关键时期，提高自主创新能力是经济发展的重中之重。效率和创新始终是企业生存和发展的核心要素。在经济全球化、竞争白热化的市场环境下，越来越多的企业正在借助项目管理技术来实现新产品、新市场的开发和发展战略的实施。与此同时，项目赶工也成为项目管理中最为普遍的现象之一。各类项目赶工的报道屡见不鲜，学术界也以如何压缩项目工期作为项目管理领域的研究重点。关键链作为一种全新的项目管理方法，在考虑行为不确定性和资源约束的前提下能够有效压缩项目工期、降低成本，在多个企业中获得了成功的应用，引起了学术界相当的重视。然而，一味关注压缩项目工期就一定能实现高绩效吗？2012年，铁道部发文禁止项目恣意赶工，说明人们已经意识到赶工可能对项目质量带来的损害。但是，赶工带来的另一层危害还没有引起人们足够的重视。由于项目绩效是时间、成本、质量的函数，最终通过独一无二的创造性产品或服务来体现，是一系列创新活动的集合。创新的本质是发现和利用机会来创造新的产品、服务和工作方法，是需要消耗资源的高风险行为（Van De Ven，1986）。项目赶工带来的任务紧迫性和强制性会对项目创新行为的实施带来一定的影响。尤其是在关键链项目管理过程中，任务紧迫性和强制性程度更加突出，由此引发一系列问题：①紧迫性扼杀创新能力。关键链项目管理在压缩工期、强制性下达任务、追求运营效率的同时，势必减少对创新的投入，在无形中扼杀了员工的创造力和企业的创新能力，取而代之的是高度的一致性、严格性和紧迫性。②缓冲控制无益于营造创新氛围。关键链项目管理的缓冲机制试图通过对缓冲的消耗进行监控来展开资源的调配，这是一种强制性的、自上而下的控制机制，忽视了员工的自我管理意识和责任感。员工之间以及员工同管理者之间缺乏信任，很难形成良好的合作互助关系，降低了员工的创造性、主动性和责任感，无法形成创新氛围，员工的创新行为更是难以实现。鉴于短期的优化无益于长期创新能力的发展（Markides and Geroski，2004），随着中国企业自主创新战略的深入，创新已成为左右中国企业竞争力的重要因素。因此，项目在追求效率的同时也要挖掘创新的动力，尤其是实施关键链项目管理的组织更需要将关注焦点从单纯追求运营效率向追求创新与效率的平衡转变。

二 研究内容

本书旨在系统梳理与提炼任务紧迫情景下创新与效率的平衡策略，对于项目团队中创新氛围构建策略以及个体在任务紧迫性下的行为应对策略进行了探究，证实了情绪氛围、个体特质、典型行为特征对个体创新绩效的实施存在显著的促进作用。本书对任务紧迫性下的项目管理创新绩效进行了重新审视，对项目运营中的社会资本、心理资本以及创新氛围等关键问题进行了理论探究与实证检验，为中国情景下的项目管理实践提供了理论支持与实践指引。

（一）任务紧迫性下个体情绪与面子感知对项目创新行为的影响机理研究

任务紧迫性是项目管理中面临的常见问题，本章从项目成员的典型认知特征切入，借助情景实验来探究情绪感知和面子感知对项目创新行为的影响机理。本章首先模拟了时间限制下项目执行者的感知时间压力、情绪与创新行为交互作用的主要过程，实验结果证明，在项目实施过程中时间限制会加大项目执行者的感知时间压力并产生消极情绪，进而对创新行为带来不利影响；积极情绪的个体在面对较高的感知时间压力时趋向于选择规避风险较大的创新行为；积极的情绪在调节感知时间压力和创新行为之间起到正向调节作用，而外界的消极情绪极易对员工积极情绪带来负面影响。项目管理者应该结合任务的创新特征综合确定缓冲设置方案，重视压力管理和积极情绪的诱导，通过创新氛围的构建诱导员工积极投身创新活动。其次，通过将面子观纳入时间压力和创新行为的研究框架中，模拟了时间压力下项目执行者的感知时间压力、面子观与创新行为交互作用的主要过程。实验结果证明，想要面子的观念直接对创新行为产生积极作用，怕掉面子的观念对时间压力和创新行为之间的关系起到反向调节作用，即怕掉面子的观念越强，时间压力和创新行为之间负相关性越显著。项目管理者可以在适当强化想要面子观念的同时弱化怕掉面子的观念，引导员工积极投身创新活动。

（二）任务紧迫性下个体积极拖延行为与项目创新行为的关系研究

拖延是任务紧迫性下项目执行过程中的典型行为现象，本章通过情景实验，对任务紧迫性下个体积极拖延行为的影响因素及其与项目创新行为的关系进行了较为系统的阐述。本章首先对任务紧迫性下个体创新过程中可能出现的消极情绪规避和拖延现象进行了细致观察，获得了积极拖延有利于个体实施创新行为这一基本结论，虽然个体的无法忍受不确定特质（包括预期性焦虑和抑制性焦虑两个维度）会对创新行为带来负面影响，但积极拖延可以在一定程度上抑制这种消极作用。管理者可以通过实施积极拖延策略，有效利用缓冲，帮助员工调整情绪，增强对不确定性的耐受力，在兼顾效率的同时更好地促使个体实施创新行为。其次，通过引入个体情感网络中心性这一网络特征变量对积极拖延行为的影响路径进行重新梳理，对时间压力下个体的无法忍受不确定特征与创新行为的关系进行了实验研究，发现积极拖延和情感网络的建立有利于个体实施创新行为。尽管个体的无法忍受不确定特征（包括预期性焦虑和抑制性焦虑两个维度）会对创新行为带来不利影响，但积极拖延可以在一定程度上缓解抑制性焦虑对创新行为的消极作用，情感网络中心性特征则可以降低预期性焦虑对个体创新行为的负面影响。管理者可以通过实施积极拖延策略，利用情感网络搭建情绪宣泄的通道并使之成为建立信任的纽带，更加高效地利用时间缓冲帮助员工调整情绪，增强项目成员对不确定性的容忍度，在维系和谐的情绪氛围的同时高效地实施创新行为。最后，以任务紧迫性下的项目实施为背景来设计情景实验，对个体的积极拖延行为与团队创新绩效之间的关系进行阐释，从个体控制和团队控制两个不同层面揭示个体积极拖延行为与团队创新绩效之间的影响路径。跨层次回归分析证实，个体的自我领导能力可以调节积极拖延与团队创新绩效之间的关系，自我领导水平越高，积极拖延与团队创新绩效之间的关系越强；积极拖延与自我领导的交互作用通过团队反思为中介，进而对团队创新绩效产生显著影响。

（三）基于计划行为理论的个体创新行为实施路径研究

本章首先以计划行为理论为依托，借助情景实验对个体创新的计划行为模型进行了验证。分析结果不仅证实了创新态度、创新主观规范和创新行为控制感知与个体创新行为之间的正向相关关系，而且针对自我效能感、建设性争辩、时间压力、任务反思和组织支持五个外生潜变量，提出了个体创新过程控制的干预策略。分析显示，通过加大组织支持力度建立积极的创新氛围、对任务反思和建设性争辩实施积极引导、提升自我效能感等策略可以有效引导个体实施创新行为，而时间压力的触发则需要慎重。其次，本章依托计划行为理论，以温州制造业员工为研究对象，将情绪变量纳入员工创新行为研究框架，通过分析情绪与创新态度、创新主观规范、创新行为控制感知以及创新意图的关系，探寻情绪对创新行为的影响路径。研究发现积极情绪对创新行为产生的各个阶段都起到了积极预测作用，消极情绪则主要通过对创新主观规范、创新行为控制感知和创新意图三个变量产生阻碍作用进而对创新行为产生间接的负面影响。研究发现，温州企业家应该通过设计基于情绪驱动的情商培养及创新行为控制策略，帮助提升员工情绪管理技巧，帮助增强情绪控制的意识和能力，积极尝试创新行为。

(四) 网络嵌入视角下情绪劳动对项目成员创新行为的影响

本章将情绪劳动视为推动个体关系网络和情感网络演变的重要因素，从社会网络的视角观察情绪劳动对项目成员创新行为的影响。本章首先从关系嵌入的角度，借助情景实验，对任务紧迫性下关系嵌入、情绪劳动和个体创新行为之间的作用机理展开研究。研究证实了任务紧迫性下关系嵌入程度对个体创新行为会产生倒U形影响，中等强度关系嵌入下的个体创新行为最为突出；深层情绪劳动在关系嵌入与个体创新行为之间起到正向调节作用。对深层情绪劳动的引导和控制能够让这种倒U形关系变得较为平坦，增强关系嵌入策略的可执行性。其次，以情感网络为切入，借助情景实验，对任务紧迫性下个体情感网络特征、情绪劳动和个体创新行为之间的作用机理展开研究。证实情感网络中心性在表层劳动与个体创新行为的关系中起着倒U形调节作用，情感网络中心性在深层劳动与个体创新行为之间起到正向的调节作用。对情绪劳动的合理引导以及对情感网络的有效控制能够充分运用情绪资源的资本优势，促进个体实施创新行为。

(五) 任务紧迫性下团队情绪、创新氛围对项目成员创新行为的影响研究

本章聚焦任务紧迫性下的团队情绪的营造策略，对创新氛围及项目成员创新之间的关联机理及关键影响因素展开分析。首先，通过情景实验，对建设性争辩、团队情绪与团队成员创新行为之间的互动影响和调节效应

进行了实验研究。借助多层线性回归分析发现，团队积极情绪有利于个体创新而团队消极情绪对创新行为影响并不显著；建设性争辩在创新想法的产生和创新行为的实现过程中发挥了积极作用；团队积极情绪在建设性争辩与个体创新行为之间发挥正向调节作用，团队消极情绪在建设性争辩与个体创新行为之间产生负向调节影响。营造积极的团队情绪氛围，培养良好的情绪体验，引导和发挥建设性争辩的积极作用，能够将情商培养与创新引导有机融合，提高创新能力。其次，对建设性争辩、创新氛围与个体创新行为之间的互动规律以及基于三者关系建立的调节效应模型进行了实验研究。研究结果显示，在创新团队内，创新氛围和建设性争辩都对项目成员创新行为有促进作用；建设性争辩与同学支持、组织支持之间的交互对项目成员的创新行为会产生显著的正向影响；与时间压力之间的交互对大学生创新行为会产生显著的负面影响；而与主管支持之间的交互对大学生创新行为的影响并不显著。

（六）任务紧迫性下团队情绪能力与团队创新的提升策略研究

本章聚焦情绪的动力学特征，研究团队情绪能力与团队创新的影响因素，并对两者之间的关联路径进行探究。首先，从家长式领导行为切入，对情感网络中个体情绪资源整合为团队情绪管理能力的路径及策略进行探讨。借助情景实验，得到如下结论，情感网络中心性高的个体更能够推动团队情绪能力的提升，人情关系建立也能够对团队情绪能力的提升提供心理资本的支持，建立合作默契；仁慈领导在情感网络结构嵌入、关系嵌入与团队情绪能力的转化过程中起到了积极的推动作用，威权领导所起到的作用恰好相反。团队管理者既需要关注非正式情感网络中个体的角色定位，充分发挥核心成员的情感感召作用，也应该在管理实践中设计和谐、宽容的领导行为模式，提升团队情绪能力。其次，从项目团队参与创新行为的情绪状态和情绪感染过程切入，对组织结构要素、团队情绪和团队创新绩效的关系进行了实验研究，分析发现：任务紧迫性情景下团队成员之间的情绪感染会对团队情绪和团队创新绩效带来影响，而组织结构的不同维度会对情绪感染和团队情绪之间的关系起到一定的调节作用。上述研究从情绪感染的角度对组织结构进行优化，为深入理解组织结构、情绪与创新绩效的关系提供了新的分析视角。

（七）任务紧迫性下基于效率与创新协同的项目过程控制策略研究

本章旨在探求任务紧迫性下项目创新速度的推动策略及创新激励策

略，首先，通过情景实验对建设性争辩、团队情绪与团队成员创新行为之间的互动影响和调节效应进行了实验研究。多层回归分析的研究结果显示：团队积极情绪有利于个体创新而团队消极情绪对创新行为影响并不显著；建设性争辩在创新想法的产生和创新行为的实现过程中发挥了积极作用；团队积极情绪在建设性争辩与个体创新行为之间发挥正向调节作用，团队消极情绪在建设性争辩与个体创新行为之间产生负向调节影响。营造积极的团队情绪氛围，培养良好的情绪体验，引导和发挥建设性争辩的积极作用，能够将情商培养与创新引导有机融合，提高创新能力。其次，以关键链项目管理为依托，构建基于效率与创新协同控制的两阶段创新激励机制模型，通过设计包含学习期权的激励路径来保证在提高效率的同时完成项目的创新绩效。通过建立两阶段委托代理模型，归纳出解析并提出具体的实施方案及模型改进方法；在此基础上设计情景实验加以验证，初步得到以下结论：对早期创新风险的补偿能够帮助项目执行者在保证工作效率的同时更好地利用学习期权引导员工积极实施创新行为。

三　基本思路与研究方法

本书以组织行为学、心理学、创新学、行为经济学以及社会网络领域的相关理论作为研究基础，整体研究遵循"理论构念→假设提出→假设检验"的基本思路展开。在研究中注重理论研究与实证分析相结合，量表测量方法与规范研究方法相结合，以实验研究、统计分析等为主要实证手段。在具体研究过程中，综合运用归纳和演绎方法，结合文献研究设计调查问卷并展开访谈，借助SPSS、LISREL等分析工具进行探索性因子分析、验证性因子分析和多元回归分析，通过结构方程建模对影响项目成员创新绩效的中介变量、调节变量和潜变量进行梳理和提炼，最终建立任务紧迫性情景下基于创新与效率协同的理论体系和系统分析框架。

四　研究创新点

本书在理论上的创新性在于构建了任务紧迫性情景下，多维度、多层面的个体创新行为推动与团队创新绩效提升机制与实现机理，主要体现在以下三个方面：①从个体层面对项目创新过程中典型的个体行为及个性特征进行了描述，阐述了在任务紧迫性和强制性的情景下，个体无法忍受不确定性、积极拖延以及建设性争辩等行为特征对个体创新行为的影响；

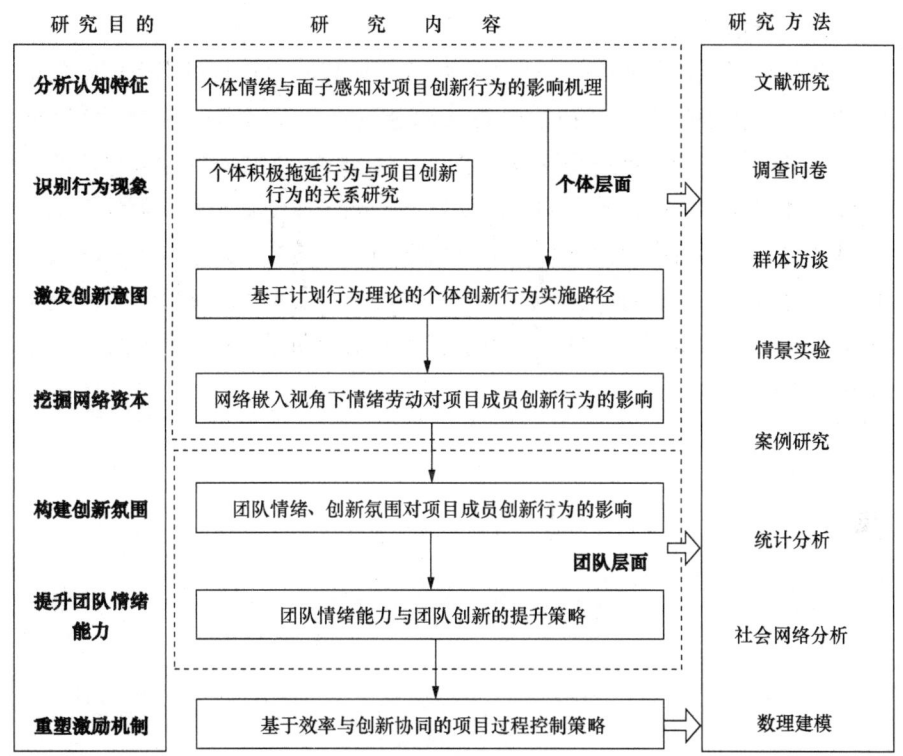

图 1-1 技术路线图

②从团队层面探讨组织结构、团队情绪对营造团队创新氛围以及提高团队创新绩效的作用；③从网络层面挖掘关系网络嵌入与情感网络嵌入对个体及团队创新在整合心理资本与社会资本方面的关键作用，由点及面，系统构建了中国管理情景下项目创新的实现路径。本书拓展了不确定理论、认知理论、情绪感染理论、社会网络理论、创新理论的研究范畴，为更为深入地探究创新驱动战略下的创新实施路径提供了有益的借鉴。

本书在研究方法上的创新性主要体现在以下两个方面：①通过情景实验，模拟了任务紧迫性下项目执行者的感知时间压力、情绪、网络特征与创新行为交互作用的主要过程，与常见的横截面研究方法相比，本书采用的纵向研究方法能更好地解释上述变量之间动态演化的过程，因而更加具有说服力。②本书针对多层次的研究目标，采用在校大学生与企业员工进行对比实验或组合实验的方式，能够克服样本选择带来的选择性偏差，获得更为可靠的实验数据，提高了研究结论的信度和效度。

五 学术价值

基于时间的竞争使得任务紧迫性成为现阶段项目执行过程中面临的最常见的管理情景，本书开拓性地将认知理论、不确定理论、情绪感染理论、社会网络理论、创新理论进行了交叉整合，从个体行为感知、团队氛围营造和组织结构构建等不同层面提炼出影响个体创新与团队创新绩效的关键变量。本书研究视角独特，实验数据翔实，集成了近期学术界相关领域的研究成果，并在前人基础之上，提出了一系列具有前瞻性的研究结论，系统构建了中国管理情景下项目创新的实现路径，体现了较强的学术前瞻性与创新性。

第二章 任务紧迫性下个体情绪与面子感知对项目创新行为的影响机理研究

任务紧迫性是项目管理中面临的常见问题,本章从项目成员的典型认知特征着手,借助情景实验来探究情绪感知和面子感知对项目创新行为的影响机理。本章首先模拟了任务紧迫性下项目执行者的感知时间压力、情绪与创新行为交互作用的主要过程,实验结果证明,在项目实施过程中时间限制会加大项目执行者的感知时间压力并产生消极情绪,进而对创新行为带来不利影响;积极情绪的个体在面对较高的感知时间压力时趋向于选择规避风险较大的创新行为;积极的情绪在调节感知时间压力和创新行为之间起到正向调节作用,而外界的消极情绪极易对员工积极情绪带来负面影响。项目管理者应该结合任务的创新特征综合确定缓冲设置方案,重视压力管理和积极情绪的诱导,通过创新氛围的构建诱导员工积极投身创新活动。其次,通过将面子观纳入时间压力和创新行为的研究框架中,模拟了时间压力下项目执行者的感知时间压力、面子观与创新行为交互作用的主要过程。实验结果证明,想要面子的观念直接对创新行为产生积极作用,怕掉面子的观念对时间压力和创新行为之间的关系起到反向调节作用,即怕掉面子的观念越强,时间压力和创新行为之间负相关性越显著。项目管理者可以在适当强化想要面子观念的同时弱化怕掉面子的观念,通过对面子观的有效引导以推动员工积极投身创新活动。

第一节 任务紧迫性下个体情绪对项目创新行为的实验研究

一 前言

效率和创新始终是企业生存和发展的核心要素。在经济全球化、竞争白热化的市场环境下，越来越多的企业正在借助项目管理技术来实现新产品、新市场的开发和发展战略的实施。与此同时，项目赶工也成为项目管理中最为普遍的现象之一。各类项目赶工的报道屡见不鲜，学术界也以如何压缩项目工期作为项目管理领域的研究重点。关键链作为一种全新的项目管理方法，在考虑行为不确定性和资源约束的前提下能够有效压缩工期、降低成本，在多个企业获得了成功的应用，引起了学术界相当的重视。然而，一味关注压缩项目工期就一定能实现高绩效吗？2012年，铁道部发文禁止项目恣意赶工，说明人们已经意识到赶工可能对项目质量带来的损害。但是，赶工带来的另一层危害还没有引起人们足够的重视。由于项目绩效最终通过独一无二的创造性产品或服务来体现，是一系列创新活动的集合。创新的本质是发现和利用机会来创造新的产品、服务和工作方法，是需要消耗资源的高风险行为。项目赶工带来的任务紧迫性会对项目创新行为实施带来一定的影响。尤其是在关键链项目管理过程中，任务紧迫性程度更加突出，由此引发一系列问题。关键链项目管理在压缩工期追求运营效率的同时，势必减少对创新的关注，任务的紧迫性对企业创新能力和员工创新行为带来一定的影响。项目在追求效率的同时也要挖掘创新的动力，尤其是实施关键链项目管理的组织更需要将关注焦点从单纯追求运营效率向追求创新与运营的均衡转变。因此，识别任务紧迫性下影响项目创新行为的调节变量并分析其作用机制将成为实现这一突破的关键环节。

二 相关文献述评

（一）时间压力与员工创新

任务紧迫性主要表现为对工作完成时间进行限制，Ordonez 和 Benson（1997）认为时间限制是指在不考虑个体能否完成任务的情形下给决策过程制订明确的时间界限，时间压力指的是由时间限制所引发的压力感。Zakay（2005）提出客观的时间限制要通过个体主观知觉到，并产生相应的情绪体验才能感受到时间压力的存在。学者们普遍认同时间压力是在时间限制下个体的一种心理状态或情绪体验这一观点。对员工创新行为的理解也基本达成共识，West 和 Farr（1989）将创新行为定义为个人产生、引进新的想法和流程并将其应用在组织上的活动。Scott 和 Bruce（1994）则将创新行为定义为一种包含想法的产生、推动和实践的多阶段的过程，是一系列非连续活动的组合，在不同的阶段有不同的创新行为，个体可以在任意时间参与到这些行为中去。员工创新行为会随着任务类型、环境和个人特质的变化而不断变化，时间压力既是一种环境变量，又是一种任务特质。国内外研究者对时间压力与员工创新行为之间的关系并没有达成一致，尽管注意力集中模型和激活理论能够对上述不一致做出部分解释，但依然无法给出满意答案（张剑、刘佳，2010）。研究结论存在分歧意味着对两者关系的研究还需细化，时间压力与创新行为之间或许存在诸如人格特征、环境特征等中介变量或调节变量，这些变量的引入会得到更为客观和准确的分析结果，另外，对时间压力的强度没有具体区分，仅仅停留在高强度与低强度的模糊划分可能会导致不一致的结论。

（二）时间压力与情绪

情绪本质上是一种在短期内产生的、与具体情景相关的、具有不稳定性的心理状态（George & Zhou, 2002）。一般地，情绪被分为积极情绪和消极情绪两个维度（Hullett, 2005）。工作紧张是一种典型的消极情绪体验，如愤怒、挫折感或压力。员工在充满压力和不公平的组织环境中，会产生消极的情绪如气愤，进而产生反生产行为；情绪可以调解感知压力和实际压力，个体感知时间压力可以得到适当控制（Spector & Fox, 2010）。Rodell 和 Judge（2009）认为工作负荷、时间紧迫性、工作责任和复杂性等工作特征可以成为挑战性的压力源，帮助员工产生积极的情感反应。在组织情景下，研究者已认识到许多前因变量正是通过情绪来影响员工的态度、行为和工作绩效（Miner & Glomb, 2010）。虽然现有研究认同时间压力与情绪之间存在密切关系，时间压力会导致个体情绪状态的改变，情绪也可能对实际感知的时间压力带来影响，但情绪对时间压力的影响路径尚未得到确定答案，现有研究成果是否适用于不同程度时间压力，还需要进一步证实。

（三）情绪与创新

Amabile 等（2005）认为任何与情感相关的事件或环境特征都可能影响员工创新行为，并验证了积极情绪有利于组织创新并且两者呈线性关系，但也有学者发现消极情绪同样有利于创新行为的实现（Eisenberg & Brodersen, 2004）。消极情绪说明组织中尚存改进的机会，有利于打破传统的思考范式，促使人们通过发散性思维以获得新的认知途径，感知到压力和不满意是创造性解决问题的必要条件（Madjar et al., 2002）。Anderson、DeDreu 和 Nijstad（2005）更是认为负面情绪是个人、团队和组织创新的触发器,当外部环境急剧动荡时更为明显。Davis(2009)对2006—2007年相关期刊的72篇文献进行元分析,证实积极情绪能够提供创造力,创新任务类型的不同使得中性、消极情绪与创造力之间的关系并不显著,同时也证实情绪的影响强度和创新绩效之间的关系呈曲线关系。可见,虽然学者们都非常重视情绪对创新的影响,但由于没有将情绪诱因、任务创新程度、情绪强度进一步细化,得到的研究结果也不尽相同。后续研究应该更多考虑组织的环境特征,并结合具体的事件特征来分析情绪对创新行为的影响路径。

(四)缓冲机制与项目创新

关键链项目管理技术是基于约束理论的项目进度计划和控制方法,从工序的时间估算、缓冲的使用以及资源冲突的消除等方面对传统项目调度方法加以改进,能够在一定程度上降低资源冲突和行为的不确定程度,有效控制不确定因素对整个项目工期造成的影响(Goldratt,1997)。缓冲区是保证项目进度计划如期进行的有效措施,建议对任务工期进行50%的削减,再通过项目缓冲保护计划稳健性。之后有很多学者对缓冲的设置方法进行了改良,考虑了更多与项目属性、资源特性相关的评价指标并对缓冲设置过程进行优化(Ashtiani & Jalali,2007),以更好地提高资源利用效率并有效约束参与者的行为。但是,项目创新性是项目评价的重要指标,由于项目进度计划的实施者并非绝对理性的个体,对缓冲设置的优化一直忽视了员工对方案的接纳程度及其行为反应,缓冲设置方案对员工创新行为的影响更是鲜有涉及。如果忽视了对项目执行氛围的研究,模型的优化也无益于项目创新目标的实现。

综上所述,在对员工创新行为作用机理的研究中,时间压力和工作情景因素激发的情绪变量已经被认为是非常重要的研究线索。但是,由于已有研究尚未对时间压力强度以及情绪程度进行细化,得到的结论存在一定分歧;在关键链项目管理领域也存在忽视创新目标而导致的研究系统性缺乏;另外,由于现有的大多数研究都是通过问卷调查的形式进行,较少采用情景模拟实验的方式(Madjar & Oldham,2006),所得结论的适用性还需进一步检验。本书将同时引入时间压力和情绪两个变量,借助情景模拟实验对研究变量进行设计和控制,通过调节任务紧迫性程度,研究个体感知时间压力与情绪之间的交互作用及其与项目创新行为之间的关系。

三 实验设计与实施

（一）实验假设

本实验旨在研究任务紧迫性情景下，时间压力、情绪特征与项目创新行为之间的关系。Zakay 和 Ariely（2001）认为时间压力要通过缩短完成任务的时间来引起，但是这一客观时间限制主要通过个体主观进行知觉，并且具备相应的情绪体验才能真正感受到时间压力的存在。因此，本实验中的时间压力是指在项目管理过程中，由于任务完成时间限制的变化，个体能够感知到的压力体验。由于每一种基本情绪都有其独特的动机属性，并与特定的行为和认知倾向相联系，情感的两维结构可以解释自评情感体验中的大部分方差（Baer & Oldham，2006）。George 和 Zhou（2007）认为员工在工作中可能受到各种因素的影响，经常会同时感受到积极和消极两种情绪，只是不同的情绪会占主导。只有同时考虑积极情绪和消极情绪的影响，才能客观评价情绪如何对行为产生作用。

因此，本实验将通过设计不同的情绪诱导场景，并对某一特定时间限制下被试者个体感知时间压力的实际情绪和表现出的创新行为展开度量。

为了更好地进行实验变量的控制，做出以下假设：

假设1：时间限制会对个体感知时间压力和个体创新行为产生显著影响。

假设2：时间限制一定的前提下，外界情绪诱导对感知时间压力产生显著影响。

假设3：当存在感知时间压力时，外界情绪诱导能够对个体实际的情绪和个体创新行为产生显著影响。

假设4：个体情绪作为调节变量对时间压力与创新行为之间的关系产生影响。

（二）实验对象和主要实验参数设计

尽管学术界对采用大学生群体作为被试者群体依然存在争议，但由于在校大学生的角色特征决定了其较少受到行业规则和其他噪声的影响，能够保证研究结论的一般性，因而以大学本科生作为情景实验的被试者对象得到了广泛使用（Ploott，1982）。本书以浙江和湖北两所高校工商管理大类的大学三年级学生为实验对象，以 ERP 沙盘实训项目为实验素材，在整个实训项目的计划和实施过程中，借鉴关键链项目管理的理念，对关键任务进行时间削减并以项目缓冲的形式放置于整个实训项目结束之前，在实验中通过设计不同的情绪诱导场景，对被试对象的感知时间压力、情绪和创新行为进行观察和评价。

由于时间压力还没有一个准确的工具进行测量，为了降低个体差异和任务内容可能对时间压力感受程度带来的差异性，我们选择的是相同专业、相同年级的学生参与实验，为了保证每位同学承担任务的数量和难度尽可能一致，对其承担的角色及工作内容进行了重新组合并随机抽取学生组成一个团队进行实验。为了使时间压力的控制更具可操作性，借鉴Weening（2002）的观点，把无时间限制条件下被试者决策时间分布的中位数或平均数的50%作为时间压力条件下的决策时间。情绪是可以诱导的，诱导情绪的实验方法主要有三种：个体差异研究法、时间压力研究法和信息激起研究方法（Carver、Scheier & Wegraub，1989）。本书主要利用前两种方法对积极情绪和消极情绪进行诱导。创新行为则主要侧重被试者是否能产生或探寻新的发现和想法、是否能采取行动以非常规的手段解决问题。

（三）实验步骤

实验在2011年1月至2012年3月分为两个阶段进行，先后有480名学生参加。第一阶段收集的数据主要用作探索性研究，第二阶段收集的数据主要用于验证性研究。2011年1月至6月为第一阶段，共242名学生参加，旨在对不同情绪诱导下被试者感知时间压力、情绪和创新行为之间的交互关系进行探索性分析，修正问卷。实验依照以下四个步骤进行：

1. 被试者情绪稳定性测试

采用艾森克人格问卷简式量表中国版（EPQ—RSC）中针对情绪不稳定性的N量表（钱铭怡等，2003），对被试者的人格体系中的神经质进行测量，以保证被试者的情绪波动性不存在显著性差异。卡方检验显示，$p = 0.026 < 0.05$，说明被试者在情绪波动性方面不存在显著差异。

2. 编制关键链项目计划

根据过去开展该实训项目的教学经验，将整个项目分解为八个任务，每个任务的期望完成时间均为4课时，利用4天的时间连续完成所有实训任务。任务5、6、7、8为关键任务。为了帮助被试者更好地掌握实训规则，任务1、2、3、4的计划完成时间保持4课时不变，将任务5、6、7、8的计划工期减半为2课时，这一时间可以认为是时间压力下的决策和行动时间（Weening & Maarleveld，2002）。削减总工期的一半即4课时作为项目缓冲置于整个实训项目结束之前，根据项目缓冲的消耗情况对实训进度人为施加一定控制。在实训项目开始之前，将项目计划向被试者详细告知。关键任务执行过程中，教师需要定期对所耗用时间进行提示，充分发挥时间限制带来的时间压力。时间压力的测度量表借鉴 Zapf（1993）和王大伟（2007）的观点，题项如下：在实训中，我被要求加快操作速度；我优先对重要信息进行处理；我可能会忽略一些信息；对负面信息的重视程度提升。依然采用 Likert 五点计分，即从 1（完全不符合）到 5（完全符合）以 5 分制评定计分，得分越高，说明被试者体验到的时间压力越大。

所有被试学生在任务 4 结束后（关键链项目计划实施之前）和项目结束后分别进行主观感知时间压力的测试。

3. 情绪诱导和自评

被试者分成三批依次完成实训，对第一批参与实训的同学不施加明显情绪诱导，按照上述计划执行。由于情绪与具体事件相关，为保证情绪诱导和测量的一致性，第二批、第三批参与实训的同学在开始关键任务（任务 5）实施前被要求分别回忆和记录近期学习和生活中使之感到高兴/积极或悲哀/消极的事件（Schwarz & Clore，1983）。所有三批学生均被要求在任务 4 结束后和整个项目结束后完成 PANAS – R 量表，以便对被试者实际情绪状态进行评价（邱林，2006）。采用 Likert 五点计分，即从 1（完全不符合）到 5（完全符合）以 5 分制评定计分。

4. 个体创新行为的自评

要求所有被试学生在任务 4 结束后对前四个任务执行过程中产生的新的想法和解决的新问题进行陈述，以此消除主观偏差（Kahneman et al.，2004），在陈述结束后分别进行个体创新行为自我评价。在整个项目结束后对后四个关键任务在完成过程中产生的新想法和解决的新问题进行陈述，并进行个体创新行为自我评价。个体创新行为自我评价借鉴 Scott 和 Bruce 于 1994 年开发的量表，包括创意的产生和执行创新构想两个阶段。经过多次修改后形成的正式题项如下：在实训过程中，我经常会产生一些有创意的想法；在实训过程中，我会向团队成员推销自己的新想法，以获得支持与认可；为了实现自己的创意或构想，我会想办法争取所需要的资源；我会主动地制订计划来实现自己的创意想法；对团队成员的创意构想，我经常参与讨论并献计献策。采用 Likert 五点计分，即从 1（完全不符合）到5（完全符合）以5分制评定计分。

2011年9月至2012年3月，实验进入第二阶段，共238名学生参加，分以下两个步骤进行：首先，进行被试者情绪稳定性测试，依然采用上述艾森克人格问卷简式量表中国版（EPQ—RSC）中针对情绪不稳定性的N量表，卡方检验显示，$p=0.043<0.05$，说明被试者在情绪波动性方面不存在显著差异；其次，编制关键链项目计划并进行情绪、时间压力和创新行为的测定，具体设计方案与采用问卷及测试方法均与第一阶段实验相同，在关键链项目管理实施前（任务4结束后）和实施后（整个项目结束之后）分别要求被试者及时完成情绪、时间压力和创新行为问卷。

四　实验分析与结果

（一）量表信度和效度检验

本书采用了四个量表：艾森克人格问卷简式量表中国版（EPQ—RSC）、时间压力量表、创新行为量表以及PANAS–R量表。其中艾森克人格问卷简式量表中国版（EPQ—RSC）和PANAS–R量表均在国外权威量表的基础上结合中国本土文化进行改良，已经被证明具有较好的信度和结构效度，本书中时间压力量表和创新行为量表的一致性系数 α 为0.769和0.698，分半信度为0.732和0.665，且各因子负荷均大于0.5，所有因子分别能够解释总变异量的67%和61%，信度和结构效度都可以保证。由于所有变量的测量均来自受测者自评，但Harman单因子检验结果表明共同方法变异并不严重，并且对数据进行中心化处理，能够有效避免同源偏差。所有问卷在实验现场及时回收，保证问卷的回收率和较高真实性。

（二）参数检验和非参数检验

第一阶段实验分别获取了不同情绪诱导下，在实施关键链项目管理前后的被试者数据，除去答题缺失的数据和过于随意的答题数据（如每个题项分值都一样，每个题项都选择中间值等）后，有效样本数为214个，通过参数检验和非参数检验分析情绪状态、感知时间压力和创新行为之间的关系。

在不施加明显情绪诱导（基期）的前提下（见表2–1），被试者在实施关键链项目管理前后其情绪状态、感知时间压力和表现出的创新行为都发生了显著变化。在实施关键链项目管理后，被试者积极情绪明显下降，消极情绪表现明显，感知时间压力较大幅度上升，且被试者表现出的平均创新行为显著下降。实施关键链项目管理的主要举措反映在对关键任务完成时间进行限制，改变时间限制可以改变个体感知时间压力，时间限制同样可能是产生消极情绪的直接诱因，进而对个体创新行为产生影响，假设1得到初步验证。

表2-1 无明显情绪诱导下创新行为的配对样本T检验（$N=76$）

变量		实施关键链项目管理之前		实施关键链项目管理之后		t值	p
		均值	标准差	均值	标准差		
情绪状态	积极情绪	34.23	2.81	16.82	3.12	12.61	0.01
	消极情绪	17.61	3.75	32.51	3.26	-13.74	0.01
感知时间压力		8.75	1.52	17.18	2.94	-2.29	0.005
创新行为		18.62	0.73	12.35	1.17	-2.95	0.005

由于积极情绪诱导是在关键链项目管理开始前才施加的，前期关于情绪状态、感知时间压力和创新行为的数据与基期相比无显著差异（$p<0.05$）（见表2-2）。在关键链项目管理实施之后，积极情绪的平均值与基期相比差异很小，但与关键链项目管理实施前相比差异明显，说明在时间限制下积极的情绪诱导能够激发被试者的积极情绪，但影响力度有限。然而，积极情绪的诱导能够有效减弱被试者在实施关键链项目管理后的消极情绪，被试者在关键链项目管理实施前后的消极情绪差异依然显著（$z=1.258$，$p<0.05$），但是相对于基期，感知到的消极情绪降幅较大。在关键链项目管理实施之后，感知时间压力相对基期有所上升，与关键链项目管理实施之前差异显著。和基期相比，创新行为自我评价分值有所上升，但与关键链项目管理实施前相比依然显著下降。

表2-2 积极情绪诱导下创新行为的配对样本T检验（$N=70$）

变量		实施关键链项目管理之前		实施关键链项目管理之后		t值	p
		均值	标准差	均值	标准差		
情绪状态	积极情绪	33.83	2.65	17.68	3.29	14.61	0.01
	消极情绪	18.23	3.62	22.51	3.52	-4.33	0.03
感知时间压力		8.91	1.72	19.59	3.65	-2.67	0.005
创新行为		19.15	0.81	14.63	1.62	-3.37	0.005

由于消极情绪诱导是在关键链项目管理开始前才施加，前期关于情绪状态、感知时间压力和创新行为的数据与基期相比无显著差异（$p < 0.05$）（见表2-3）。在关键链项目管理实施之后，消极情绪的均值与基期相比差异很小，但与关键链项目管理实施前相比差异明显，说明在时间限制下消极情绪诱导对实际的消极情绪形成作用不大。这也进一步证实关键链项目管理方法会给项目执行者带来较高强度的消极情绪。然而，消极情绪的诱导却较为显著地降低被试者在实施关键链项目管理后体验到的积极情绪。在关键链项目管理实施之后，感知时间压力相对基期变化较小，与关键链项目管理实施之前相比差异显著。和基期相比，创新行为自我评价分值有所下降，与关键链项目管理实施前相比依然差异显著。可见，不管是否存在情绪诱导，无论情绪诱导的性质如何，时间限制的调整都可能会改变个体感知时间压力和个体创新行为，假设1得到验证。

表2-3　消极情绪诱导下创新行为的配对样本 T 检验（$N = 68$）

变量		实施关键链项目管理之前		实施关键链项目管理之后		t 值	p
		均值	标准差	均值	标准差		
情绪状态	积极情绪	34.63	2.92	12.78	3.47	15.42	0.01
	消极情绪	17.14	3.38	33.15	3.40	-13.21	0.01
感知时间压力		8.61	1.59	18.25	2.78	-2.59	0.005
创新行为		18.35	0.91	10.15	1.93	-3.99	0.005

在实施关键链项目管理之后，对时间限制变量影响下积极情绪和消极情绪诱导对被试者感知的时间压力进行两独立样本的Mann-Whitey非参数检验，在 $\alpha = 0.05$ 时，Sig.(2-tailed) = 0.031，$p < 0.05$，两个样本存在显著性差异。积极情绪诱导下的感知时间压力明显大于消极情绪下的感知时间压力，即外界情绪诱导对感知时间压力产生影响。假设2初步得到证实。

进一步地，将第一阶段三次实验中被试者的创新行为分别进行聚类分析，将被试者分为尝试创新和不尝试创新两类，列联表检验结果显示，在实施关键链项目管理之后，无诱导情绪情景下选择创新的人数显著大于积极情绪下选择创新的人数（$\chi^2_{(1)} = 5.231$，$p = 0.015 < 0.05$）；无诱导情绪情景下选择创新人数与消极情绪下选择创新人数无显著差异（$\chi^2_{(1)} = 1.485$，

$p = 0.065 > 0.05$）。由于时间压力可能对创新行为产生影响，列联表检验结果也证实积极情绪诱导会使实施创新行为的人数下降，可能是因为在时间压力下积极情绪诱导的个体夸大了时间压力所致（见表2-2）。这也进一步证实当存在感知时间压力时，外界的积极情绪诱导能够对个体实际的情绪带来较大影响，并影响个体创新行为，外界消极情绪诱导的作用尚未明显显现。假设3得到部分验证。

（三）层级回归分析

第一阶段的实验结果揭示了任务时间限制、个体感知时间压力、外界情绪诱导以及个体创新行为之间可能存在的相互影响，第二阶段的实验则期望在此基础上探寻外界情绪诱导在感知时间压力和创新行为之间的作用机制。通过对第二阶段实验获取的数据进行筛选，有效样本数为216个，层级回归分析结果如表2-4所示。

表2-4　回归分析结果（$N=216$）

		标准回归系数				
		第一步	第二步	第三步	第四步1	第四步2
控制变量	年龄	0.05	0.03	0.02	0.01	0.01
	性别	-0.03	-0.02	-0.01	-0.01	-0.01
自变量	感知时间压力		-0.36**	-0.21**	-0.20*	-0.20
调节变量	积极情绪			0.18**	0.16*	0.12
	消极情绪			-0.12**	-0.09*	-0.11
自变量×调节变量	感知时间压力×积极情绪				0.11*	
	感知时间压力×消极情绪					0.04
	Adjusted R^2	0.02	0.13**	0.15**	0.16**	0.15
	ΔR^2		0.11**	0.02**	0.01*	0.00

注：* 表示 $p < 0.05$（双侧检验），** 表示 $p < 0.01$（双侧检验）。

基于情绪调节作用的层级回归分析显示：积极情绪对感知时间压力和创新行为有显著的调节作用（$\beta = 0.11$，$p < 0.05$）；消极情绪对感知时间压力与创新行为之间的调节作用没有达到显著水平（$\beta = 0.04$，$p > 0.05$）。个体情绪中的积极情绪维度作为调节变量对时间压力与创新行为之间的关系产生积极影响,因而假设4得到部分检验。

五 结语

首先,通过情景实验,我们模拟了时间限制下项目执行者的感知时间压力、情绪与创新行为交互作用的主要过程。与以往的截面研究方法相比,本实验采用的纵向研究方法能更好地解释上述变量之间动态演化的过程,因而更有说服力。实验结果说明,依照关键链项目管理的思路,项目实施过程中的时间限制会不可避免地加大项目执行者的感知时间压力并产生消极情绪,进而对创新行为带来不利影响。如果在实施过程中施以积极情绪的诱导,将在一定程度上抑制消极情绪对创新行为的负面作用,但积极情绪的个体在面对较高的感知时间压力时可能会夸大时间压力的感知,更关注于负面信息,导致趋向于选择规避风险较大的创新行为。因此,在项目任务异常紧迫时,管理者可以通过适当的精神或物质激励来诱导或诱发积极情绪,并对员工面临的时间压力进行合理的解释和心理疏导,帮助员工形成客观的压力评价,将任务紧迫性视为一种挑战性压力源,鼓励员工积极承担风险,用于尝试创新行为。

其次,关键链项目管理倡导的缓冲控制方法建议将关键任务预估完成时间进行50%的削减,实验发现这种缓冲设置方法会对员工的情绪、感知时间压力带来极大影响,直接导致员工放弃创意想法和实施创新行为,虽然积极情绪能够调节时间压力感知和创新行为之间的关系,但由于感知到的消极情绪占据主导,即便通过积极情绪诱导也无法彻底消除过高的时间压力带来的负面影响。因此,关键任务的削减比例还应该根据任务的创新特征综合加以评估,过于简单地处理只会增加员工消极情绪,最终影响创新能力。

最后,数据分析发现积极的情绪在调节感知时间压力和创新行为之间的关系中起到积极的作用,而外界的消极情绪极易对员工积极的情绪带来负面影响,消极情绪一旦产生,很难化解。关注消极情绪的产生来源成为时间压力下情绪管理的重要内容。管理者必须挖掘项目组织中消极情绪的来源,通过设计前瞻性的项目计划,构建公正的绩效考核制度、多元化的沟通和信任机制,加强员工培训,实施目标管理并配备适当的资源,营造创新氛围,诱导员工产生创意想法并积极实施。

本书针对关键链项目管理的缓冲设置策略展开情景实验,发现了时间限制、情绪以及感知时间压力和创新行为之间的一些规律,得到了一些初步结论，但由于个人能力水平和资源的限制，对情绪诱导强度，任务属性的处理还比较粗略，对人格特征中的前瞻性和开放性人格因素还缺乏准确识别，样本量还有待进一步扩充。除此之外，实验中也发现感知时间压力与管理制度、情绪诱导存在关联，如何利用组织情绪化解个体情绪对创新行为的不利影响也值得我们深入研究。因此，在后续研究中，我们将进一步展开较大范围的实验研究，在此基础上以项目从业者为变量进行实证分析，希望通过更为全面的理论剖析和探索性案例分析，更深入地探寻感知时间压力、情绪与创新行为之间的关系，建立更为完善而系统的项目管理理论模型，提高研究结论的客观性与适用性。

第二节 任务紧迫性下个体面子观对项目创新行为的实验研究

一 引言

一直以来，人们对项目工期的优化都给予了特别关注，无论是学术界还是实务界都以工期作为衡量项目绩效的关键指标，项目赶工也成为项目实施过程中的常见现象。随着国内外技术和经济发展形势的不断变化，创新资源在全球范围内加速流动，构建创新型国家成为我国提高综合国力的战略决策。然而，当我们从提高国家创新体系整体效能的视角来审视现阶段项目执行情况时，项目创新乏力、突破性创新欠缺成为制约我国资源优化配置和提升整体创新能力的"瓶颈"。项目的最终价值将通过提供独一无二的创造性产品、服务来体现，项目的实施过程就是一系列创新活动的整合过程。由于创新的本质是需要消耗资源的高风险行为，项目赶工所带来的时间压力会对项目创新行为的实施带来一定的影响。项目在压缩工期、控制成本的同时，势必将投入更多资源进行效率的控制，对创新缺乏关注致使项目创新发展水平滞后，创新动力不足，极大地限制了我国自主创新能力的提升。基于上述原因，项目在实施过程中需要将关注的焦点从单纯追求运营效率向追求创新与运营的均衡转变，而识别时间压力下影响项目创新行为的调节变量并分析其作用机制将成为实现这一突破的关键所在。鉴于创新型文化是建设创新型国家的重要内容，梳理典型的文化影响因素并以此作为调节变量加以切入，有助于我们从社会学、心理学的角度探寻更为真实的创新行为规律。

二　相关文献述评与假设提出

（一）时间压力与员工创新行为

项目赶工或者对任务完成时间进行限制都会使个体产生紧迫感，如果缺乏对个体完成任务能力的充分考虑，一旦为某项决策或行为拟订完成时间，个体就会产生压力感（Ordonez & Benson，1997）。一些学者认为时间压力是一种知觉，需要经过一系列的心理活动才能被感悟到。Zakay（2005）认同这一观点，并提出只有特定的情绪体验才能帮助个体感受到时间压力的存在。时间压力作为任务紧迫性下个体的一种情绪体验或心理状态已逐渐在学术界达成共识。本书对情景实验中采用的时间压力控制变量进行如下界定：在项目管理过程中，由于对任务完成时间限制的调整所引起的个体能够感知到的压力体验。

学术界对员工创新行为的研究历时已久，对创新行为的理解也较为一致。West 和 Farr（1989）将创新行为定义为个人产生、引入新的创意想法和流程并将其应用于组织的活动。Scott 和 Bruce（1994）对创新行为的理解侧重于一种动态的、阶段性的描述，认为创新行为包含想法的产生、推动和实施三个不同阶段，是一系列非连续活动的组合，个体可以在任意时间、在创新的不同阶段参与到其中，并表现出创新行为。由于项目环境、任务类型和个人特质的变化会对员工创新行为产生影响，时间压力可能源自于环境，也可能源自于任务本身的特质要求（张剑、刘佳，2010）。关于员工创新行为和时间压力的概念界定基本达成共识，但对于时间压力与员工创新行为之间的关系并没有达成一致，虽然激活理论和注意力集中模型能够在一定程度上对上述关系的不一致性做出部分解释，但依然无法给出满意答案。上述研究结论尚存分歧说明对两者关系的研究还需细化，时间压力与创新行为之间或许还存在反映环境特征和人格特征的潜变量，这些变量的引入会帮助我们梳理时间压力与创新行为之间的影响机制，得到更为客观和准确的分析结果。基于上述原因，本书将面子观纳入时间压力和创新行为的研究框架，期望通过引入面子观这一中介变量来探寻时间压力与员工创新行为之间的关系。

（二）面子观与员工创新行为

面子作为一种复杂而微妙的文化现象一直是学术界研究的重点，学者们从人类学、社会学、心理学、语言学和哲学的角度进行了大量研究。虽然对面子的内容界定尚未达成一致，但对面子会直接或间接地影响行为这一观点已经基本达成共识（Christopher，1997；朱瑞玲，2005）。Christopher（1997）认为面子是个体在特定的社会环境和社会结构中做出的综合评价，这种评价是建立在对个人的内外部评估，以及个人对社会道德和社会规范的坚持的基础上，最终对个体行为产生影响。外部威望是面子的核心内容，会随着外部任务的成功或失败而发生改变，所以需要对其进行积极的管理。朱瑞玲（2005）认为，面子既是一种经社会认可的"自我"，也是一种个体的社会影响力的集中体现。为了追求面子，个人会逐渐掌握符合社会规范的行为模式，因而具有发挥社会规范并进行社会控制的作用。人们对面子的关注意识具有共性，这种对面子的关注被称为面子观。何友晖（2006）把"面子观"归纳为"想要面子"和"怕掉面子"两个维度，认为个体既可能期望通过实施超出社会期望的行为或取得成就而得到面子，也可能担心会因为不适宜的社会表现而丧失面子。Zhang等（2011）通过大样本实证分析和案例研究对上述观点进行了验证并证实了以上两个维度的存在。本书借鉴Zhang等（2011）和何友晖（2006）的观点，将面子观分为"想要面子"和"怕掉面子"两个维度，两个维度发生交互作用并对创新行为产生影响。

由于创新具备高风险特性，一方面，如果员工希望得到面子，他就需要表现出超出一般期望的行为，积极尝试创新活动，如果创新行为没有达到预期，也不必然一定会失去面子；另一方面，如果员工出于防范风险的角度规避创新行为，他可能不会失去面子，但未必会获得面子。

基于上述原因，做出以下假设：

H1：想要面子的观念与个体创新行为正相关；

H2：怕掉面子的观念与个体创新行为负相关。

(三) 时间压力与感知面子压力

随着市场竞争日益激烈，创新机会转瞬即逝，"时间窗"成为创新决策的主要约束条件，时间压力是创新决策面临的重要挑战之一。一般地，时间压力指的是个体在多大程度上感觉没有足够的时间来完成工作任务或者是需要采用比平时更快的速度来完成任务（Svenson & Maule，1993；Baer & Oldham，2006）。王大伟将时间压力视作个体的一种主观反映状态，是在被强加时间限制或缩短可利用时间的情况之下，个体所能知觉到压力的情感体验，这种体验会对行为及态度产生影响（王大伟，2007）。

感知面子压力是在某种社会性反馈之下个体觉察到的负面自我认知,它是一个兼具动机性和认知性的心理过程(朱瑞玲,1987)。也可以理解为是个体由于某一特定的事件或行为而感知到的没面子或丢面子的可能性和风险。它以社会成本的形式作用于个体的行为反应(朱瑞玲,1987)。当时间压力的存在可能会使个体的"行为或表现没有达到最低的、可接受的水平,或是特定的、关键的要求没有被满足"的时候,他的面子就可能会无法保全(Ho,1976)。反之,由于时间压力是一种情绪体验,一旦个体所持有的面子观维度在强度上发生变化,其感知到的面子压力也会发生改变,进而影响对时间压力的判断。

基于上述原因,做出以下假设:

H3:时间压力与个体想要面子的观念负相关;

H4:时间压力与个体怕掉面子的观念正相关;

H5:想要面子观念会对时间压力和创新行为之间的关系起到正向调节作用;

H6:怕掉面子观念会对时间压力和创新行为之间的关系起到负向调节作用。

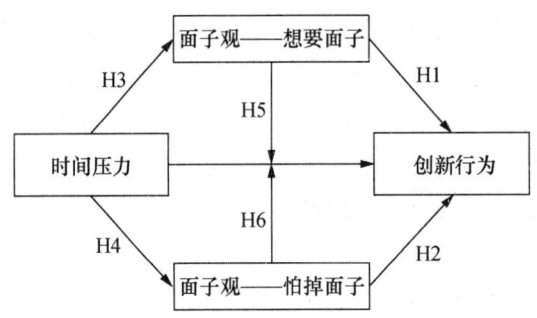

图2-1 研究模型与研究假设

(四)缓冲机制与项目创新

为了更好地控制时间压力并分析时间压力对个体创新行为的影响,本书借助关键链项目管理的管理理念,通过实施缓冲机制来营造时间压力氛围。关键链项目管理建立在约束理论的基础之上,从工序的时间估算、资源冲突的消除以及缓冲的使用等方面对传统项目调度方法加以改进,能够在一定程度上降低行为的不确定程度和资源冲突,有效控制不确定因素对项目工期造成的影响。Goldratt（1997）建议对最初拟订的任务完成时间进行50%的削减，再通过缓冲区的设置来保证项目进度计划如期进行，项目缓冲能够有效保护计划的稳健性。后续的很多研究对缓冲的设置方法进一步完善和改进，通过引入更多与项目属性、资源特性相关的评价指标来对缓冲设置过程进行优化，数值仿真证明类似方法可以更好地提高资源利用效率并有效引导项目参与者的行为（Ashtiani et al.，2007）。缓冲机制的存在使得任务的紧迫性成为必然，时间压力应运而生。但是，正如前文所述，项目创新性是项目绩效评价的重要指标，由于项目进度计划的实施者并不是绝对理性的个体，对缓冲设置的优化和实施一直忽视了员工对方案的接纳程度及其行为反应，缓冲设置方案对员工创新行为影响机制的研究更是鲜有涉及。如果忽视了对员工心理适应机制与创新行为关系的研究，数理模型的优化也无益于项目创新目标的最终实现。

综上所述，在对员工创新行为实现机理的研究中，时间压力和以文化为依托的面子观正逐渐成为非常重要的研究线索。但是，很少有研究将面子观纳入时间压力和创新行为的研究框架；在关键链项目管理领域也存在忽视创新目标而导致项目的绩效评价不完整、不系统等问题；另外，由于现有的大多数研究都是通过问卷调查的形式进行，较少采用情景模拟实验的方式（Madjar & Oldham，2006），所获数据的客观性和所得结论的适用性还需进一步检验。本书将同时引入时间压力和面子观两类变量，借助情景模拟实验对研究变量进行设计和控制，通过改变任务紧迫性程度，研究个体感知到的时间压力、个体面子观及其与创新行为之间的关系。

三 实验设计与实施

（一）实验设计

一直以来，学术界对采用大学生群体作为被试者样本依然存在争议，但在校大学生所受噪声影响小，对行业规则的规避正好可以帮助我们获得个体在特定情景中的较为稳定的行为现象，这也是在校大学生被广泛引入情景实验的最直接原因所在（Ploott，1982）。本书以参加KAB创业教育项目的在校大学生为实验对象，以ERP沙盘综合实训项目为项目实施平台，借鉴关键链项目管理的理念制订项目进度计划和控制方案，对关键任务的完工时间进行削减并以项目缓冲的形式放置于整个实训项目结束之前。在实验中通过控制不同的时间压力源，对时间压力、面子观和创新行为进行观察和分析。为了更好地设计问卷，本书对大学生创新行为进一步明确：在一定的情景下，大学生个体能够在学习中产生新颖的创意想法，并将创意想法付诸实施以积极推动团队绩效的动态过程。

本书所选用的量表多为相关研究领域中较为成熟的量表。问卷衡量方式上采用李克特7级量表测试，量表中7表示完全符合，4表示一般，1表示完全不符合。

对面子观的测量借鉴Zhang等（2011）的研究成果，并进一步加以修正。在最终的问卷中，想要面子量表包括3个题项，分别为：我希望大家认为我能做到一般人做不到的事；我希望自己在实训过程中能说出别人不知道的事；我很在乎别人对我的夸奖和称赞。怕掉面子量表包括3个题项，分别为：当谈及我的弱项或不足时，我总希望转移话题；就算我真的不懂，我也尽力避免让其他人觉得我很无知；我尽力隐瞒我的缺陷不让其他人知道。

对大学生创新行为的测量借鉴Scott和Bruce（1994）开发的量表，创新包括创意的产生和完成两个部分。在经过多次修改后，形成5个题项，分别为：我会想办法争取所需要的资源；在实训过程中，我经常会产生一些有创意的想法；为了实现自己的创意，我会主动地制订计划来实现自己的创意想法；在实训过程中，我会向团队成员推销自己的新想法，以获得支持与认可；对团队成员的创意构想，我经常参与讨论并献计献策。

对时间压力的测量表借鉴Zapf（1993）和王大伟（2007）的观点，在经过多次修正，最终形成4个题项，分别为：在实训过程中，我被要求加快操作速度；在实训过程中，我可能会忽略一些信息；在实训过程中，我优先对重要信息进行处理；在实训过程中，我会更加重视负面信息。

（二）实验实施

关键链项目管理作为一种全新的项目管理理念，在考虑行为不确定性和资源约束的前提下通过削减任务工期和独特的缓冲控制实现了工期和成本的大幅压缩，得到了学术界和实务界的广泛关注。本书中的情景实验设计也是参照关键链项目管理的进度控制方法加以制定。由于时间压力的感知可能存在个体差异，我们对不同岗位的同学的工作职责重新设计，对工作任务内容进行了整合，通过随机抽取学生组成团队，可以在一定程度上控制个体差异和任务内容可能对时间压力感受程度带来的差异。在具体实施时，为了使时间压力的控制更具可操作性，借鉴Weening（2002）的观点，把无时间限制条件下被试者决策时间的平均数或中位数的50%作为时间压力下的决策时间。我们根据过去开展该实训项目的教学经验，对项目进行分解并估计出无时间压力下的任务期望完成时间，最终将整个项目分解为八个不同的任务，每个任务的期望完成时间均为4课时，利用4天的时间连续完成整个项目，其中任务5、6、7、8为关键任务。为了帮助被试者更好地掌握实训规则，也为了帮助个体感悟到时间压力的存在，任务1、2、3、4的计划完成时间保持4课时不变，将任务5、6、7、8的计划工期减半为2课时，2课时即为时间压力下的决策和行动时间（Weening，2002）。对缓冲的设置采用Goldratt（1997）的方法，削减总工期的一半即4课时作为项目缓冲置于整个实训项目结束之前，监控项目缓冲的消耗情况并对实训进度适时控制。整个实验方案直至实训项目开始之前，将实训步骤和流程向被试者详细告知。需要特别注意的是，在关键任务执行过程中，充当实验控制者的教师需要具备很强的实验进程掌控能力，定期对关键任务所耗用的实际时间进行提示，加深时间限制对个体带来的时间压力体验。

在实训完成后，随即向被试者发放问卷，对面子观的两维度和创新行为进行自评。采取实地现场发放并当场回收的做法，共发放问卷198份，收回188份，回收率为94.9%。如果单项选择题有多个答案或者答题者连续在10题中完全选择同一答案以及遗漏题项超过5项则被视为废卷。剔除无效问卷9份，最终有效问卷是179份，有效回收率是90.4%。

四 实验分析与结果

（一）量表信度和效度检验

本书采用SPSS17.0对数据进行分析。各个问卷的Cronbach's α系数值均大于0.7，说明问卷具有较好的信度。利用因素分析检验量表的效度，KMO值为0.865，显著性水平为0.001，因子负荷均大于0.4，表示变量数据适合进行因素分析（见表2-5）。

表2-5　　　　　　变量的平均数、标准差与信度分析

变量	均值	标准差	Cronbach's α
时间压力	4.255	0.708	0.832
想要面子	4.592	0.713	0.821
怕掉面子	4.413	0.665	0.752
创新行为	5.412	0.708	0.901

本书的效度检验结果见表 2-6，验证性因素分析显示问卷结构效度良好。由于所有变量的测量均来自受测者自评，采用 Harman 单因子检验，结果表明共同方法变异并不严重，加之数据处理时对信息进行了中心化处理，能够在一定程度上有效避免同源偏差。

表 2-6　　　　　　　问卷验证性因素分析拟合指标（$N=179$）

变量	χ^2/df	RMSEA	NFI	RFI	IFI	NNFI	CFI
创新行为	2.124	0.072	0.992	0.985	0.992	0.995	0.997
时间压力	3.568	0.102	0.996	0.990	0.997	0.995	0.995
想要面子	2.712	0.096	0.994	0.987	0.992	0.995	0.993
怕掉面子	2.859	0.121	0.992	0.981	0.993	0.992	0.994

（二）描述性统计分析

本书中选取了性别、专业（商科/非商科）、个人背景（是否参与过创业创新项目竞赛或实际运营）作为控制变量。从表 2-7 可以得到以下结论：想要面子与创新行为的相关系数为 0.420，说明想要面子的观念会显著促进个体尝试创新行为，假设 1 初步得到证实；怕掉面子与创新行为的相关系数为 -0.542，说明怕掉面子的观念与个体尝试创新行为显著负相关，假设 2 初步得到证实；时间压力与想要面子和怕掉面子的相关系数分别为 -0.312 和 0.253，说明时间压力下会减弱个体想要面子的观念并强化怕掉面子的观念，假设 3 和假设 4 初步得到证实。我们还发现，性别与想要面子关系显著，男生比女生更倾向于想要面子。

表 2-7　　　　　　　　各变量的描述性统计结果

变量	1	2	3	4	5	6	7
1. 性别	—						
2. 专业	0.002	—					
3. 个人背景	0.001	0.001	—				
4. 时间压力	0.054	0.015	0.116	—			
5. 想要面子	0.199**	0.012	0.185	-0.312**			
6. 怕掉面子	0.064	0.015	0.162	0.253**	0.118	—	
7. 创新行为	0.215**	0.012	0.215**	-0.165	0.420**	-0.542**	—

注：** 表示 $p<0.01$（双侧检验）。

(三) 层次回归分析

本书采用层次回归分析考察面子观对时间压力和创新行为的调节作用。模型1中引入控制变量，模型2中引入自变量时间压力和调节变量面子观（想要面子和怕掉面子），模型3中引入时间压力和面子观的两两交互作用项，模型4中引入时间压力、想要面子、怕掉面子的三者交互作用项。所有数据均进行了去中心化处理，结果见表2-8。表2-8结果表明，时间压力对个体创新行为没有显著影响；想要面子对个体创新行为有显著的正向影响；怕掉面子对时间压力和个体创新行为之间起到消极的调节作用，而想要面子对时间压力和个体创新行为的正向调节作用并不显著；时间压力、想要面子、怕掉面子三者的交互作用对个体创新行为有显著的正向影响。想要面子的观念直接对创新行为产生积极作用，而怕掉面子是通过对时间压力和创新行为之间的关系起到调节作用，进而间接对创新行为产生消极影响。怕掉面子观念对创新行为的调节作用可以通过图2-2反映。在高怕掉面子维度下，个体创新行为随着时间压力的加大而下降；但在低怕掉面子维度下，时间压力对个体创新行为没有显著影响。面子观的两维度与时间压力三者的交互作用也可以通过图2-3表示。在高想要面子维度下，当怕掉面子观念也高时，时间压力对个体创新行为具有反向的预测作用；而如果想要面子维度高而怕掉面子观念较弱时，时间压力对个体创新行为没有显著影响。

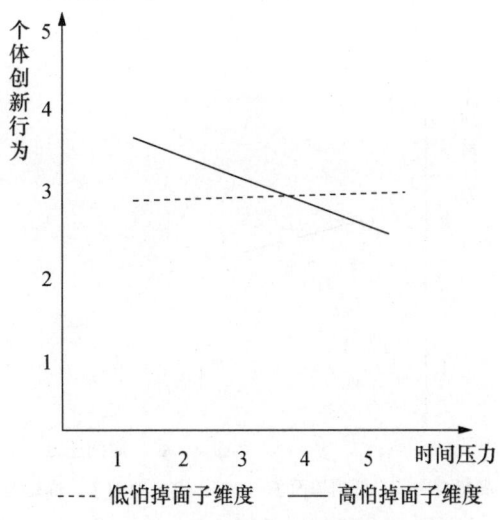

图2-2 怕掉面子维度调节作用示意图

表 2-8　建设性争辩对创新氛围调节作用的回归分析

变量	创新行为			
	M1	M2	M3	M4
控制变量				
性别	0.001	0.001	0.001	
专业	0.003	0.002	0.002	
个人背景	0.122	0.118	0.109	
自变量				
时间压力		0.127	0.124	
调节变量				
想要面子		0.218**	0.206**	0.212**
怕掉面子		-0.189	-0.136	-0.152
调节作用				
想要面子×怕掉面子			-0.051	-0.062
想要面子×时间压力			0.162	0.149
怕掉面子×时间压力			-0.212**	-0.209**
想要面子×怕掉面子×时间压力				0.189**
ΔR^2	0.181	0.110	0.062	0.049
F	2.223**	7.468**	4.932**	3.453**

注：*表示 $p<0.05$（双侧检验），**表示 $p<0.01$（双侧检验）。

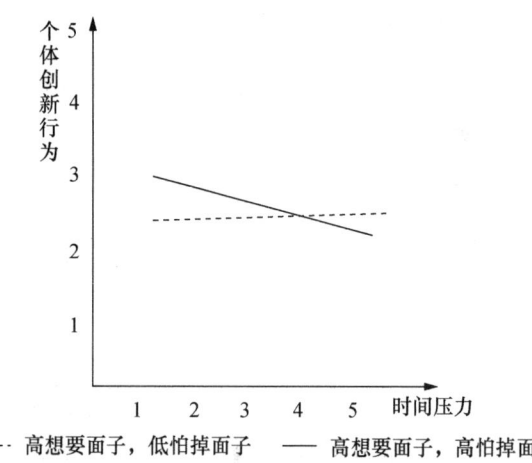

图 2-3　想要面子、怕掉面子和时间压力交互作用示意图

五 研究结论

通过情景实验和实证分析，本书验证了面子观的不同维度对个体创新行为的影响规律，初步得到了想要面子的观念会促进个体尝试创新行为以及怕掉面子的观念会促进个体规避创新行为这一结论。说明引导个体增强想要面子观念，弱化怕掉面子观念，能够帮助个体积极尝试创新行为。同时，时间压力的存在会使个体弱化想要面子的观念，强化怕掉面子的观念，说明时间压力可能会改变个体对面子的压力体验，使个体的面子观更多地体现为怕掉面子。层次回归分析表明，怕掉面子观念在时间压力和个体创新行为之间起到负向调节作用，说明在面子观的两维度中，怕掉面子维度能够解释过去学者们在时间压力与创新行为关系研究中得到的不一致现象，当个体存在较高的怕掉面子观念时，面对时间压力更容易产生规避创新的行为。另外，研究还发现时间压力、想要面子、怕掉面子三者的交互作用对个体创新行为有显著的正向影响。比如，在高怕掉面子维度下，个体创新行为随着时间压力的加大而下降；在高想要面子维度下，当怕掉面子观念也高时，时间压力对个体创新行为具有反向的预测作用；而当怕掉面子观念较弱时，时间压力对个体创新行为有着较弱的正向影响但关系不显著。由此可以推断，如果时间压力较大，怕掉面子观念增强，即便强化想要面子观念，对创新行为也无法产生正向的预测作用。

以上结论对管理实践有着较为重要的意义，虽然想要面子的观念直接对创新行为产生积极作用，怕掉面子是通过对时间压力和创新行为之间的关系起到反向调节作用，进而间接对创新行为产生消极影响，但是如果面子策略实施得当，尤其是在适当强化想要面子观念的同时弱化怕掉面子的观念，可能会产生较为积极的创新引导作用。Brown 和 Levinson (1987) 依据礼貌理论衍生出的增加面子策略包括赞扬、尊敬和谦虚；减少面子损失的策略包括道歉、辩护和找借口；Ting Toomey (1998) 在面子磋商理论中提出，增加面子收益的策略包括赞扬、将成功归功于其他因素和自我增加面子收益；减少面子损失的策略包括阻止策略、重新肯定他人能力、从内部自身找原因和从外部情景等客观方面找原因。朱瑞玲 (1989) 对已有面子规避和面子挽回的具体措施进行了总结。灵活采用增加面子收益的策略和减少面子损失的策略能够鼓励个体积极尝试创新行为。

除此之外，我们还发现，时间压力过大是不利于个体实施创新行为的，但在一定的面子观引导策略下，适当的时间压力还是能够激发个体创新行为。由于面子观是一个与地域文化和行业文化密切联系的概念，下一步的研究可以将时间压力的程度进一步量化，加大样本容量，并结合具体的地域或行业展开研究，使研究结论更具有普遍性和可靠性。

第三章 任务紧迫性下个体的积极拖延行为与项目创新行为的关系研究

拖延是任务紧迫下项目执行过程中的典型行为现象，本章通过情景实验，对任务紧迫性下个体积极拖延行为的影响因素及其与项目创新行为的关系进行了较为系统的阐述。本章首先对任务紧迫性下个体创新过程中可能出现的消极情绪规避和拖延现象进行了细致的观察，获得了积极拖延有利于个体实施创新行为这一基本结论，虽然个体的无法忍受不确定特质（包括预期性焦虑和抑制性焦虑两个维度）会对创新行为带来负面影响，但积极拖延可以在一定程度上抑制这种消极作用。管理者可以通过实施积极拖延策略，有效利用缓冲，帮助员工调整情绪，增强对不确定性的耐受力，在兼顾效率的同时更好地促使个体实施创新行为。其次，通过引入个体情感网络中心性这一网络特征变量对积极拖延行为的影响路径进行重新梳理，对时间压力下个体无法忍受不确定特征与创新行为的关系进行了实验研究，发现积极拖延和情感网络的建立有利于个体实施创新行为。尽管个体的无法忍受不确定特质（包括预期性焦虑和抑制性焦虑两个维度）会对创新行为带来不利影响，但积极拖延可以在一定程度上缓解抑制性焦虑对创新行为的消极作用，情感网络中心性特征则可以降低预期性焦虑对个体创新行为的负面影响。管理者可以通过实施积极拖延策略，利用情感网络搭建情绪宣泄的通道并使其成为建立信任的纽带，以便更加高效地利用时间缓冲帮助员工调整情绪，增强项目成员对不确定性的容忍度，在维系和谐情绪氛围的同时高效地实施创新行为。最后，以任务紧迫性下的项目实施为背景来设计情景实验，对个体的积极拖延行为与团队创新绩效之间的关系进行阐释，从个体控制和团队控制两个不同层面来揭示个体积极拖延行为与团队创新绩效之间的影响路径。跨层次回归分析证实，个体的自我领导能力可以调节积极拖延与团队创新绩效之间的关系，自我领导水平越高，积极拖延与团队创新绩效之间的关系就越强；积极拖延与自我领导的交互作用以团队反思为中介,进而对团队创新绩效产生显著影响。

第一节 任务紧迫性下无法忍受不确定性、积极拖延及创新行为的关联机理研究

一 引言

近年来,随着企业转型和产业升级进程的不断加快,创新成为提高组织竞争力的重要战略决策,而项目则成为实现创新行为的重要载体。由于个体对不确定情景的敏感度存在差异,对不确定的耐受性也存在区别,对创新这种高风险的经济行为自然会呈现出不同的行为倾向。身处高度不确定的环境,人们更容易借助拖延行为来降低风险或规避焦虑情绪;然而,拖延就一定可以降低焦虑和抑郁情绪吗?尽管已有学者证实积极拖延或许能够提高创新绩效,但这一结论是否对所有个体都具有一致的预测效力还不得而知。由于人们面对不确定性所表现出的认知、情绪和行为都存在差异,这种个体差异是否与创新行为发生关联?一旦出现拖延行为,任务拖延在个体的不确定耐受程度与创新行为之间是否起到特殊的作用?对这类问题的研究有助于我们从效率和创新协同的视角重新审视项目管理中的拖延行为,探索任务紧迫性下拖延现象与缓冲控制机理的关联机制,在尊重人性和个体差异的前提下,有针对性地展开个体积极拖延的引导,及时化解不良情绪,营造良好的创新氛围,促使个体有效开展创新活动并提高创新绩效。

二 文献回顾及假设提出

(一) 无法忍受不确定性与员工创新

任务紧迫是项目运作过程中面临的常见情景,主要表现为对工作完成时间加以限制,而时间限制是指在不考虑个体能否完成任务的情形下给决策和行动过程设定的明确时间界限(Ordonez & Benson, 1997)。在日常生活和工作中,人们经常受制于任务紧迫性所带来的约束,个体面对不确定性所表现出的认知、情绪和行为都存在差异。无法忍受不确定性(Intolerance of Uncertainty, IU)描述的就是个体在面临不确定事件时其情绪、认知和行为呈现出的消极反应(Dugas et al., 2004; Freeston et al., 1994)。Sookman 和 Pinard(1995)提出 IU 反映出人们在应对模糊、新奇

和不可预测的情景和事件时出现的困难。Dugas 等（2005）认为无法忍受不确定性是对不确定性情景或事件进行感知、解释和反应的认知偏差，它影响个体的认知、情绪和行为反应，是导致焦虑的关键诱因。Luhmann、Chun、Yi、Lee 和 Wang（2008）指出不确定性的存在会放大决策时的负面情绪，决策者不愿意延长不确定的状态，而 IU 能够反映决策者风险偏好的差异。较之低 IU 的个体，高 IU 的个体不仅会高估未来不良预期的发生概率和成本（Keith & Howard，2008），而且在面对模糊信息时更容易做出威胁性的消极的解释。张国华、戴必兵（2012）在梳理现有文献之后对无法忍受不确定性的后果进行了归纳，认为无法忍受不确定性会产生信息加工偏差并使决策能力受损；滋生担忧、焦虑和抑郁情绪；表现出消极应对策略和不良问题取向。大量实验证明 IU 与沮丧和焦虑正相关（Norton et al.，2005）；也与广泛性焦虑障碍和社交焦虑高度相关（Carleton et al.，2010）。Luhmann 等（2011）发现 IU 能够预测决策者对不确定情景的敏感度，不确定存在的时间会对不确定结果带来的负面情绪起到放大作用。如果在不确定状态中的等待令人无法容忍，则个体宁愿付出个人成本以消除或降低不确定性。由于焦虑个体倾向于选择高概率低回报的方案而非高回报低概率的事件，焦虑的个体更易选择低风险的行为（风险规避）（Carleton et al.，2007）。

Freeston 等（1994）通过因素分析得到无法忍受不确定性的五个因素维度：不确定无法接受需要避免；不确定使人困惑；不确定产生挫折；不确定导致压力；不确定妨碍行动。Buhr 和 Dugas（2002）将 IU 归纳为四个维度：不确定阻碍行动；不确定导致压力和焦虑；意外事件是负面的应该避免；未来的不公平性是不确定的。近年来得到广泛认同的是 Carleton、Norton 和 Asmundson 在 2007 年提出的观点，无法忍受不确定可以分解为两个维度，即预期性焦虑（prospective anxiety）和抑制性焦虑（inhibitory anxiety），前者涉及对未来事件不确定的焦虑，后者包括对不确定事件的抑制性行为和经验（Carleton、Norton & Asmundson，2007）。Carleton 等（2012）进一步指出预期性焦虑侧重考察 IU 的认知维度，抑制性焦虑侧重考察 IU 的行为维度。Birrell、Meares、Wilkinson 和 Freeston（2011）认为预期性焦虑反映出个体主动寻求信息以降低不可预测性，抑制性焦虑反映出个体在不确定情景下的认知和行为麻痹。

创新行为包含想法的产生、推动和实施等多个阶段，是一系列非连续活动的组合（Scott & Bruce，1994），创新本质上就是高不确定性、高风险、高难度、高回报和低成功率的事件。高 IU 的个体会高估未来不良预期的发生概率和成本（Keith & Howard，2008），在面对模糊信息时更容易做出威胁性的消极的解释；高 IU 的个体更易于焦虑，而焦虑的个体更易选择风险规避的行为（Maner et al.，2007），因此，高 IU 的个体会对创新呈现出更显著的情绪规避（Borkovec et al.，2004）。本书我们借鉴 Carleto 等（2012）的观点，认为无法忍受不确定包含预期性焦虑和抑制性焦虑两个维度。基于上述分析，假设个体的无法忍受不确定性与创新行为呈负相关，无法忍受不确定性程度越高，则个体表现出来的创新行为越少。具体假设如下：

H1：预期性焦虑与创新行为呈负相关，预期性焦虑程度越高，则个体表现出来的创新行为越少；

H2：抑制性焦虑与创新行为呈负相关，抑制性焦虑程度越高，则个体表现出来的创新行为越少。

（二）拖延与员工创新

拖延是一种普遍的社会现象，如果个体推迟或完全规避个体控制下的某些行为，就被认为是拖延（Tuckman，1991）。一直以来，拖延被视为一种典型的反生产行为，由于个体推迟或完全规避个体必须承担责任、作出决策和执行的任务，因而对工作绩效产生负面影响（Balkis & Duru，2009），组织层面的拖延可能会延迟新产品上市，增加生产成本，个体层面的拖延可能导致压力增大、身体疾病和较低的工作效率，拖延的前因变量如人格、情感、自我效能感已经被人们所认识（Akinsola et al.，2007），时间管理、目标管理等方法也被认为是应对拖延的有效策略（Van Hooft et al.，2005）。即便是在网络环境中，拖延与绩效之间也被证明呈负相关，且高度拖延个体在线学习绩效低于低度拖延者（Yair & Michelle，2012；Nicolas et al.，2011）。

当然，也有不少学者对拖延做出了积极的解释，Van Eerde（2003）就把拖延视为管理消极情绪或酝酿寻求解决问题的策略，个体对某任务进行深思熟虑的思考有利于产生一个更具创造性的解决方法；Ferrari（2010）认为拖延可以帮助避免不必要的工作并减少冲动行为；Simone（1993）甚至认为拖延是一种精明的、有远见的决策和行为。Scher 和 Osterman（2002）提出，拖延可能是管理自我情绪状态的一种需要，帮助拖延者更好地控制消极情绪，而将注意力集中在积极情绪上。Wolters（2003）更明确地指出有些个体拖延是为了收集重要信息、拟订计划或者喜欢任务紧迫性下的压力感，更倾向于在压力下高效、有创意地工作。基于上述研究，Chu 和 Choi 等（2005）提出拖延者类型可能有消极和积极之分，消极拖延与消极行为和低绩效相关（Chu & Choi, 2005），积极拖延则可在时间压力下产生强烈动机，反而能够更有创意地完成任务（Angela et al., 2005）。陈俊等通过实验说明富于创造性的个体往往需要运用更多的时间去思考和酝酿，因此在很多行为上极易产生拖延，这在一定程度上验证了积极拖延行为的存在（陈俊、易晓文，2009）。由于日常计划行为、对长期计划的信心程度和时间控制感已经被证实与创新行为呈正相关（Zampetakisa et al., 2010），而积极拖延能够帮助个体增强对计划的信心程度和时间控制感，或许积极拖延与个体创新行为的实施存在某种关联。基于上述分析，我们提出以下假设：

H3：积极拖延有利于个体实施创新行为。

（三）无法忍受不确定性与积极拖延

情绪本质上是一种在短期内产生的、与具体情景相关的、具有不稳定性的心理状态（George & Zhou, 2012）。一般地，情绪被分为积极情绪和消极情绪两个维度（Hullett, 2005）。积极拖延（active procrastinator）具有四个特征：一是选择时间压力；二是故意拖延；三是有能力在最后期限完成任务；四是最后会取得满意的结果。积极拖延是通过刻意营造一种任务紧迫性下的压力感，以促使个体在压力下高效、有创意地工作（Wolters, 2003）。而时间压力与创新行为之间存在一种倒 U 形关系，任务紧迫性下的积极拖延者相信自己会如期完成任务，这种适度的时间压力可能会成为挑战性的压力源，帮助员工产生积极的情感反应和实施创新行为（Rodell & Judge, 2009; Zivnuska et al., 2002）。无法忍受不确定性中的预期性焦虑维度描绘了个体认知层面对未来事件不确定产生的焦虑，抑制性焦虑维度则描绘了个体应对不确定事件的抑制性行为和经验（Carleton et al., 2012）。无法忍受不确定性会影响个体的情绪和行为，直接导致焦虑情绪的产生（Luhmann et al., 2011）。

由此可见，如果无法忍受不确定性与个体创新行为之间存在某种关联，焦虑情绪可能是两者之间的纽带，对个体焦虑情绪的调节能够影响无法忍受不确定性与创新行为之间的关系；而积极拖延者有能力及时圆满地完成任务，积极拖延可以营造产生积极情绪。Davis（2009）证实情绪的强度和创新绩效之间呈曲线关系，积极情绪能够激发创造力，中性情绪、消极情绪与创造力之间的关系并不显著。我们预测积极拖延通过对个体情绪状态的调节进而对无法忍受不确定性与个体创新行为之间的关系产生影响，基于上述分析，我们提出以下假设：

H4：积极拖延对预期性焦虑与个体创新行为之间的关系具有负向调节作用，即积极拖延程度越高，预期性焦虑与创新行为之间的反向关系越弱；

H5：积极拖延对抑制性焦虑与个体创新行为之间的关系具有负向调节作用，即积极拖延程度越高，抑制性焦虑与创新行为之间的反向关系越弱。

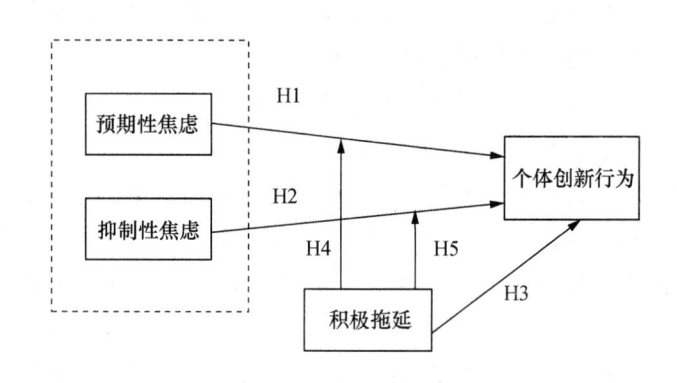

图 3-1　研究框架

三　实验设计与实施

（一）实验对象和实验步骤

由于在校大学生的角色特征决定了其较少受到行业规则和其他噪声的影响，能够保证研究结论的一般性（Ploott，1982），本书选取湖北和浙江两所高校工商管理类的大学三年级学生为实验对象，实验内容则依托目前高校常见的 ERP 沙盘实训项目展开。为了体现任务紧迫性的要求，便于对积极拖延展开控制，我们借鉴关键链项目管理的理念，对实训项目中特定任务的开始时间和完成时间进行限制，并在关键控制点对被试者的实际体验进行问卷测评。具体实验步骤如下：

1. 实验前的准备

由于任务紧迫性和积极拖延还没有准确的实验工具进行测量，笔者需要根据长期积累的实训教学经验对实训项目的内容和进度安排进行设计。为了避免个体差异和任务内容可能对任务紧迫性感受程度带来的差异性，我们选择的是相同专业相同年级的学生参与实验；为了保证每位同学承担任务的数量和难度尽可能一致，对其承担的角色及工作内容进行了重新组合并随机抽取学生组成一个团队进行实验。此外，为了确保参与实验学生自身情绪对实验结果的影响，我们在实训开始前和结束前分别进行了情绪测评。

2. 编制基于关键链的实训项目执行计划

根据过去开展 ERP 沙盘实训项目的教学经验，将整个项目分解为八个任务，每个任务的期望完成时间均为 4 课时，利用 4 天的时间连续完成所有实训任务，共计 32 课时，且任务 5、6、7、8 为关键任务。借鉴 Weening 的观点，把无时间限制条件下被试者决策时间分布的中位数或平均数的 50% 作为任务紧迫条件下的决策时间（Weening & Maarleveld，2002），本书将任务紧迫性下的每个任务的完成时间规定为 2 课时。

无积极拖延的项目执行方案：

为了帮助被试者更好地掌握实训规则，任务 1、2、3、4 的计划完成时间保持 4 课时不变，将任务 5、6、7、8 的计划工期减半为 2 课时，按照 Goldratt（1997）的建议，削减总工期的一半即 4 课时作为项目缓冲置于整个实训项目结束之前，根据项目缓冲的消耗情况对实训进度人为施加一定控制。该方案下实训项目预期完工时间为 28 课时。

存在积极拖延的项目执行方案：

任务 1、2、3、4 的计划完成时间保持 4 课时不变，将任务 5、6、7、8 的计划工期减半为 2 课时，削减总工期的一半即 4 课时平均分为四份分别放置于关键任务 5、6、7、8 开始之前。明确规定关键任务在开始前需要运用 1 课时的时间对本运营年度的操作策略、角色协调分工等工作进一步明确，通过积极拖延为更高效和更富创意的项目执行做好准备。该方案下实训项目预期完工时间为 28 课时。

在实训项目开始之前，将项目计划向被试者详细告知。关键任务执行过程中，教师需要定期对所耗用时间进行提示，保证被试者充分感受到时间限制带来的压力。

3. 开展第一阶段实验

第一阶段的实验于 2011 年 10 月开展，共 98 名同学参加。旨在通过探索性分析检验方案和问卷的可行性。这 98 名同学随机分为两大组集中参与实训，分别采用无积极拖延的执行方案和存在积极拖延的执行方案。每个同学在完成任务 4 之后需要完成无法忍受不确定程度问卷，在开始任务 8 之前需要完成积极拖延量表，整个实训项目结束后需要完成创新行为问卷。第一阶段获得有效数据 94 份。

4. 开展第二阶段实验

第二阶段的实验于 2011 年 12 月至 2012 年 6 月开展，共 218 名同学参加。旨在通过验证性分析和假设检验验证假设是否成立。所有被试者均采用存在积极拖延的执行方案，每个同学在完成任务 4 之后需要完成无法忍受不确定程度问卷，开始任务 8 之前需要完成积极拖延问卷，整个实训项目完成后还需要完成创新行为问卷。第二阶段获得有效数据 211 份。

（二）问卷设计

1. 无法忍受不确定性

本书采用 Carleton 等（2007）提出的包含 12 个题项的简化后的 IUS 量表，Kim 等（2013）证实 IUS-12 量表与 Freeston 等在 1994 年提出的包含 27 个题项的完整版本相比，具有良好的信度和效度，可以很好地对个体的无法忍受不确定程度进行评价。IUS-12 量表包含预期性焦虑和抑制性焦虑两个子维度（Luhmann et al.，2008）。预期性焦虑包含的 7 个题项为：无法预料的事情会让我很不舒服；如果不能掌握所有我需要的信息，我会产生挫败感；我做事会未雨绸缪，以避免突发状况发生；一件无法预知的小事，就会搞砸我周全的计划；我总想知道即将发生什么事情；我无法忍受突发事件；我应该要在做事之前将所有的事情都规划好。抑制性焦虑包含的 5 个题项为：生活中的不确定感会使我无法拥有满意的生活；在我该采取行动时，不确定感会让我无法行动；当我感到不确定时，我的能力就无法发挥；即使是一些小疑虑也可能使我中断自己正在做的事；我必须远离状况不明的情景。从 1（完全不符合）到 5（完全符合）以 5 分制评定计分，得分越高表示对不确定性的忍受程度越低。为了避免社会赞许性偏差，在问卷中加入了投射性问题进行控制（如我最迟会在任务开始多长时间后开始自学任务）。

2. 积极拖延

(Tuckman Procrastion Scale, TPS) 量表是最常见的一种用来评价学生拖延行为的量表，但积极拖延量表还未正式提出。借鉴 Van Eerde 的拖延量表（Van Eerde, 2003），我们设计了积极拖延量表对拖延动机和拖延倾向进行评价。经过多次修改后形成的正式题项如下：我习惯先计划再行动；当我感到时间压力时会更好地投入到工作；我倾向于先做一些容易的工作培养信心；即便制订计划存在难度，我还是先拟订计划；在行动前，我确信可以先做些别的事情。从 1（完全不符合）到 5（完全符合）以 5 分制评定计分，得分越高表示积极拖延程度越高。

3. 个体创新行为

个体创新行为自我评价借鉴 Scott 和 Bruce 于 1994 年开发的量表，包括创意的产生和执行创新构想两个阶段。经过多次修改后形成的正式题项如下：在实训过程中，我经常会产生一些有创意的想法；在实训过程中，我会向团队成员推销自己的新想法，以获得支持与认可；为了实现自己的创意或构想，我会想办法争取所需要的资源；我会主动地制订计划来实现自己的创意想法；对团队成员的创意构想，我经常参与讨论并献计献策。从 1（完全不符合）到 5（完全符合）以 5 分制评定计分，得分越高表示个体创新行为越多。

四　实验分析与结果

（一）量表信度和效度检验

本书采用了无法忍受不确定量表、积极拖延量表和创新行为量表，均采用国外权威量表或结合第一阶段的实验情景进行了改良和修正，因而内容效度可以满足。预期性焦虑量表、抑制性焦虑量表、积极拖延量表和创新行为量表的 Cronbach's 系数分别为 0.864、0.886、0.812 和 0.788，均大于最低标准值 0.7，因而量表所测变量具有较好的信度。聚合效度通过验证性因子分析（CFA）展开，所有题项的标准化因子载荷均大于 0.5，且在统计上达到显著，超过 0.4 这一最低水平；预期性焦虑量表、抑制性焦虑量表、积极拖延量表和创新行为量表的潜在变量的组合信度（CR）分别为 0.825、0.834、0.819 和 0.842，大于 0.7 这一临界值；四个变量的平均变异抽取量（AVE）分别为 0.713、0.725、0.714 和 0.737，大于 0.5 这一临界值。三项指标均符合 Fornell 和 Larcker（1981）提出的判断标准，因此所有问卷均具有较好的聚合效度。由于所有变量的测量均来自被试者自评，我们采用 Harman 的单因子检测方法对同源偏差进行检验，将问卷中所有条目一并做因子分析，在未旋转时得到的第一个主成分占到的载荷量是 19.35%，Harman 单因子检验结果表明共同方法变异并不严重，加之对数据进行了中心化处理，能够有效避免同源偏差。所有问卷在实验现场及时回收，保证问卷的回收率和真实性。为降低被试者自身情绪对实验结果的影响，我们借助 PANAS – R 量表（Borkovec et al., 2004）对两次实验前后个体情绪进行测评，卡方检验显示被试者在上述两个时点均不存在显著的情绪差异，进一步说明实验具有较高的信度。此外，卡方检验还证实采用无积极拖延方案和积极拖延方案的个体在积极拖延程度上存在显著差异，说明积极拖延的实验方案能够诱导被试者表现出积极拖延行为。

（二）参数检验

通过第一阶段的实验，确定了两种实验执行方案的可行性，将第一阶段收集的数据进行配对样本的 T 检验（见表 3 – 1）。分析发现，对比两种执行方案，被试者的无法容忍不确定程度未呈现出差异水平，说明背景变量不存在显著差异，而创新行为却存在差异显著，这在一定程度上证实积极拖延有益于个体实施创新行为，H3 初步得到验证。

表 3 – 1　　有/无积极拖延下创新行为的配对样本 T 检验

变量		无积极拖延		有积极拖延		t 值
		均值	标准差	均值	标准差	
无法忍受不确定	预期性焦虑	2.622	0.853	2.752	0.874	0.614
	抑制性焦虑	2.277	0.924	2.524	0.952	0.745
创新行为		2.104	0.435	3.131	0.573	2.952**

注：** 表示 $p < 0.01$（双侧检验）。

（三）描述性统计

对第二阶段实验结果进行描述性统计分析，Pearson 相关系数如表 3 – 2 所示。

表 3 – 2 中可见，预期性焦虑与抑制性焦虑正相关，这与 Carleton 等在 2012 年得到的结论一致。积极拖延与预期性焦虑和抑制性焦虑均显著负相关，积极拖延越明显，个体的预期性焦虑和抑制性焦虑程度越低。说

明积极拖延的过程中可以加强信息的收集整理分析,帮助个体降低不确定性感知;计划的制订可以使个体明确行动目的,缓和焦虑情绪,增强行动的信心,加强对未来的掌控感。预期性焦虑、抑制性焦虑与个体创新行为均显著负相关,说明无法忍受不确定程度越高,焦虑情绪越明显,个体越是对创新持规避态度,执行创新行为的可能性越小。积极拖延与个体创新行为显著正相关,再次证实积极拖延有益于个体实施创新行为,H3 进一步得到验证。

表 3-2　　　　　　　　　变量相关性分析

变量	平均值	标准差	1	2	3	4
1. 预期性焦虑	2.882	0.892	—			
2. 抑制性焦虑	2.714	0.964	0.381**	—		
3. 积极拖延	3.065	0.432	-0.289**	-0.294**	—	
4. 个体创新行为	3.247	0.785	-0.342**	-0.337**	0.426**	—

注：** 表示 $p < 0.01$（双侧检验）。

(四) 层次回归分析

本书定位于个体层面,因而选取性别、年龄为控制变量,个体创新行为为因变量,预期性焦虑和抑制性焦虑为自变量,对积极拖延的调节作用进行层次回归检验（见表 3-3）。

表 3-3　　　　　　　　　层次回归分析

预测变量	个体创新行为			
	M1	M2	M3	M4
控制变量				
性别	0.071	0.070	0.070	0.068
年龄	0.050	0.050	0.050	0.050
自变量				
预期性焦虑		-0.268**	-0.253**	-0.135
抑制性焦虑		-0.255**	-0.237**	-0.124
调节变量				
积极拖延			0.383**	0.367**

续表

预测变量	个体创新行为			
	M1	M2	M3	M4
交互项				
预期性焦虑×积极拖延				0.172**
抑制性焦虑×积极拖延				0.168**
R^2	0.382	0.463	0.552	0.595
F	7.381**	10.311**	12.355**	12.472**
ΔR^2	0.382	0.082	0.063	0.064

注：**表示$p<0.01$（双侧检验）。

H4认为积极拖延可以负向调节预期性焦虑与创新行为之间的关系，积极拖延程度越高，预期性焦虑与创新行为之间的反向关系越弱。但从笔者的数据交互效应分析结果来看（预期性焦虑×积极拖延=0.172），也就是说交互效应将强化预期性焦虑对创新行为的负向影响。H5也是这样。

M1说明控制变量（性别、年龄）对创新行为没有影响；M2说明预期性焦虑和抑制性焦虑对个体创新行为均产生显著的负面影响，H1和H2得到验证；M3模型的解释力优于M2（$R^2=0.552$），积极拖延与个体创新行为呈正相关且关系显著（$\beta=0.383$，$p<0.01$），H3得到验证；M4模型中，引入调节变量和自变量的交互项后，交互项与因变量显著正相关，说明积极拖延对预期性焦虑与个体创新行为之间的关系起到显著的反向调节作用，引入积极拖延变量之后，预期性焦虑与个体创新行为之间的反向变化关系显著削弱（$\beta=0.172$，$p<0.01$）；同样地，引入积极拖延变量之后，抑制性焦虑与个体创新行为之间的反向变化关系也显著削弱（$\beta=0.168$，$p<0.01$），H4和H5得到验证。

为进一步显示调节作用的模式，我们以积极拖延的均值为界，将大于等于均值的样本数归为高积极拖延组，小于均值的样本数据归为低积极拖延组，分别绘制预期性焦虑、抑制性焦虑与个体创新行为的交互作用图（如图3-2所示）。

图3-2a为积极拖延对预期性焦虑与个体创新行为的调节作用，图3-2b为积极拖延对抑制性焦虑与个体创新行为的调节作用。对比两图发现，积极拖延在预期性/抑制性焦虑与个体创新行为的关系中均起到了负

向调节作用,且低积极拖延情况下较高积极拖延情况下的负向调节程度更弱,说明更主动的、有计划的积极拖延可以更有效地抑制无法容忍不确定对个体创新行为的消极作用。对比两图还可以发现,积极拖延对抑制性焦虑与个体创新行为关系的调节作用更敏感,说明积极拖延获得的有利信息可以更高效地影响预期性焦虑。

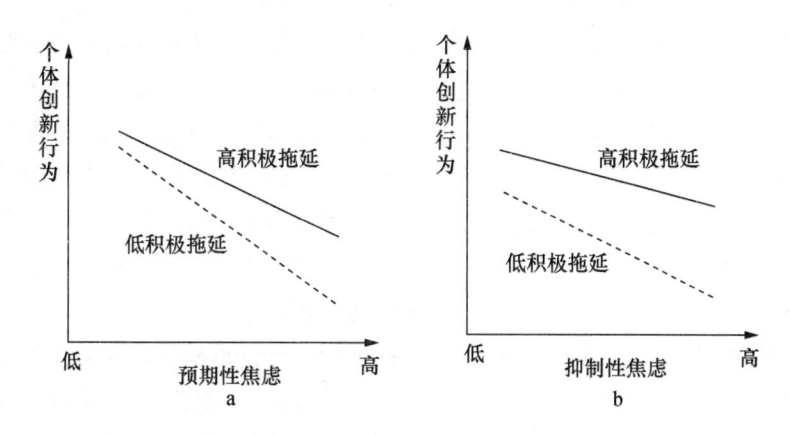

图 3-2 预期性焦虑、抑制性焦虑与个体创新行为的交互作用

五 结论与讨论

本书首次尝试将任务紧迫性下个体对不确定环境的认知与行为上的拖延从理论上进行了整合,对个体创新行为执行过程中可能出现的消极情绪规避和拖延现象重新加以审视,得到以下结论:积极拖延有利于个体实施创新行为,虽然个体的无法忍受不确定感知会对创新行为带来负面影响,但积极拖延可以在一定程度上抑制这种消极作用。尽管个体在面临不确定事件时其情绪、认知和行为呈现出的消极反应在所难免,但管理者依然可以通过实施积极拖延策略,帮助员工调整情绪,增强对不确定性的耐受力,树立积极的心态和创新信念。情景实验说明,任务紧迫下一味压缩工期可能有助于提高效率,但对于创新行为的激励并无多大益处;而有引导、有规划地实施积极拖延,却能够在兼顾效率的同时较好地促使个体实施创新行为。下一步的研究可以将任务紧迫性的强度细化,使得上述结论更具可操作性。

本书另一个贡献在于完善了关键链项目管理的缓冲控制机制,为缓冲的设计、监控提供了新的分析视角。缓冲控制是关键链项目管理的核心技术，缓冲区是保证项目进度计划如期进行的有效措施，Goldratt（1997）建议对任务工期进行 50% 的削减，再通过置于关键任务之后的项目缓冲保护计划稳健性。之后有很多学者对缓冲的设置方法进行了改良，考虑了更多与项目属性、资源特性相关的评价指标并对缓冲设置过程进行优化（Birrell，2011），但这些研究都默认将缓冲放置于任务之后。当然，也有一些学者赞成将缓冲前置，如 Moonseo 和 Feniosky（2004）提出了可靠缓冲的概念，认为将缓冲放置于各个任务开始之前而不是结束以后可以便于处理任务定义错误等不确定性事件；周文峰等（2007）认为结合任务敏感性、稳定性以及重叠程度确定的缓冲只有通过缓冲前置才能有效保护进度；张敏（2009）从柔性管理的视角分析了将行为偏差内化的稳健进度计划优化思路，证实缓冲前置能够更好地挖掘行为不确定性可能带来的机遇。本书提出，如果积极拖延有助于收集创新所需的信息、整合资源制定行动方案，则积极拖延能够帮助个体减缓对不确定的焦虑，有利于个体积极实施创新行为。该结论不仅为缓冲前置的可行性再次提供佐证，更为重要的是，这一缓冲设置思路充分考虑了个体面对不确定情景时的行为反应，能够更好地兼顾效率与创新，因而具有较强的实践指导意义。

第二节　情感网络中个体积极拖延对创新行为影响的实验研究

一　引言

随着创新型国家发展战略的不断推进，如何引导个体有效实施创新行为成为理论界和学术界共同关注的热点。由于个体对不确定情景感知的敏感度存在差异，面临时间压力时个体对不确定性的容忍程度也会存在区别，对创新这种高风险的经济行为自然会呈现出不同的行为倾向。身处不确定的竞争环境，人们更容易借助拖延行为来缓解或规避焦虑情绪。尽管已有学者证实积极拖延或许能够提高创新绩效，但这一结论是否适用于所有处于时间压力下的个体还尚无定论？一旦出现拖延行为，个体的不确定容忍程度与创新行为的关系是否会受到拖延行为的影响？由于充分利用网络资源已经成为提高创新绩效的基本规则，个体也意识到需要借助社会网络中的信息和关系以获得创新资源的支持。一旦个体间建立起稳定的情感交流渠道，情绪的感染、信任的建立是否会对上述问题带来特殊的影响？本节将个体视为社会网络中的一员，探索时间压力下个体对不确定性所呈现的不同心理倾向、情感网络特征、积极拖延行为与个体创新行为间的交互作用规律；在尊重人性和个体差异的前提下，关注个体所处的情感网络特征，适时展开个体积极拖延的引导，及时化解不良情绪，构建和谐的情感网络，促使个体有效开展创新活动并提高创新绩效。

二　文献回顾及假设提出

（一）无法忍受不确定性与员工创新

时间压力是项目实施过程中面临的最为常见的资源约束，时间压力的存在增强了项目运营的不确定程度。无法忍受不确定性（Intolerance of Uncertainty，IU）描述的就是个体在面临不确定情景时其情绪、认知和行为呈现出的消极反应（Keith & Howard，2008），尤其是在应对模糊、新奇和不可预测的情景和事件时更易出现感知、解释和反应的认知偏离。较之低 IU 的个体，高 IU 的个体不仅会高估未来不良预期的发生概率和成本（Zlomke & Jeter，2014），而且在面对模糊信息时更容易做出威胁性的消极的解释并滋生焦虑情绪。IU 在压力与焦虑情绪之间起到正向的调节作用（Thibodeau et al.，2013）。近期国外学者对 IU 与个体行为的研究较为关注，发现 IU 能够预测决策者对不确定情景的敏感程度，高 IU 的个体更易做出风险规避的决策并导致工作效率的下降（Carleton et al.，2012），但对 IU 的度量尚未完全达成共识。近年来得到广泛认同的是 Carleton 等提出的两维度观点，即预期性焦虑和抑制性焦虑，前者反映出个体主动寻求信息以降低不可预测性，侧重考察 IU 的认知维度；后者反映出个体在不确定情景下的认知和行为麻痹，侧重考察 IU 的行为维度（Birrell et al.，2011）。国内相关领域的研究比较缺乏，张国华、戴必兵（2012）对国外研究进行了综述，并认为无法忍受不确定性会产生信息加工偏差并使决策能力受损；表现出消极应对策略和不良问题取向（Scott & Bruce，1994）。

创新是高不确定性、高难度、高回报和低成功率的事件。侯二秀（2013）认为模糊容忍度作为创新型心理资本的重要内容，主要指员工在创新过程中应对不确定性及风险而表现出的对复杂信息进行感知和处理所需要具备的一种积极心理能力，而无法忍受不确定性可以理解为是与模糊容忍度相对应的一个概念（Borkovec et al.，2004）。无法忍受不确定性越高，则模糊容忍度越低，高 IU 的个体面对模糊信息时更易呈现出消极的心理和焦虑的情绪，对创新呈现出更显著的行为规避（Balkis & Duru，2009）。在创新想法的产生阶段，如果对未来创新过程中的不确定因素心存焦虑，强化创新失败的心理预期，内部创新动机缺失使得创新想法无法有效转化为创新行为；一旦进入创新实施阶段，个体对创新的过于焦虑会导致其采用自我封闭、行为麻痹等方式来降低对有效信息的识别和接受程度，不利于创新风险的控制和创新的成功实施。本书认为个体无法忍受不确定性的两个维度（预期性焦虑和抑制性焦虑）与创新行为负相关，无法忍受不确定性程度越高，则个体表现出来的创新行为越少。基于上述分析，我们提出如下假设：

H1：预期性焦虑与创新行为负相关，预期性焦虑程度越高，则个体表现出来的创新行为越少。

H2：抑制性焦虑与创新行为负相关，抑制性焦虑程度越高，则个体表现出来的创新行为越少。

（二）拖延与员工创新

拖延是一种普遍存在的社会现象，多被视为一种典型的反生产行为，如果个体推迟或完全回避其必须承担的责任、做出的决策和执行的任务，就被认为产生了拖延行为，并且可能对工作绩效产生不利影响（Ferrari，2010）。当然，也有不少学者对拖延做出了积极的解释，Ferrari（2010）认为拖延可以帮助避免不必要的资源消耗并减少冲动行为，是一种管理消极情绪和孕育创新的、有远见的适应性决策。陈俊等通过实验说明富于创造性的个体往往需要运用更多的时间去思考和酝酿，因此在很多行为上极易产生拖延，这在一定程度上验证了积极拖延行为存在的合理性（Chu & Choi，2005）。在 Chu 和 Choi（2005）提出积极拖延与消极拖延的概念之后，针对积极拖延的研究不断深入，学者们发现积极拖延则可在时间压力下产生强烈的创新动机，积极拖延者拥有更为显著的自控能力，反而能够更有创意地完成任务（Zampetakisa et al.，2010）。由于日常计划行为、对长期计划的信心程度和时间控制感已经被证实与创新行为呈正相关，而积极拖延能够帮助个体增强对计划的信心程度和时间控制感（McEvily & Marcu，2005），或许积极拖延与个体创新行为的实施存在某种正向关联。基于上述分析，我们提出以下假设：

H3：积极拖延有利于个体实施创新行为。

（三）情感网络与员工创新

情感网络、咨询网络和情报网络的存在为人际交往互动提供了资源和创新平台（张剑等，2012），项目团队中最为普遍的当属情感网络和咨询网络。希望、乐观、坚韧性以及专注、振奋等令人愉快的情感体验作为一项积极的心理资源，是推动员工快乐工作并产出绩效的持久动力（Borkovec et al.，2004）。张剑等也发现建立一种与别人相互尊重和依赖的感觉对工作创新绩效呈现出显著的积极影响（Sasidharan et al.，2012）。项目团队中的情感交流有助于个体协调紧缺资源，能够有效提高员工的创新绩效且高中心性个体所具有的影响力和权力能够帮助其获得更多的信息和机会（Ibarra & Deshpande，2007）。由于本节旨在探索个体无法忍受不确定性与个体创新行为的关系，而无法忍受不确定性的存在将直接导致个体产生焦虑情绪；此时，情感网络的存在能够为其提供成员间感情交流的通道。通过成员间的情感交流来展开互动，有助于个体建立良好的社会关系并累计社会资本（罗家德，2010）。由于中介中心性可以表示个体占据操纵信息流通的数量和控制信息的可能性，比较适合用来描述情感网络的结构特征（Rodell & Judge，2009），因此，本书仅分析情感网络中介中心性特征可能对个体无法忍受不确定性与个体创新行为之间关系的影响。

处于情感网络的中心位置可以赢得更多的友谊和信任，获得更为密切的情感支持和心理支持，有助于舒缓创新过程中的压力，体验更为积极的情绪，使个体在创新活动中维持较高强度的内部动机；与此同时，处于情感网络中心位置的个体还可以借助情感支持和心理支持来获得更多的资源获取途径，有效应对不确定因素对创新过程带来的扰动，营造更加有利于创新的工作环境，激发个体持续创新的潜力。基于上述分析，我们提出如下假设：

H4：情感网络中介中心性与个体创新行为的实施正相关。

（四）积极拖延、无法忍受不确定性与情感网络结构特征

积极拖延者一般通过刻意营造一种时间压力感来促使个体在压力下高效、有创意地工作。而时间压力与创新行为之间存在一种倒 U 形关系，时间压力下的积极拖延者相信自己会如期完成任务，这种适度的时间压力可能成为挑战性的压力源，帮助员工产生积极的情感反应并实施创新（Weening et al.，2002）。对于预期性焦虑而言，尽管个体由于无法忍受未来不确定环境所带来的认知焦虑，但情感的交流和信任的建立有助于团

队成员间建立积极的情绪氛围，个体也能够从认知层面降低这种不良情绪，且处于情感网络中不同地位的个体在应对这一焦虑情绪时会反映出不同的掌控能力。对于抑制性焦虑而言，由于积极拖延能够以实际表达出的主动性行为来降低甚至消除抑制性焦虑，获得成功的创新体验，继而对抑制性焦虑与个体创新行为之间的关系产生影响。因此，积极拖延行为和情感网络的建立分别能够从不同层面降低个体的焦虑情绪，通过调节情绪状态进而对无法忍受不确定性与个体创新行为之间的关系产生影响，基于上述分析，我们提出以下假设：

H5：情感网络中介中心性对预期性焦虑与个体创新行为之间的关系具有负向调节作用，即中介中心性程度越高，预期性焦虑与创新行为之间的反向关系越弱。

H6：积极拖延对抑制性焦虑与个体创新行为之间的关系具有负向调节作用，即积极拖延程度越高，抑制性焦虑与创新行为之间的反向关系越弱。

三 实验设计与实施

（一）实验对象和实验步骤

由于在校大学生的角色特征决定了其较少受到行业规则和其他噪声的影响，能够保证研究结论的信度，本书选取湖北和浙江两所高校工商管理类的大学三年级学生为实验对象，实验场景则依托目前高校常见的 ERP 沙盘实训项目展开。通过限制实训项目中特定任务的开始时间和完成时间，并选择适当时机对被试者的实际体验进行问卷测评。具体实验步骤如下：

1. 实验前的准备

由于对时间压力感知和积极拖延行为的控制还没有准确的测量规范，笔者需要根据长期积累的实训教学经验对实训项目的内容和进度安排进行设计，以营造适宜的实验情景。为了弱化个体差异和任务内容差异，我们选择的学生具有相同的教育背景并对其承担任务内容进行了重新组合并随机抽取学生组成一个团队进行实验。此外，为了确保参与实验学生自身情绪对实验结果的影响，我们在实训开始前和结束前分别进行了情绪测评。

2. 编制基于关键链的实训项目执行计划

根据过去的教学经验，将整个实训项目分解为八个任务，每个任务的期望完成时间均为 4 课时，利用 4 天连续完成所有实训任务，共计 32 课时；任务 5、6、7、8 创新空间大、创新水平相对一致，实验将针对上述关键任务展开设计并对关键变量适时测评。借鉴 Weening 的观点，无时间限制条件下被试者决策时间分布的中位数或平均数的 50% 可作为时间压力下的决策时间，本书将时间压力下的每个任务的完成时间规定为 2 课时。

无积极拖延的项目执行方案：

任务 1、2、3、4 的计划完成时间保持 4 课时不变，以使学生充分掌握实训规则，将任务 5、6、7、8 的计划工期减半为 2 课时，削减总工期的一半即 4 课时作为时间缓冲置于整个实训项目结束之前，以保持适当的压力水平。该方案下实训项目预期完工时间为 28 课时。

存在积极拖延的项目执行方案：

任务削减与时间缓冲设置与无积极拖延方案一致，区别在于强制要求关键任务在开始前需要运用 1 课时的时间对本运营年度的操作策略、角色协调分工等工作进一步细化，实际执行关键任务的时间仅为 1 课时，该方案下实训项目预期完工时间为 28 课时。

在实训项目开始之前，将参与学生详细说明项目执行计划。关键任务执行过程中，教师需要定期对所耗用时间进行提示，保证被试者充分感受到时间限制带来的压力。

3. 开展第一阶段实验

第一阶段的实验共 98 名同学参加。旨在通过探索性分析来检验方案和问卷的可行性。这 98 名同学随机分为两大组集中参与实训，分别采用无积极拖延的执行方案和存在积极拖延的执行方案。每个同学在完成任务 4 之后需要完成无法忍受不确定程度问卷，在开始任务 8 之前需要完成积极拖延量表，整个实训项目结束后需要完成创新行为问卷和情感网络问卷。第一阶段获得有效数据 94 份。

4. 开展第二阶段实验

第二阶段的实验共 218 名同学参加。旨在通过验证性分析和假设检验验证假设是否成立。所有被试者均采用存在积极拖延的执行方案，每个同学在完成任务 4 之后需要完成无法忍受不确定程度问卷，开始任务 8 之前需要完成积极拖延问卷，整个实训项目完成后还需要完成情感网络问卷和创新行为问卷。第二阶段获得有效数据 211 份。

(二) 问卷设计

1. 无法忍受不确定性

本书采用 Carleton 等（2012）提出的包含 12 个题项的简化后的 IUS 量表，Kim 等（2013）证实 IUS-12 量表与 Freeston 等在 1994 年提出的包含 27 个题项的完整版本相比，具有良好的信度和效度，可以很好地对个体的无法忍受不确定程度进行评价（Van Eerde，2003）。IUS-12 量表中的预期性焦虑维度包含了 7 个题项，代表题项为：如果不能掌握所有我需要的信息，我会产生挫败感；无法预料的事情会让我很不舒服。抑制性焦虑包含 5 个题项，代表题项为：生活中的不确定感会使我无法拥有满意的生活；在我该采取行动时，不确定感会让我无法行动。从 1（完全不符合）到 5（完全符合）以 5 分制评定计分，得分越高表示对不确定性的忍受程度越低。为了避免社会赞许性偏差，在问卷中加入了投射性问题进行控制（如我最迟会在任务开始多长时间后开始全身心投入该任务）。

2. 积极拖延

对积极拖延的测量借鉴 Van Eerde（2003）的研究成果，并对措辞进行了多次修正以对学生的拖延动机和拖延倾向进行评价。正式题项 5 个，代表题项为：我习惯先计划再行动；当我感到时间压力时会更好地投入到工作中；我倾向于先做一些容易的工作培养信心。从 1（完全不符合）到 5（完全符合）以 5 分制评定计分，得分越高表示积极拖延程度越高。

3. 情感网络中心性

情感网络量表借鉴罗家德等学者的研究成果，情感网络结构题项如：你的自由支配时间里，你和哪些同学常有社交活动（Rodell & Judge，2009）。从 1（完全不符合）到 5（完全符合）以 5 分制评定计分。

4. 个体创新行为

本书中个体创新行为可以划分为产生创意和执行创意行为两个过程，因而借鉴 Scott 和 Bruce（1994）的量表进行个体自我评价，修改后形成的正式题项 5 个，代表题项为：在实训过程中，我会经常产生一些有创意的想法；在实训过程中，我会向团队成员推销自己的新想法，以获得支持与认可。从 1（完全不符合）到 5（完全符合）以 5 分制评定计分，得分越高表示个体创新行为越多。

四 实验分析与结果

(一) 量表信度和效度检验

本书采用了无法忍受不确定量表、积极拖延量表、情感网络量表和创新行为量表，均采用国外权威量表或结合第一阶段的实验情景进行了改良和修正，因而内容效度可以满足。其中情感网络测量题项只有两项，可以直接计算，无须进行信度和效度检验（邱林，2006）。预期性焦虑量表、抑制性焦虑量表、积极拖延量表和创新行为量表的 Cronbach's 系数分别为 0.864、0.886、0.812 和 0.788，均大于最低标准值 0.7，因而量表所测变量具有较好的信度。聚合效度通过验证性因子分析（CFA）展开，所有题项的标准化因子载荷均大于 0.5，且在统计上达到显著，超过 0.4 这一最低水平；预期性焦虑量表、抑制性焦虑量表、积极拖延量表和创新行为量表的潜在变量的组合信度（CR）分别为 0.825、0.834、0.819 和 0.842，大于 0.7 这一临界值；四个变量的平均变异抽取量（AVE）分别为 0.713、0.725、0.714 和 0.737，大于 0.5 这一临界值。三项指标均符合判断标准，因此所有问卷均具有较好的聚合效度。由于所有变量的测量均来自被试者自评，我们采用 Harman 的单因子检测方法对同源偏差进行检验，将问卷中所有条目一并做因子分析，在未旋转时得到的第一个主成分占到的载荷量是 19.35%，Harman 单因子检验结果表明共同方法变异并不严重，加之对数据进行了中心化处理，能够有效避免同源偏差。所有问卷在实验现场及时回收，保证问卷的回收率和真实性。为降低被试者自身情绪对实验结果的影响，我们借助 PANAS-R 量表（邱林，2006）对两次实验前后个体情绪进行测评，卡方检验显示被试者在上述两个时点均不存在显著的情绪差异，进一步说明实验具有较高的信度。此外，卡方检验还证实采用无积极拖延方案和积极拖延方案的个体在积极拖延程度上存在显著差异，说明积极拖延的实验方案能够诱导被试者表现出积极拖延行为。

(二) 参数检验

通过第一阶段的实验，确定了实验执行方案的可行性；进一步地，将第一阶段收集的数据进行配对样本的 T 检验（表 3-4）。分析发现，对比两种执行方案，被试者的无法容忍不确定程度未呈现差异水平，说明背景变量不存在显著差异，而创新行为却存在显著差异，这在一定程度上证实积极拖延有益于个体实施创新行为，H3 初步得到验证。

表3-4　　　有/无积极拖延下创新行为的配对样本 T 检验

变量		无积极拖延		有积极拖延		t 值
		均值	标准差	均值	标准差	
无法忍受不确定	预期性焦虑	2.622	0.853	2.752	0.874	0.614
	抑制性焦虑	2.277	0.924	2.524	0.952	0.745
创新行为		2.104	0.435	3.131	0.573	2.952**

注：**表示 $p<0.01$（双侧检验）。

（三）描述性统计

将第二阶段实验获得的情感网络问卷以二进制邻接矩阵的形式录入UCINET，计算个体在社会网络中的情感网络中介中心性指标，数值越大，中心性程度越高。在此基础上展开描述性统计分析和层次回归分析。Pearson相关系数如表3-5所示。

表3-5　　　　　　　　变量相关性分析

变量	平均值	标准差	1	2	3	4
1. 预期性焦虑	2.882	0.892	—			
2. 抑制性焦虑	2.714	0.964	0.381**	—		
3. 积极拖延	3.065	0.432	-0.289**	-0.294**	—	
4. 个体创新行为	3.247	0.785	-0.342**	-0.337**	0.426**	—
5. 情感网络中介中心性	2.383	0.732	-0.436**	-0.152	0.108	0.253**

注：**表示 $p<0.01$（双侧检验）。

表3-5中可见，预期性焦虑与抑制性焦虑呈正相关，积极拖延与预期性焦虑和抑制性焦虑均显著负相关，积极拖延越明显，个体的预期性焦虑和抑制性焦虑程度越低。积极拖延的过程中可以加强信息的收集整理分析，帮助个体降低不确定性感知，但相比预期性焦虑而言，积极拖延与抑制性焦虑的影响更加显著；说明计划的制订可以使个体明确行动目的，缓和焦虑情绪，增强行动的信心，加强对未来的掌控感，有效降低抑制性焦虑和预期性焦虑。预期性焦虑、抑制性焦虑与个体创新行为均显著负相关，说明无法忍受不确定程度越高，焦虑情绪越明显，个体越是对创新持规避态度，执行创新行为的可能性越小，H1、H2得到基本证实。积极拖

延与个体创新行为显著正相关,再次证实积极拖延有益于个体实施创新行为,H3 进一步得到验证。情感网络中介中心性与预期性焦虑显著负相关,个体在情感网络中情感交流的渠道越多,预期性焦虑越小,H4 得到初步验证。

(四)层次回归分析

本书定位于个体层面,因而选取性别、年龄为控制变量,个体创新行为为因变量,预期性焦虑和抑制性焦虑为自变量,对积极拖延的调节作用进行层次回归检验。

在表 3-6 中,M1 说明控制变量(性别、年龄)对创新行为没有影响;M2 说明预期性焦虑和抑制性焦虑对个体创新行为均产生显著的负面影响,H1 和 H2 得到验证;M3 模型的解释力优于 M2 ($R^2 = 0.578$),积极拖延与个体创新行为正相关且关系显著($\beta = 0.317$,$p < 0.01$),H3 得到验证,情感网络中介中心性与个体创新行为正相关且关系显著($\beta = 0.235$,$p < 0.01$),H4 得到验证;M4 模型中,引入调节变量和自变量的交互项后,交互项与因变量显著正相关,说明调节变量对无法忍受不确定性与个体创新行为之间的关系起到显著的反向调节作用且 M4 模型的解释力优于 M3($R^2 = 0.625$);引入情感网络中介中心性变量之后,预期性焦虑与个体创新行为之间的反向变化关系显著削弱($\beta = 0.182$,$p < 0.01$);同样地,引入积极拖延变量之后,抑制性焦虑与个体创新行为之间的反向变化关系也显著削弱($\beta = 0.195$,$p < 0.01$),H5 和 H6 得到验证。

表 3-6　　　　　　　　　层次回归分析

预测变量	个体创新行为			
	M1	M2	M3	M4
控制变量				
性别	0.071	0.070	0.070	0.068
年龄	0.050	0.050	0.050	0.050
自变量				
预期性焦虑		-0.268**	-0.253**	-0.135
抑制性焦虑		-0.255**	-0.237**	-0.124
调节变量				
积极拖延			0.317**	0.267**

续表

预测变量	个体创新行为			
	M1	M2	M3	M4
情感网络中介中心性			0.235**	0.203**
交互项				
预期性焦虑×情感网络中介中心性				0.182**
抑制性焦虑×积极拖延				0.195**
R^2	0.382	0.463	0.578	0.625
F	7.381**	10.311**	12.355**	16.619**
ΔR^2	0.382	0.082	0.063	0.064

注：**表示 $p<0.01$（双侧检验）。

为进一步显示调节作用的模式，我们以情感网络中介中心性的均值为界，将大于等于均值的样本数归为高情感网络组，小于均值的样本数据归为低情感网络组，绘制预期性焦虑与个体创新行为的交互作用图（如图3-3a所示）。类似地，以积极拖延的均值为界，将大于等于均值的样本数归为高积极拖延组，小于均值的样本数据归为低积极拖延组，绘制抑制性焦虑与个体创新行为的交互作用图（如图3-3b所示）。

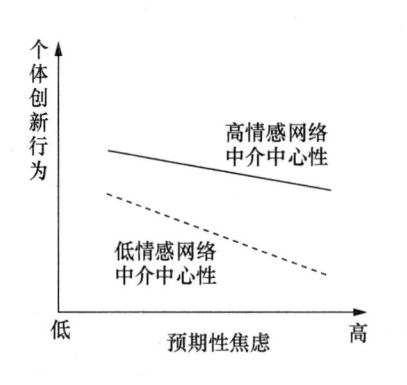

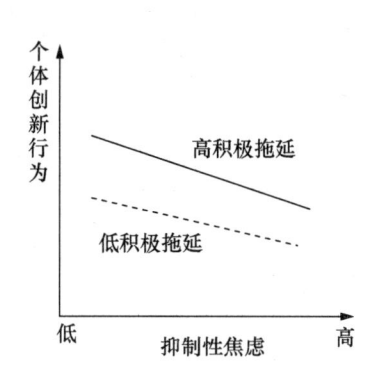

图3-3a　情感网络中介中心性的调节作用　　图3-3b　积极拖延的调节作用

图3-3a为情感网络中介中心性对预期性焦虑与个体创新行为的调节作用，图3-3b为积极拖延对抑制性焦虑与个体创新行为的调节作用。从图3-3a和图3-3b中可以发现，情感网络中介中心性在预期性焦虑与个体创新行为的关系中起到了负向调节作用，且低情感网络中心性比高情感

网络中心性的调节效应更弱；积极拖延在抑制性焦虑与个体创新行为的关系中也起到了负向的调节作用，且高积极拖延情况下较低积极拖延情况下的负向调节程度更强，说明建立密切的情感交流网络和策略性的、有计划地积极拖延可以有效遏制无法容忍不确定对个体创新行为的消极作用。对比两图还可以发现，高积极拖延的调节作用比高情感网络中介中心性的调节作用更敏感，意味着当积极拖延者存在很高的成就动机和抗压能力时，即便尚未处于情感网络的核心位置，也可能通过大幅降低抑制性焦虑对个体创新行为的负面作用，从而对个体创新提供行动上的支持；而低情感网络中介中心性的调节作用比低积极拖延的调节作用更敏感，说明即便个体尚未建立密切的情感交流，在对抗高风险的创新行为时，少数的情感沟通渠道就能够起到缓解预期焦虑的作用，情感网络对个体情感的支持能够有效降低个体对预期不确定性的焦虑，促使个体实施创新行为。

五 结论

本书从个体的无法忍受不确定特质入手，创造性地将情感网络及其对个体认知的影响引入创新行为的分析框架，并关注个体积极拖延行为可能产生的重要作用，对个体创新行为执行过程中可能出现的消极情绪规避、情感网络建立以及拖延行为产生等现象系统加以审视，得到以下结论：积极拖延和情感网络中心性的提高均有利于个体实施创新行为，虽然个体的无法忍受不确定感知不利于个体实施创新行为，但积极拖延可以在一定程度上弱化抑制性焦虑的消极作用，而情感网络中心性的提高可以弱化预期性焦虑对创新行为的不利影响。尽管个体在面临不确定事件时其情绪、认知和行为呈现出的消极反应在所难免，但管理者依然可以通过实施积极拖延策略，帮助员工建立情绪宣泄和情感交流的通道，增强对不确定性的耐受力，树立积极的心态和创新信念等举措来克服个体对不确定创新行为的规避。情景实验说明，任务紧迫时压缩工期可能有助于提高工作效率，但对于创新行为的激励并无多大益处；而正确引导、有规划地实施积极拖延，并建立一定强度的情感网络，能够在兼顾效率的同时较好地促使个体实施创新行为。数据分析还发现，情感网络中心性的提高与积极拖延行为的实施在创新过程的不同阶段发挥着不同作用。在创新期初，由于情感网络中心性的提高较之积极拖延行为能够更有效地降低无法忍受不确定性对创新行为的抑制作用，而中后期的积极拖延行为则更有利于消除抑制性焦虑并实施创新，上述研究成果对团队成员创新过程中的积极拖延行为及其与创新行为的关系进行了深入解读。因此，管理者需在充分尊重人性的前提下，首先致力于激发团队的情感共鸣，迅速建立个体间的信任关系，然后适时引导积极拖延行为，使得积极拖延者能够在一个充分信任、互相支持的氛围中高效完成创新任务。由于将个体的情感网络特征引入分析框架，并发现情绪可能成为影响行为之间作用机理的重要潜在线索，上述结论为团队创新中有效引导个体创新行为提供了重要参考。

另外，本书首次尝试将时间压力下个体对不确定环境的认知特性、行为上的拖延特征以及情感上中心性特征从理论上进行了整合，从社会网络的层面挖掘出认知、情感、行为的相互嵌入特征以及情感对认知与行为间关系的重要调节作用，强调在高度不确定竞争环境中对创新和效率的追求需要突出对人性的尊重。因此，本节拓展了不确定理论、社会网络理论和创新理论的研究范畴，为更为深入地探究创新驱动战略下的创新实施路径提供了有益的借鉴。

第三节 任务紧迫性下积极拖延对团队创新绩效的影响机制研究

一 引言

近年来，随着国内外经济形势日趋严峻复杂，项目团队成为企业应对不确定环境的有效工作单元，项目团队的绩效直接决定了组织的竞争能力。2007年9月，在英国布莱顿举行的第八届IRNOP（International Research Network on Organizing by Projects）国际会议上，"项目中的创新，创新中的项目"这一理念正式被提出，特别强调了项目管理和创新管理？进行协同研究的重要性。为了应对不确定环境，人们在任务工期估计中加入安全时间以提高自身活动的灵活性。尽管如此，任务执行者还是习惯于等待和拖延，不到最后关头绝不动工。以色列科学家Goldratt（1997）在《关键链》一书中，对这一普遍存在的现象——"学生综合征"进行了深入而系统的阐述，提出通过缓冲机制有效遏制拖延现象。还有很多国内外学者都对拖延行为进行了探讨，但大都是针对学生群体的学业任务展开，对其他情景和场所下人们的拖延行为研究较少。一般地，学者们都认同任务拖延不利于项目及时完工，却鲜有研究探讨任务拖延与创新绩效的关系。创新需要消耗资源，而拖延可以为任务赢得一定的时间资源，那么，任务拖延与创新绩效之间是否存在关联？由于人们面对不确定性所表现出的认知、情绪和行为都存在差异，这种个体和团队的差异是否在拖延与创新之间起到特殊的作用？如果个体对拖延缺乏正确的认识和积极的信念，如果团队对拖延的目标尚未达成共识，任务拖延与团队创新绩效的关系是否会发生变化？是否存在一些外显变量能够帮助管理者判断任务紧迫性下拖延行为的实际创新绩效？以往的研究对上述问题的探索非常欠缺。

本书的目的正是希望针对项目拖延这一普遍存在的现实问题和现有研究的空白，通过有效识别影响积极拖延与团队创新绩效关系的调节变量和中介变量，考察积极拖延对于团队创新绩效的影响机制，特别是突出个体自我领导在积极拖延与团队创新绩效影响过程中的调节作用，以及团队反思在积极拖延与团队创新绩效影响过程中的中介作用。上述问题的研究为任务紧迫性下拖延现象的重新理解提供了新的分析视角，有助于从效率和创新协同的视角重新审视项目管理中的拖延行为，对项目管理过程的优化和团队创新绩效的提高具有较强的理论意义和现实意义。

二 文献回顾及假设提出

（一）积极拖延、自我领导与团队创新

拖延是一种普遍的社会现象，如果个体推迟或完全规避个体控制下的某些行为，就被认为是拖延（Tuckman，1991）。一直以来，拖延被视为一种典型的反生产行为，由于个体推迟或完全回避个体所必须承担的责任、做出的决策和执行的任务，会对工作绩效产生负面影响（Balkis & Duru，2009）。组织层面的拖延可能会延迟新产品上市，增加生产成本，个体层面的拖延可能导致压力增大、身体疾病和较低的工作效率。拖延的前因变量如人格、情感、自我效能感已经被人们所认知（Akinsola et al.，2007），时间管理、目标管理等方法也被认为是应对拖延的有效策略（Van Hooft et al.，2005）。即便是在网络环境中，拖延与绩效之间也被证明呈负相关，且高度拖延个体在线学习绩效明显低于低度拖延者（Yair & Michelle，2012；Nicolas et al.，2011）。当然，也有不少学者对拖延做出了积极的解释，Van Eerde（2003）就把拖延视为管理消极情绪或酝酿寻求解决问题的策略，拖延可以帮助个体对某任务进行深思熟虑的思考，有利于产生一个更具创造性的解决方法；Ferrari（2010）认为拖延可以帮助避免不必要的工作并减少冲动行为；Simone（1993）甚至认为拖延是一种

精明的、有远见的决策和行为。Scher 和 Osterman（2002）提出，拖延可能是管理自我情绪状态的一种需要，帮助拖延者更好地控制消极情绪，而将注意力集中在积极情绪上。Wolters（2003）更明确地指出有些个体拖延是为了收集重要信息、拟订计划或者喜欢任务紧迫性下的压力感，更倾向于在压力下高效、有创意的工作。基于上述研究，Chu 和 Choi（2005）等学者提出拖延类型存在消极和积极之分，消极拖延与消极行为和低绩效相关，积极拖延则可使个体在时间压力下产生强烈动机，反而能够更有创意地完成任务（Angela et al.，2005）。陈俊等（2009）通过实验说明富于创造性的个体往往需要运用更多的时间去思考和酝酿，因此在很多行为上产生了拖延，这在一定程度上验证了积极拖延行为的存在具备一定的合理性。由于日常计划行为、对长期计划的信心和时间控制感已经被证实与创新呈正相关（Zampetakisa et al.，2010），这也为积极拖延提高团队创新绩效提供了证据。

目前关于领导与创新关系的研究多集中在领导者自身因素（特质、行为和新型领导理论）对员工创新特征（认知、能力、动机和自我概念）的作用方面（曲如杰等，2012），团队创新首先表现为个体创新，个体创新行为除了受到领导的影响之外，还需要一种更为持久和内化的管理形式——自我管理来保持工作主动性并不断激发个体创造力。一般地，自我领导被认为是个体为了实现特定目标，通过自我激励、自我指导、自我控制等方式进行的自我影响过程（Manz & Neck，2004；Prussia et al.，1998），自我领导有别于个性特征的概念，受心理影响较大（Houghton et al.，2004）。国外的研究已经证实自我领导是促进团队绩效的重要因素（Manz & Neck，2004），曹威麟等通过实证研究方法，也验证了自我领导对个体创新行为具有显著的正向影响。但相比国外研究成果，国内关于员工自我领导的研究才刚刚起步。

依据 Carver 和 Scheier（1998）提出的自我调节理论，当个体选择积极拖延策略时，首先要对自身行为和预期完工时间做比较，在执行的过程中不断权衡创新和效率目标并进行自我调节。Manz 和 Sims（2001）提出的自我领导三维度的观点（关注行为战略、自然报偿战略和积极思维战略）获得了学术界普遍认同，个体会运用这些战略来影响和引导自己的行为。关注行为战略意味着个体在执行积极拖延策略时，通过自我设定目标、自我观察、自我暗示等手段来提高自我意识，明确积极拖延的预期目标并引导自身的行为朝着预期目标努力。实施积极拖延的个体通过自然报偿战略能够有意识地强化在挑战性压力下完成特定任务时产生的内在激励，忽视阻碍性压力对创新绩效产生的负面作用，从而提高个体的感知满意度。此外，个体在执行积极拖延策略时如果能够采用积极思维战略，则能够通过积极的自我对话提高自我效能感，通过树立积极的信念激发积极的情绪状态，积极的思维和行为能够增强个体对于提高创新绩效的信心和预期，使个体在关注延迟时间的同时付出更多的努力，提高个体创新绩效（Prussia et al. , 1998）。众所周知，个体创新绩效的提升是团队创新绩效提高的基础和动力，我们认为自我领导者能够较好地实施积极拖延策略以提高个体和团队的创新绩效，积极拖延策略与团队创新之间的关系会受到自我领导力水平的影响。基于上述分析，提出以下假设：

假设1：自我领导调节积极拖延与团队创新绩效之间的关系，自我领导水平越高，积极拖延与团队创新绩效之间的关系越强。

（二）团队反思

尽管自我领导与创造力和创新之间存在着一定的关联（Diliello & Houghton, 2006），但目前学者们普遍认为自我领导是通过某些中介变量间接影响创新绩效的，如信任、积极情绪、心理授权、自我效能感等（Neck & Houghton, 2006）。由于自我领导者一般具有较强的自控和自治能力，在决策和行为过程中表现出更高的独立性与自主性，如果缺乏引导，这种独立性可能导致目标的不一致进而成为项目创新的障碍，而团队反思这种团队层面的认知互动，能够促进团队成员对团队的目标、策略（如积极延迟决策）和过程（如延迟创新）进行信息整合和公开反思，以使它们适应当前或预期的环境变化（West, 1996）。

社会认知理论认为，当成员的个人利益与群体的整体利益达成共识时，个体的责任感得以被激发，群体的整体绩效才可能实现（班杜拉，2001）。在一个充满不确定的环境中，唯有成员的绩效目标与团队的发展目标产生共鸣并形成相互依赖、和谐的目标体系时，团队对个体的拖延决策及其实施情况才能够保持警惕和关注，及时发现执行过程中的干扰信息，控制风险的蔓延，促进团队的创新性绩效和团队反思水平的不断提升（Manz & Sims, 2001）。通过团队反思对分散的信息进行整合，不仅可以帮助团队了解积极拖延的实施情况，而且可以帮助团队成员形成更具批判性和创新性的构想和方案，以更好地应对不确定性（Manz & Sims,

2001)。如果积极拖延策略在实施过程中出现隐患，团队反思可以帮助成员对产生的问题和执行中的困惑进行解释，提升团队创造力（West，2002）。一旦积极拖延策略与项目创新、效率协同的目标发生偏离，团队反思所倡导的成员之间的质疑和讨论可以帮助成员及时调整和修正自身的积极拖延策略。很多研究已经证实团队反思与团队绩效、团队创新等呈正相关（Carter & West，1998；Tjosvold et al.，2004）。

鉴于上述原因，本书认为积极拖延策略和自我领导能力对团队创新绩效的交互影响是通过提高团队反思水平这一中介变量产生的。一方面，团队反思整合了个体层面的积极拖延与创新绩效的信息，帮助具有自我领导能力的个体更好地实施积极拖延策略；另一方面，团队反思可以帮助团队成员深刻认识积极拖延策略的机会与风险，协调不同成员在实施积极拖延策略过程中所需的资源，灵活调控不同个体的执行进度，在控制整个项目实施进度的同时提高团队创新绩效。基于上述分析，提出以下假设：

假设2：积极拖延与自我领导的交互作用将通过团队反思为中介，进而对团队创新绩效产生影响。

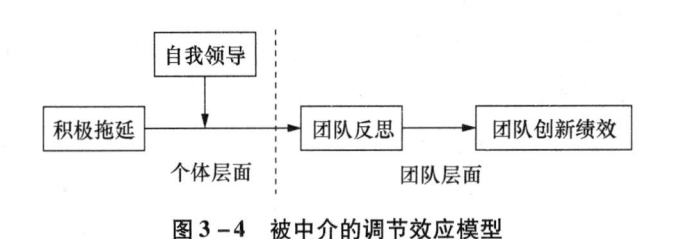

图3-4 被中介的调节效应模型

三 研究方法

（一）实验设计

本书选取湖北和浙江两所高校工商管理类的大学三年级学生为实验对象，依托目前高校常见的ERP沙盘实训项目展开，期望以一个真实的、具有工作表现要求的环境，来测量出被测人员在真实世界中的很多能力（Streufert，1988），弥补单纯的量表信息收集无法客观测度被试者真实意图这一缺陷。ERP沙盘模拟是高校课程体系中常见的一门实训课程，借助ERP沙盘模拟实训，不仅可以营造一个较为真实的创新环境，还可以使大学生的创新意识得到培养，引导学生不同程度地表现出创新行为。以被试者的实际行为为依托，在此基础上展开问卷调查，则更能获得客观的一手资料。

本书对任务紧迫性主要通过时间压力的高低来度量，由于时间压力还没有一个准确的工具进行测量，为了降低个体差异和任务内容可能对时间压力感受程度带来的差异性，我们选择的是相同专业、相同年级的学生参与实验，为了保证每位被试者承担任务的数量和难度尽可能一致，对其承担的角色及工作内容进行了重新组合。为了使时间压力的控制更具有可操作性，借鉴 Weening（2012）的观点，把无时间限制条件下被试者决策时间分布的中位数或平均数的 50% 作为时间压力条件下的决策时间。实验在 2011 年 1 月至 2012 年 6 月间分为三个阶段进行，先后有 938 名学生参加。2011 年 1 月至 6 月为第一阶段，共 216 名学生（36 个团队）参加，旨在对不同变量之间的相关性进行探索性分析并修正问卷。2011 年 9 月至 2011 年 12 月为第二阶段，共 290 名学生（48 个团队）参加，通过设计任务紧迫和任务不紧迫的实验情景，对研究框架中的主要变量进行独立样本的 T 检验，以检验研究思路的可行性。2012 年 3 月至 8 月为第三阶段，共 432 名（72 个团队）学生参加，通过验证性因子分析构建模型并完成假设检验。具体实验步骤如下：

1. 编制关键链项目计划

根据过去开展该实训项目的教学经验，将整个项目分解为八个任务，每个任务的期望完成时间均为 4 课时，利用 4 天的时间连续完成所有实训任务。任务 5、6、7、8 为关键任务。为了帮助被试者更好地掌握实训规则，任务 1、2、3、4 的计划完成时间保持 4 课时不变，将任务 5、6、7、8 的计划工期减半为 2 课时，这一时间可以认为是时间压力下的决策和行动时间（Edwards & Lambert, 2007）。削减总工期的一半即 4 课时作为项目缓冲置于整个实训项目结束之前，根据项目缓冲的消耗情况对实训进度人为施加一定控制。整个实训计划事先不告知被试学生，以保证被试者在执行计划时能呈现出任务紧迫性下真实的行为反应。

2. 展开第一阶段实验

参与第一阶段实验的共有 36 个团队，在实训规则讲解时，仅仅突出基本运营规则的介绍，如筹码的摆放、市场竞争规则的理解等，鼓励各个团队探寻最适合和最有效的团队创新策略。在任务 5 开始前，告知被试下一步的实验计划，并对任务 5 至任务 8 的工作安排做出强制性要求，即在任务 5 至任务 8 的计划完工时间 2 课时内留出前面一个课时用于对本年度的运营策略、财务预算等做出书面的计划,仅仅预留一个课时展开盘面操作。在所有任务完成后,要求每位同学对自身拖延和自我领导两个变量进行问卷测量,每个小组的 CEO 则完成团队反思和团队创新绩效的问卷测评。关键任务执行过程中,教师需要定期对所耗用时间进行提示,保证被试者充分感受到时间限制带来的压力。

3. 展开第二阶段实验

参与实验的 48 个团队随机分为两个部分,其中的 24 个团队在任务不紧迫的情景下(即按每个任务 4 课时)完成实验。具体细节如下:在团队开始任务 5 的操作前,告知被试者任务 5 至任务 8 的计划完工时间 4 课时内留出前面一个课时用于对本年度的运营策略、财务预算等做出书面的计划,后三个课时展开盘面操作。在所有任务完成后,要求每位同学对自身拖延和自我领导两个变量进行问卷测量,每个小组的 CEO 则完成团队反思和团队创新绩效的问卷测评。另外的 24 个团队按照第一阶段实验的步骤完成操作。

4. 展开第三阶段实验

参与实验的 48 个团队均按照第一阶段的实验步骤进行,为了排除被试者情绪可能对行为带来的影响,在任务 4 结束后对被试者进行 PANAS – R 量表情绪测试;在所有任务完成后,要求每位同学对自身拖延、自我领导以及情绪状态三个变量进行问卷测量,每个小组的 CEO 则完成团队反思和团队创新绩效的问卷测评。

(二)变量测量

(Tuckman Procrastion Scale,简称 TPS)量表是最常见的一种用来评价学生拖延行为的量表,但积极拖延量表还未正式提出。借鉴 Van Eerde(2003)的拖延量表,我们设计了积极拖延量表对拖延动机和拖延倾向进行评价。经过多次修改后形成 5 个正式题项,如我习惯先计划再行动;当我感到时间压力时会更好地投入到工作;我倾向于先做一些容易的工作培养信心;即便制订计划存在难度,我还是先拟订计划;在行动前,我确信可以先做些别的事情。

对于自我领导的测量,根据已有研究成果,本节借鉴 Houghton 和 Neck(2004)提出的包含 3 个维度、9 个题项的量表,分别对自我目标设定、自我奖励、自我惩罚、自我观察、自我暗示、自然报偿、预想成功表现、自我对话以及信念评估与假设进行测量。

对团队反思的测量借鉴 Carter 和 West（1998）、Hoegl 和 Parboteeah（2006）所采用的量表，并在此基础上修正得到 8 个题项，如我所在的团队经常检查项目目标是否偏离、团队经常审视期初设定的目标是否合适、团队经常对完成任务的各种方法进行讨论等。

团队创新绩效量表借鉴陈公海（2008）和 Lovelace 等（2001）的成果，结合实验情景进行适当修改，形成 3 个题项，如项目团队产生了很多新的想法或创意；项目团队会依据市场需求信息和竞争者动态进行战略调整；项目团队经常采用一些能改善作业流程以及提高运作效率的方法。另外，情绪状态采用国内学者邱林归纳得到的 PANAS – R 量表（邱林，2006）。所有量表从 1（完全不符合）到 5（完全符合）以 5 分制评定计分。

四 研究结果

（一）量表的信度和效度检验

第一阶段实验结束后，对收集到的问卷数据进行信度和效度检验，如表 3 – 7、表 3 – 8 所示。

表 3 – 7 问卷的 Cronbach's α 系数

变量	题项数	KMO 值	Cronbach's α 系数
积极拖延	5	0.732	0.734
自我领导	9	0.796	0.726
团队反思	8	0.748	0.739
团队创新绩效	3	0.773	0.758

表 3 – 8 问卷验证性因素分析拟合度指标

问卷变量	χ^2/df	RMSEA	NFI	RFI	IFI	NNFI	CFI
积极拖延	2.872	0.093	0.942	0.959	0.961	0.972	0.948
自我领导	3.981	0.102	0.939	0.962	0.972	0.984	0.976
团队反思	3.462	0.087	0.958	0.981	0.953	0.977	0.963
团队绩效	2.631	0.092	0.941	0.939	0.966	0.969	0.979

表 3 – 7 中各个问卷的 Cronbach's α 系数值和 KMO 值均大于 0.7，Bartlett 球体检验的显著性水平为 0.001，且各个题项的因子负荷均大于 0.4，说

明问卷具有较好的信度。效度检验利用结构方程模型来进行验证性因子分析,表3-8中各个变量的拟合度指标均符合要求,说明问卷结构效度可以接受。

(二)独立样本的 T 检验

对第二阶段收集的数据展开独立样本 T 检验,以判断在任务紧迫和不紧迫情景下,实验结果是否具有显著差异。从表3-9中的数据发现,在任务紧迫和任务不紧迫的情况下,积极拖延、自我领导、团队反思、团队创新绩效等变量的 t 统计量均达显著水平,说明任务紧迫和不紧迫情况下个体对拖延、自我领导能力的感悟与团队管理者对团队反思能力和团队创新绩效的评价均存在显著性差异,任务紧迫情形下的拖延行为与任务不紧迫情形下的拖延行为对团队创新绩效的影响路径存在差异,这也证实了本节的实验研究思路具有可行性。

表3-9　　　　任务紧迫/不紧迫情景下的独立样本 T 检验

检验变量	情景变量	标准差	t 值
积极拖延	任务紧迫	0.49	3.142**
	任务不紧迫	0.36	
自我领导	任务紧迫	0.54	3.937**
	任务不紧迫	0.36	
团队反思	任务紧迫	0.48	3.168**
	任务不紧迫	0.32	
团队创新绩效	任务紧迫	0.47	2.415**
	任务不紧迫	0.36	

注:**表示 $p<0.01$ (双侧检验)。

(三)假设检验及跨层次回归分析

对参与第三阶段被试者在任务时间压缩前后的积极、消极情绪状态进行配对样本 T 检验, t 值分别为13.79和 -11.92,且在0.01水平上显著存在差异。但对第三阶段所有参与被试者的积极和消极情绪状态分别进行卡方检验, p 值分别为0.013和0.017,说明被试者在实验进行中产生的情绪状态方面不存在显著差异。

对于第三阶段获得数据展开相关性分析和假设检验(表3-10、表3-11),结果发现,本实验中不同个体样本特征(性别、年龄)下团队创新行为、团队反思均无显著性差异；团队层面样本特征（规模、成立时间等）均通过实验设计加以控制，因此，在跨层次分析中不再引入上述变量。由于本书涉及个体和团队两个层次的变量，首先需要通过零模型分析以检验个体层次和团队层次变量存在显著差异。对团队创新行为进行方差分析发现，$\chi^2(48) = 113.8$，$p < 0.001$，卡方检验表明组间存在显著方差。进一步地，个体创新行为的方差有 19.2% 来自组间，80.8% 来自组内，说明创新行为的组间方差显著，具备跨层次分析的前提条件。

表 3-10　　　　　　　　　主要研究变量相关性分析

检验变量	平均值	标准差	1	2	3	4
1. 积极拖延	3.96	0.63	—			
2. 自我领导	3.45	0.52	0.28**	—		
3. 团队反思	3.47	0.48	0.32**	0.15	—	
4. 团队创新绩效	3.71	0.61	0.13	0.14	0.16	—

注：** 表示 $p < 0.01$（双侧检验）。

表 3-11　　　　　　　　团队创新绩效的跨层次模型分析结果

变量	团队反思	团队创新绩效			
	模型 1	模型 2	模型 3	模型 4	模型 5
截距项（β_{0j}）	1.67** (0.03)	1.67** (0.03)	1.67** (0.03)	1.67** (0.03)	1.67** (0.03)
第一层变量					
积极拖延（β_{1j}）	0.29** (0.05)	0.17 (0.06)	0.16 (0.06)	0.14 (0.05)	0.12 (0.05)
第二层变量					
自我领导（β_{2j}）	0.16 (0.07)		0.13 (0.07)	0.11 (0.07)	0.09 (0.07)
交互项变量					
积极拖延 × 自我领导（β_{3j}）	-0.26** (0.09)			0.38** (0.11)	0.17 (0.12)
团队反思 × 自我领导（β_{5j}）					0.13 (0.12)
中介变量					
团队反思（β_{4j}）				0.35** (0.09)	

注：** 表示 $p < 0.01$（双侧检验），所有系数均为稳健标准误差下的固定效应估计值。

本书需要对被中介的调节效应进行检验,分析过程借鉴了 Muller、Judd 和 Yzerbyt(2008)提出的判断标准:因变量对自变量、调节变量、自变量与调节变量乘积的回归中,乘积的系数显著(条件1);中介变量对自变量、调节变量、自变量与调节变量乘积的回归中,乘积的系数显著(条件2);对自变量、调节变量、自变量与调节变量乘积和中介变量的回归中,中介变量的系数显著,且乘积的系数不再显著或降低(条件3)。为了避免多重共线性问题,模型中的各主要变量都进行了中心化处理。由于本书涉及个体和团队两个层次的变量,采用 HLM 软件进行跨层次回归分析,具体步骤如下:(分析结果见表 3-11)

第一步,自变量(X)、调节变量(M_0)、自变量和调节变量的乘积($X \times M_0$)同时对因变量(Y)回归,即:

$Y($团队创新绩效$) = \beta_{0j} + \beta_{1j}X($积极拖延$) + \beta_{2j}M_0($自我领导$) + \beta_{3j}X \times M_0($积极拖延 × 自我领导$) + \varepsilon_i$

第二步,自变量(X)、调节变量(M_0)、自变量和调节变量的乘积($X \times M_0$)同时对中介变量(M_e)回归,即:

$M_e($团队反思$) = \beta_{0j} + \beta_{1j}X($积极拖延$) + \beta_{2j}M_0($自我领导$) + \beta_{3j}X \times M_0($积极拖延 × 自我领导$) + \varepsilon_i$

第三步,自变量(X)、调节变量(M_0)、自变量和调节变量的乘积($X \times M_0$)、中介变量(M_e)回归、中介变量与调节变量的乘积($M_e \times M_0$)同时对因变量(Y)回归,即:

$Y($团队创新绩效$) = \beta_{0j} + \beta_{1j}X($积极拖延$) + \beta_{2j}M_0($自我领导$) + \beta_{3j}X \times M_0($积极拖延 × 自我领导$) + \beta_{4j}M_e($团队反思$) + \beta_{5j}M_e \times M_0($团队反思 × 自我领导$) + \varepsilon_i$

模型1考察积极拖延对团队反思的影响,发现积极拖延对团队反思有显著的正向影响($\beta = 0.29$,$p < 0.01$);积极拖延与自我领导的交互项对团队反思有显著的负向影响($\beta = -0.26$,$p < 0.01$),满足条件2。模型2将自变量积极拖延对团队创新绩效进行了回归,发现积极拖延对团队创新绩效没有明显的影响作用。模型3将调节变量自我领导对团队创新绩效进行了回归,发现自我领导与团队创新绩效关系并不显著。模型4中加入了自变量积极拖延和调节变量自我领导的交互项,发现积极拖延与自我领导的交互项对其产生显著的正向影响($\beta = 0.38$,$p < 0.01$),假设1得到支持并且条件1得到满足。在模型4的基础上加入团队反思以及团队反思与自我领导的

交互项后得到模型5，原有的积极拖延与自我领导的交互效应不再显著，自我领导与团队反思的交互效应也不明显，团队反思对团队创新绩效促进作用显著，满足条件3。由于三个条件都得到满足，因而假设2得到验证，即积极拖延与自我领导的交互作用将会以团队反思为中介来影响团队创新绩效。

按照Edwards和Lamber（2007）的方法绘制积极拖延和自我领导的交互作用的图示并通过直接调节和间接调节的形式反映出调节效应如何被中介的过程。图3-5反映了不考虑团队反思时积极拖延和团队创新绩效的关系如何随着自我领导的程度发生变化；图3-7反映了被团队反思中介的调节效应；图3-6则反映了未能被团队反思中介而"剩下"的调节效应程度。从图3-5至图3-7可知，积极拖延在高自我领导时比低自我领导时对团队创新绩效的正面影响作用更强，支持了假设1的判断。总调节效应非常显著，当个体自我领导能力比较高时，积极拖延对于团队创新绩效有正向的影响，而当个体自我领导能力比较低时，积极拖延对于团队创新绩效有负向的影响，部分调节效应被团队反思的程度所中介。

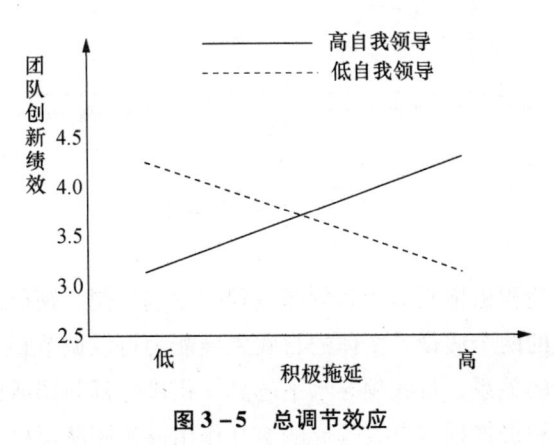

图3-5 总调节效应

五 研究结论与展望

近年来，项目团队的创新绩效及其前因变量的研究吸引了大量学者的关注，而拖延则被视为一种无益于创新绩效提升的较为常见的行为现象。由于积极拖延和消极拖延两种形式同时存在，对拖延行为的消极论断显得过于武断。本书以任务紧迫性下的项目实施过程为背景，通过有计划、分阶段进行的情景实验，对个体的积极拖延与团队创新绩效之间的关系展开

图 3-6 直接调节效应

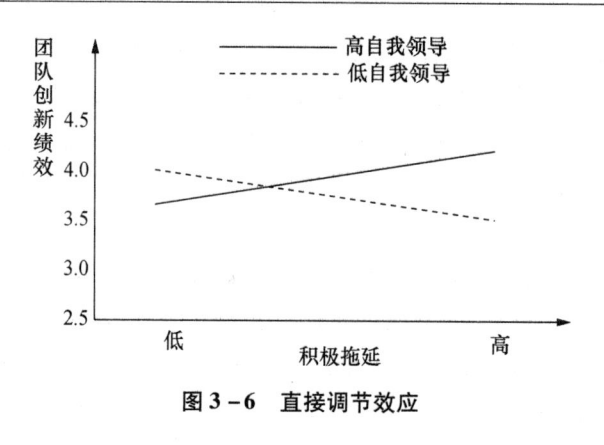

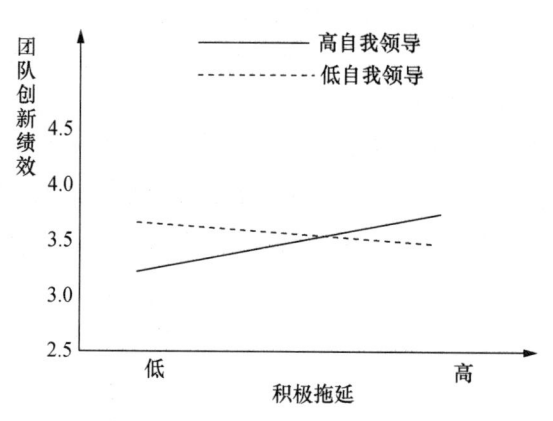

图 3-7 间接调节效应

研究，试图厘清积极拖延对团队创新过程的影响机制。跨层次回归分析证实了本书提出的两个假设：个体的自我领导能力可以调节积极拖延与团队创新绩效之间的关系，自我领导水平越高，积极拖延与团队创新绩效之间的关系越强；积极拖延与自我领导的交互作用通过团队反思为中介，进而对团队创新绩效产生显著影响。

上述结论对于项目管理实践中的拖延行为和团队创新绩效具有较强的解释力。由于任务紧迫性下的积极拖延行为可以帮助个体更好地洞察信息、制订实施方案，但这种积极拖延需要有效的自我约束和外部引导。如果个体具有较强的自我管理能力，在实施积极拖延的同时不断自我激励、自我指导和自我控制，才有可能激发个体创造力。而作为项目管理过程中重要的团队反思环节，一方面，可以通过团队成员公开反省团队目标、策略和过程，确保积极拖延与团队创新绩效之间形成良性的互动；另一方面，团队反思有利于提高团队沟通质量和效率，加强团队成员对各自职责、工作模式以及项目信息流的理解，有益于激发创意想法并积极实施，有利于团队创新绩效的实现。自我领导的调节作用和团队反思的中介作用能够从个体控制和团队控制两个不同层面揭示个体积极拖延行为与团队创新之间的"黑箱"，项目成员自我领导力的锻炼、团队反思机制的培养成为影响这一过程的关键所在。本书在一定程度上拓宽了团队创新的研究领域和视角，提高了对团队成员的行为预测力，有助于从效率和创新协同的视角重新审视项目管理中的拖延行为，对项目管理过程的优化和团队创新绩效的提高具有较强的理论意义和现实意义。

第四章 基于计划行为理论的个体创新行为实施路径研究

本章首先以计划行为理论为依托，借助情景实验对个体创新的计划行为模型进行了验证。分析结果不仅证实了创新态度、创新主观规范和创新行为控制感知与个体创新行为之间的正向相关关系，而且针对自我效能感、建设性争辩、时间压力、任务反思和组织支持五个外生潜变量，提出了个体创新过程控制的干预策略。分析显示，通过加大组织支持力度建立积极的创新氛围、对任务反思和建设性争辩实施积极引导、提升自我效能感等策略可以有效引导个体实施创新行为，而时间压力的触发则需要慎重。其次，本章依托计划行为理论，以温州制造业员工为研究对象，将情绪变量纳入员工创新行为研究框架，通过分析情绪与创新态度、创新主观规范、创新行为控制感知以及创新意图的关系，探寻情绪对创新行为的影响路径。研究发现积极情绪对创新行为产生的各个阶段都起到了积极预测作用，消极情绪则主要通过对创新主观规范、创新行为控制感知和创新意图三个变量产生阻碍作用进而对创新行为产生间接的负面影响。研究发现，温州企业家应该通过设计基于情绪驱动的情商培养及创新行为控制策略，帮助提升员工情绪管理技巧，帮助增强情绪控制的意识和能力，积极尝试创新行为。

第一节 基于计划行为理论的个体创新行为实施策略研究

在知识经济时代，自主创新成为社会进步的内在需要，只有不断创新，才能使一个国家在全球竞争中立于不败之地。为了进一步科学引导和推动个体积极投身于创新行为，我们应该借助科学的研究方法，挖掘个体在创新过程中的行为规律，设计一些具备可操作性的创新过程控制策略，实现创新教育的稳步推进。

计划行为理论（Theory of Planned Behavior，TPB）是社会心理学领域中研究人类行为意向的理论，被广泛应用于解释和预测各种社会行为。大量研究证实，它能够显著地提高对于行为的解释力和预测力（段文婷、江光荣，2008；Bansal & Shirley，2002）。计划行为的产生取决于行为意图，行为意图表明一个人执行这种特定行为的动机，反映出一个人愿意付出多大努力、花费多少时间去执行这种行为。根据该理论，行为意图是决定行为的直接因素，而个体的行为意图取决于以下三个主要方面，即行为态度、主观规范和行为控制感知。个体的态度和主观规范越积极、行为控制感越强，则越有可能执行某种行为（Ajzen，1991）。本节尝试依托计划行为理论，借助实验研究，对个体创新态度、创新主观规范和创新行为控制感知进行测度，并探寻三者与创新意图和创新行为之间的关系。通过对外生变量的提炼和分析，归纳能够积极引导和推动个体创新行为实施的控制策略。开启学生的创新之门不仅需要对人才培养模式加以改革，更需要在实施中不断发现创新过程中可能存在的问题，并提出解决方案，这才是培养创新型人才的有效策略（涂铭旌，2012）。

一　文献回顾及概念界定

（一）个体创新行为

学者们对个体创新行为的研究较为深入，Wes 和 Farr（1989）认为创新行为是个人产生、引进新的想法和流程并将其应用在组织上的一系列活动。Scott 和 Bruce（1994）将创新行为定义为一种包含想法的产生、推动和实践的多阶段的过程，是一系列非连续活动的组合，在不同的阶段有不同的活动和创新行为，个体可以在任意时间参与到这些行为中去。现有的研究已经证明个体的创新行为不仅有利于自身高效完成任务，对组织、群体的绩效提高也能起到促进作用（Janssen，2004）。本节对个体的创新行为进行如下界定：在特定的情景下，个体能够在学习中产生新颖而适当的想法，并将新想法付诸行动，最终推进团队绩效提高的动态过程。

（二）个体创新意图

Ajzen（1991）认为，行为意图由个体的内在因素（如态度）、外在因素（如规范及机会因素）和感知行为控制共同决定，而各因素预测意图的相对重要程度取决于行为类型及情景的差异。Jin Nam Choi（2001）

将创新意图定义为在一定情景下个体愿意进行创新的动机与创新愿望的强度,即为了完成特定的任务,人们愿意尝试的愿望以及做出努力的强度。如果个体进行创新的动机强烈,则他会克服困难,实现创新的愿望;如果个体只是认为创新是工作中可有可无的举措,愿意按部就班地工作,没有丝毫创新的意图,则不会有创新行为产生。本节对个体的创新意图进行如下界定:在一定情景下,个体实施创新行为的动机与愿望的强度。

(三) 创新态度

在心理学领域,态度因素已经被证实能够作为行为意图的有效预测变量。Hagger 和 Chatzisarantis (2005) 认为个体对所实施行为的态度,即个体对执行某种行为的评价或者情感,可以进一步区分为工具性态度和情感性态度。其中,工具性态度主要表达了态度中的认知成分,是个体对于行为后果是否有利的评价,情感性态度表达了态度中的情感性成分,是行为所引发的个体情感和关于执行行为的情绪。Chang (1998) 认为,个体对某项行为的态度会显著影响行为意图。借鉴 Davis (1995) 关于创新态度的理解,本节对个体的创新态度进行如下界定:在一定情景下,个体对于创新想法、创新任务和创新行为的认知、情感和行为倾向,可以理解为是在考虑到个体和学习环境交互作用后对创新行为的掌控程度。

(四) 创新主观规范

规范指的是对来自他人的服从的预期,主观性规范指的是个体在实施这种行为时所感知到的重要的他人或团体对他执行或不执行某种行为所施加的压力,来自重要的他人或团队对个体的支持越大,个体创新的意愿越强。Ajzen (1991) 认为主观性规范包含指令性规范和示范性规范两种不同的类型,指令性规范指个体对于重要的他人赞成或不赞成行为的感知,示范性规范指个体对于重要的他人如何行为的感知。Bock 等学者 (2005) 认为,主观规范是行为意图的重要预测。依据社会学理论,在有些情况下,群体因素比个体自身因素更利于促进行为意图。本节对个体的创新主观规范进行如下界定:在一定情景下,个体所觉察到的重要的他人和团队对自己参与创新的预期,这种主观信念是通过个体在特定的环境中与他人互动而逐渐形成的。

(五) 创新行为控制感知

行为控制感知,即个体在实施这一行为时所感知到的执行某种行为的控制力,它反映了个体对促进或者阻碍行为实施的外部资源、机遇、内部情绪和能力的感知，可以分为行动者内部的感知因素（如知识、技能、意志力）和外部的感知因素（如时间、与他人的合作、获得的方式）（Ajzen et al. , 1986; Kraft et al. , 2005）。Ajzen（1991）指出感知行为控制不仅影响行为意向，还会直接影响行为。Norman 等（2004）认为行为控制感知是人们完成某项行动的信心，信心依赖于对技能、能力、时间、成本等的感知。这样，当一个人对完成某种行为拥有正面的评价，他认为重要的人同意这项行为，并且他也感知到行为在他的控制之下，他就会有强烈的行为意向。本节对个体的创新行为控制感知进行如下界定：在一定情景下，个体在实施创新行为时所感知到的开展创新行为的可控制程度，包括对促进或阻碍创新行为的外部资源和内部情绪及能力的感知。

二 理论基础与模型假设

（一）个体创新行为影响因素

根据 TPB 理论框架，个体创新行为的频率和质量往往取决于个体是否以及在多大程度上存在向其他个体传递参与创新的意向，即创新意图；另外，对创新行为的控制感知越强，对个体创新行为产生的积极影响也会越大。因此，本节提出如下假设：

H1：个体创新意图对创新行为具有显著的正向影响；

H2：个体创新行为控制感知对创新行为具有显著的正向影响。

（二）个体创新意图影响因素

根据 TPB 理论框架，态度会影响行为意图；行为规范是对服从的预期，这种预期来自于他人，群体因素或许比个体自身因素更有利于促进行为意图；而感知行为控制不仅对个体行为产生影响，而且对行为意图发挥作用。在本书中，个体创新态度是对创新行为的评价和情感，创新主观规范是他人对自己参与创新的预期感知，行为控制是个体从时间、精力、能力和其他条件对自身驾驭创新行为程度的判断。创新态度和创新主体规范越积极、行为控制感越强，则创新行为意图越强。因此，本节提出如下假设：

H3：个体创新态度对创新意图具有显著的正向影响；

H4：个体创新主观规范对创新意图具有显著的正向影响；

H5：个体创新行为控制感知对创新意图具有显著的正向影响。

（三）个体创新态度影响因素

态度是一个人对某一特定现象所特有的、稳定的心理结构，它使人的心理处于准备状态，具有行为的倾向性。研究表明，人们行为的倾向态度是依据他们对行为所产生结果的喜好而定（Hagger & Chatzisarantis, 2005）。如果个体认为积极投身于创新过程能够创造自身成长和发展的机会，有助于自身创新创业能力的培养，则说明其对创新行为的态度是积极的。反之，如果个体认为投身于创新活动会浪费大量时间并且对自身综合素质的提高并无益处，则他可能对该行为持消极的态度。

Tierney 和 Farmer（2002）提出了创新效能感的概念，试图解释个体心理过程对创新行为的影响，创新效能感是个人对于他在工作上能否有创造性表现和获取创造性成果的信念，包括有创意地克服困难与挑战，有信心创造性地完成工作任务、达到工作目标等。这一信念不仅针对行为结果，还针对行为过程。Jin（2001）实证验证了个体的创新自我效能感与创新行为之间的重要关系。根据学者们对效能感与创新行为的研究成果，创新自我效能感的提升，使创新个体对创新行为产生了较为积极的态度，从而形成积极的心理暗示，使个体产生自身已具备创新能力的知觉或者信念，进而激发个体形成创新意识，充分发挥自身潜在的创新技能，最终使自身的创新能力得到良好的展现与提升。

时间压力指的是个体在多大程度上感觉没有足够的时间来完成工作任务或者是需要采用比平时更快的速度来完成任务（Svenson & Maule, 1993；Baer & Oldham, 2006）。王大伟（2007）认为时间压力是个体的一种主观反映状态，是在强加时间限制或缩短可利用时间的情况下，个体所能知觉到压力的情绪情感体验，这种体验会影响行为的态度。Marylene 和 Edward（2005）认为时间压力可以从性质上区分为信息性与控制性。信息性的时间压力是主管以支持个体的自主性，增强个体的自信和胜任感，并让个体感觉融洽与亲和的方式呈现出来；而控制性的时间压力会让个体感觉被动、受到控制。张剑、刘佳（2010）曾预期信息性时间压力会对创造性绩效产生积极的作用，而控制性时间压力对创造性绩效会产生消极的作用。我们认为，信息性时间压力可以通过外生潜变量团队支持来体现，因而此处主要针对控制性时间压力展开。因此，本节提出如下假设：

H6：个体创新自我效能感对创新态度具有显著的正向影响；

H7：时间压力对创新态度具有显著的负向影响。

（四）创新主观规范影响因素

个体创新行为的主观规范是个体在进行创新活动时，所感受到的来自团队或其他重要关系人的压力。如果对创新行为提供制度、资源和成员互动上的支持，则能够营造积极的创新氛围（Habbershon & Williams，2003）。从社会认知的角度来看，个体在创新过程中体验到的对角色行为的信息性暗示，角色行为在哪些方面、在何种程度上会受到群体（如主管、领导、同事等）作用，都会对创新行为产生影响。Connelly（2003）指出，工作氛围表达了他人对自己进行创新活动的实际要求，这无疑决定了个体自身所觉察到的外界预期，因而组织支持是营造创新氛围的重要维度。如果组织在制度上、资源上对创新活动越支持，对个体形成积极的主观规范越有利（Amabile et al.，1996）。

建设性争辩是指团队成员为共同利益而进行的、对相反立场和观点的公开讨论（谢霍坚等，2003）。一系列研究表明，团队合作背景下的建设性争辩能够提升团队的决策质量和创造性。建设性争辩是从共同利益出发围绕不同的观点展开的公开讨论，它可以促进不同观点的提出和表达以及对新信息和新想法的质疑和理解，能够整合不同的观点来寻求更好的解决方案，促使新方案最终获得认同并得到贯彻执行。建设性争辩能够有益于达成一致的创新预期。

创新项目在执行的过程中，团队必须通过适当方式对不断变化的环境做出反应，及时发现问题、提出有效的解决办法并妥善解决问题（Tjosvold et al.，2004）。Hoegl 和 Parboteeah（2006）认为，善于反思的团队能更准确地预测行动结果，并采取超前行动；而不善于反思的团队只限于履行组织赋予的职责，而不可能自觉行动。此外，善于反思的团队更加关注环境的变化，并不断对环境进行评估，这无疑有利于团队提出新的目标，促使团队成员根据团队的新目标来调整自己的行为，进而促进团队创新。任务反思是团队反思的主要内容，指团队成员针对不断变化的复杂任务，结合内外情况的变化，对团队目标、战略和过程公开反省并进行调整的程度（West，2002）。在高水平任务反思的团队中，不同意见更容易引起重视，得到认真的讨论并激发更多成员的创造性，有益于创新目标的明晰并达成一致，从而能促进创新目标的实现。因此，本节提出如下假设：

H8：组织支持对创新主观规范的形成具有显著的正向影响；

H9：建设性争辩对创新主观规范的形成具有显著的正向影响；

H10：任务反思对创新主观规范的形成具有显著的正向影响。

(五) 创新行为控制感知的影响因素

Ajzen 等 (1986) 指出, 如果个人认为自己缺乏资源及机会去完成某一行为, 他就不可能形成强烈的行为意向, 即使自己对该行为持正向的态度。当外界通过对行为情景进行控制和引导, 使个体意识到自身具有创新能力、拥有创新资源和创新机会时, 他对执行创新行为的控制感知会越强。反之, 如果缺乏能力、资源或机会去执行创新行为, 他就不可能有很强的意向去执行。

通过梳理已有文献发现, 组织支持、创新自我效能感、建设性争辩、时间压力和任务反思能够从不同层面影响个体的知识、技能和创新机会, 从而对创新行为控制感知产生影响。对个体而言, 主要会考虑团队及团队成员是否赞同他的行为。组织鼓励、支持和回报, 会影响个体对组织期望的感受。在创意产生阶段, 如果能够得到更多来自团队成员及组织的支持, 则个人会感受到更多的行为认同, 从而会降低从事创新活动可能带来的预期压力, 并增强对执行创新行为的控制感知 (Ajzen et al., 1986)。个体对自己能够有创意地克服困难与挑战、创造性地完成工作任务的信念越强, 则创新自我效能感越强, 对创新行为的控制感知也会起到积极作用 (Tierney et al., 2002)。建设性争辩可以促进不同观点的提出和表达以及对新信息和新想法的质疑和理解, 促使团队的新方案获得最终认同并得到贯彻执行, 从而提升了对创新行为顺利执行的预期。在较高的任务反思下, 团队成员能够公开地对任务执行过程中的有关情况发表意见, 不仅能够抵消冲突带来的负面影响, 还有助于成员深入了解任务执行目标以及环境不断变化的情况, 这在一定程度上有利于团队成员就工作上的意见达成共识, 从而有效地化解了冲突。已有学者证实了高任务反思可以带来更多的创造力和创新绩效 (De Dreu, 2004; Tjosvold et al., 2004)。任务反思可以帮助团队更加准确地预测行动结果并自觉执行, 促使团队更好地掌控创新机会。由于本书主要针对控制性时间压力展开, 控制性时间压力会使个体感觉到缺乏必要的创新资源和机会, 可能会对创新行为控制感知产生负面影响。因此, 本节提出如下假设:

H11: 组织支持对个体创新行为控制感知具有显著的正向影响;

H12: 创新自我效能感对个体创新行为控制感知具有显著的正向影响;

H13: 建设性争辩对个体创新行为控制感知具有显著的正向影响;

H14：任务反思对个体创新行为控制感知具有显著的正向影响；

H15：时间压力对个体创新行为控制感知具有显著的负向影响。

三 研究设计

（一）研究样本

目前，有关个体创新行为的研究一般通过问卷调查展开，由于被访者对自我的评价往往与真实情况存在差距，单纯的量表信息收集无法客观地体现被访者的真实意图，Siegfried 等就曾提出通过产生一个真实的、具有工作表现要求的环境，来测量出被测人员在真实世界中的很多能力（Siegfried et al.，1988）。如果能够设计这样的真实场景，以被访者的实际行为为依托，在此基础上展开问卷调查，则更能获得客观的一手资料。ERP 沙盘模拟是高校课程体系中常见的一门实训课程，借助 ERP 沙盘模拟实训，不仅可以营造一个较为真实的创新环境，还可以使个体的创新意识得到培养，引导学生不同程度地表现出创新行为。我们以 ERP 沙盘模拟为实验场景，针对创新自我效能感、建设性争辩、时间压力、任务反思和组织支持五个维度，精心设计实验控制变量，对创新过程进行干预，包括对实训时间的提示和控制策略；对任务反思和建设性争辩的积极引导策略；在实训过程中倡导积极创新的氛围建设策略以及明确实训目标的过程导向策略。在实训结束后，及时进行问卷调查。在进行问卷调查时，本书采取实地现场发放并当场回收的做法，共发放问卷 198 份，收回 188 份，回收率为 94.9%。如果单项选择题有多个答案或者答题者连续在 10 题中完全选择同一答案以及遗漏题项超过 5 项则被视为废卷。剔除无效问卷 9 份，最终有效问卷是 179 份，有效回收率是 90.4%。

（二）问卷设计和测量工具

为了保证量表的测量信度与效度，本书所选用的量表多为相关研究领域中成熟的量表。问卷衡量方式上采用李克特（Likert）7 等级量表测试，量表中 7 表示完全符合，4 表示一般，1 表示完全不符合。

对于内生潜变量个体创新行为（Innovative Behavior，IB），借鉴 Scott 和 Bruce（1994）开发的量表，创新包括创意的产生和完成两个部分。在经过多次修改后，形成的正式题项如表 4-1 所示。

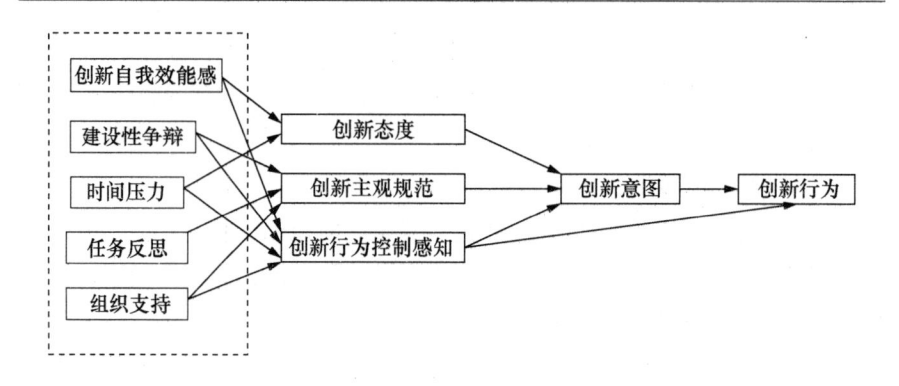

图 4-1　大学生创新行为实施路径模型

表 4-1　个体创新行为量表

序号	题项
IB1	在实训过程中,我经常会产生一些有创意的想法
IB2	在实训过程中,我会向团队成员推销自己的新想法,以获得支持与认可
IB3	为了实现自己的创意或构想,我会想办法争取所需要的资源
IB4	我会主动制订计划来实现自己的创意想法
IB5	对团队成员的创意构想,我经常参与讨论并献计献策

对于内生潜变量个体创新意图（Innovative Intention，II），借鉴 Ettlie 等（2011）和 Jin Nam Choi（2007）的观点，采用针对创新意图开发的包括两个题项的量表，形成的正式题项如表4-2所示。

表 4-2　个体创新意图量表

序号	题项
II1	我乐于在不确定的环境中尝试解决问题的新方法
II2	在我的同学中,我能率先提出新想法并积极推动实施

对于内生潜变量个体创新态度（Innovative Attitude，IA），问卷借鉴 Schaefer（1971）和周婷（2006）的观点，形成的正式题项如表4-3所示。

表4-3　　　　　　　　　　个体创新态度量表

序号	题项
IA1	创新是一件有意义的事情
IA2	创新是非常有必要的
IA3	创新是正确的选择
IA4	创新对整个团队都有好处

对于内生潜变量个体创新主观规范（Innovative Subjective Norm，ISN），在借鉴相关研究的基础上采用自编量表，形成的正式题项如表4-4所示。

表4-4　　　　　　　　　　个体创新主观规范量表

序号	题项
ISN1	我所在的团队认为我应该进行创新
ISN2	我的直接领导认为我应该进行创新
ISN3	我所在的组织认为我应该进行创新

对于内生潜变量个体创新行为控制感知（Innovative Perceived Behavior Control，IPBC），在借鉴相关研究的基础上采用自编量表，形成的正式题项如表4-5所示。

表4-5　　　　　　　　　个体创新行为控制感知量表

序号	题项
IPBC1	我有足够的时间进行创新
IPBC2	我有足够的精力进行创新
IPBC3	我有足够的能力进行创新
IPBC4	我有便利的条件进行创新

对于外生潜变量创新自我效能感（Creative Self-efficacy，CSE），借鉴 Carmeli 和 Schaubroec（2007）以及 Chen、Gully 和 Eden（2001）的观点，形成的正式题项如表4-6所示。

表4-6　　　　　　　　　个体创新自我效能感量表

序　号	题　项
CSE1	我可以创造性地完成设定的大多数目标
CSE2	面对困难任务，我确信自己可以创造性地完成
CSE3	通常我认为自己可以创造性地完成重要的任务
CSE4	我相信自己绝大多数具有创造性的努力都能成功
CSE5	我能够创造性地迎接挑战
CSE6	我确信自己能够创造性地完成不同任务
CSE7	和他人相比，我能够更有创意地工作
CSE8	即便环境艰苦，我依然能够创造性地工作

对于外生潜变量建设性争辩（Constructive Controversy，CC），借鉴 Tjosvold（2002）开发的量表，在经过多次修改后，形成的正式题项如表4-7所示。

表4-7　　　　　　　　　建设性争辩量表

序　号	题　项
CC1	在实训过程中，团队成员直接表达自己的想法
CC2	在实训过程中，我们认真听取其他成员的意见
CC3	在实训过程中，团队成员都试图站在对方的立场思考问题
CC4	在实训过程中，我们试图采纳别人的意见
CC5	即使意见有分歧，我们依然在尊重对方的前提下进行沟通
CC6	我们在达成共识后再开始行动
CC7	即便是少数人的意见，我们也认真倾听
CC8	我们有时候会采用相反的意见来解决问题

对于外生潜变量时间压力（Time Pressure，TP）的测度量表借鉴 Zapf（1993）和王大伟（2007）的观点，在经过多次修改后，形成的正式题项如表4-8所示。

表 4-8　　　　　　　　　　　时间压力量表

序号	题项
TP1	在实训过程中,我被要求加快操作速度
TP2	我缺少时间用来思考新的想法
TP3	我一直忙于完成手头工作

对于外生潜变量任务反思（Task Reflexivity，TR），借鉴 Carter 和 West（1998）、De Dreu（2004）、Schippers 等（2003）的观点，在经过多次修改后，形成的正式题项如表 4-9 所示。

表 4-9　　　　　　　　　　　任务反思量表

序号	题项
TR1	团队经常对目标重新进行审视
TR2	团队经常对任务执行的具体方法展开讨论
TR3	我们经常针对团队如何协同高效运作展开讨论
TR4	团队的目标会随着环境变化经常加以调整

对于外生潜变量组织支持（Organization Support，OS），借鉴 Amabile（1996）和邱皓政等（2009）的观点，对 KEY 量表进行改良。KEY 量表用以评估被试者个体对于激发和抑制创造力的特定因素的感知以及对于这些因素在实际工作中所产生的创造力和生产力的感知。组织在制度上、资源上对创新活动越支持，能够给予个体更多的自主性，能够增强个体自信心和胜任感，则越能够激发对创新行为的投入热情。在经过多次修改后，形成的正式题项如表 4-10 所示。

表 4-10　　　　　　　　　　　组织支持量表

序号	题项
OS1	团队 CEO 尊重并容忍成员提出不同的意见并支持下属实现创意想法
OS2	团队成员相互支持和协助,对个人的创意想法积极发表意见和建议
OS3	组织管理者崇尚自由开放与创新变革,对个体的创新构想提供奖励

本书采用 SPSS13.0 和 AMOS7.0 进行问卷的信度效度分析和结构方程建模分析。

四 假设检验

（一）问卷的信度与效度分析

本书的信度检验结果见表 4-11，各个问卷的 Cronbach's α 系数值均大于 0.7，说明问卷具有较好的信度。

表 4-11　　潜变量的平均数、标准差与信度分析

潜变量	测量项目数	均值	标准差	Cronbach's α 值
创新行为（IB）	5	5.412	0.708	0.901
创新意图（II）	2	4.592	0.711	0.824
创新态度（IA）	4	4.313	0.665	0.772
创新主观规范（ISN）	3	3.962	0.681	0.705
创新行为控制感知（IPBC）	4	4.964	0.702	0.716
创新自我效能感（CSE）	8	4.952	0.675	0.889
建设性争辩（CC）	8	4.761	0.631	0.856
时间压力（TP）	3	4.255	0.708	0.832
任务反思（TR）	4	4.867	0.692	0.789
组织支持（OS）	3	4.632	0.860	0.825

（二）问卷的效度检验

本书的效度检验结果见表 4-12，验证因素分析显示问卷结构效度良好。

表 4-12　　问卷验证性因素分析拟合度指标（$N=188$）

问卷	X^2/df	RMSEA	NFI	RFI	IFI	NNFI	CFI
创新行为（IB）	2.124	0.072	0.992	0.985	0.992	0.995	0.997
创新意图（II）	5.021	0.105	0.995	0.988	0.998	0.992	0.996
创新态度（IA）	2.942	0.076	0.992	0.982	0.994	0.994	0.995
创新主观规范（ISN）	3.059	0.101	0.994	0.985	0.995	0.991	0.996
创新行为控制感知（IPBC）	2.268	0.079	0.991	0.986	0.993	0.994	0.997
创新自我效能感（CSE）	2.868	0.073	0.995	0.986	0.996	0.996	0.998
建设性争辩（CC）	3.107	0.078	0.993	0.985	0.996	0.995	0.997
时间压力（TP）	3.568	0.102	0.996	0.990	0.997	0.995	0.995
任务反思（TR）	3.117	0.085	0.996	0.988	0.995	0.996	0.996
组织支持（OS）	3.412	0.102	0.997	0.989	0.996	0.993	0.991

(三) 结构模型假设检验

利用结构方程模型对 H1—H15 进行假设验证，除了 H7，本节其余的 14 个假设均通过显著性检验（见表 4-13）。

表 4-13　　　　　　　　　结构模型假设检验

假设	变量间的关系	标准化路径系数	p 值	假设	变量间的关系	标准化路径系数	p 值
H1	II→IB	0.462	<0.05	H9	CC→ISN	0.257	<0.05
H2	IPBC→IB	0.251	<0.05	H10	TR→ISN	0.240	<0.05
H3	IA→II	0.175	<0.05	H11	OS→IPBC	0.378	<0.05
H4	ISN→II	0.328	<0.05	H12	CSE→IPBC	0.267	<0.05
H5	IPBC→II	0.343	<0.05	H13	CC→IPBC	0.241	<0.05
H6	CSE→IA	0.428	<0.05	H14	TR→IPBC	0.216	<0.05
H7	TP→IA	0.120	0.186	H15	TP→IPBC	-0.237	<0.05
H8	OS→ISN	0.356	<0.05				

五　研究结论

个体创新意图对个体创新行为的标准化路径系数为 0.462，受到创新行为控制感知的标准化路径系数为 0.251，均通过显著性检验，验证了计划行为理论中关于行为受到意图和行为控制感知共同作用的假设。针对创新意图，受到创新态度正向影响的标准化路径系数是 0.175，受到创新主观规范正向影响的标准化路径系数是 0.328，受到创新行为控制感知正向影响的标准化路径系数是 0.343，均通过显著性检验，与计划行为理论中提出的意图受到态度、主观规范与行为控制感知共同影响的论断一致。创新行为控制感知对创新行为的作用强度为 0.409（0.251 + 0.343 × 0.462），创新主观规范对创新行为的影响强度为 0.152（0.328 × 0.462），创新态度对创新行为的影响强度为 0.081（0.175 × 0.462），可见创新行为控制感知对创新行为的作用强度最大。

影响创新态度的两个外生潜变量中，自我效能感对创新态度的作用强度为 0.428,而时间压力对创新态度的影响并不显著,说明自我效能感的提升能够对创新态度的正确树立起到积极作用,时间压力的差异对创新态度的形成可能会产生不同影响。

影响创新主观规范的三个外生潜变量都通过了显著性检验,其中组织支持对创新主观规范的影响强度为 0.356,建设性争辩对创新主观规范的影响强度为 0.257,任务反思对创新主观规范的影响强度为 0.240。这一结果说明,组织在资源上提供支持能够帮助组织更好地形成整体的创新规范,而建设性争辩相对于任务反思更能帮助团队成员在有限时间里求同存异,把握创新的方向并提炼出组织规范。

对于创新行为控制感知,受到组织支持正向影响的标准化路径系数为 0.378,受到自我效能感正向影响的标准化路径系数为 0.267,受到建设性争辩正向影响的标准化路径系数为 0.241,受到任务反思正向影响的标准化路径系数为 0.216,受到时间压力负向影响的标准化路径系数为 -0.237,均通过了显著性检验。这说明个体在产生创意构想和实施创新行为的过程中,自我效能感的提升、组织支持力度的加大、适当鼓励建设性争辩和积极开展任务反思能够帮助个体形成更强的创新行为自我感知能力,其中组织支持力度的加大可以产生更为显著的创新行为控制感知。另外,时间压力的增加对创新行为控制感知呈负面影响,说明个体一般对时间的紧迫较为敏感,认为时间紧迫有损于自身对创新行为的控制感知。

从外生潜变量对个体创新行为的最终影响来看,自我效能感的最终影响强度为 $0.144(0.428 \times 0.081 + 0.267 \times 0.409)$;建设性争辩的最终影响强度为 $0.138(0.257 \times 0.152 + 0.241 \times 0.409)$;时间压力的最终影响强度为 $-0.097(-0.237 \times 0.409)$;任务反思的最终影响强度为 $0.125(0.240 \times 0.152 + 0.216 \times 0.409)$;组织支持的最终影响强度为 $0.209(0.356 \times 0.152 + 0.378 \times 0.409)$。可见,在个体创新过程中,组织支持对创新行为的支持力度最大,自我效能感次之,建设性争辩和任务反思尾随其后;而时间压力的触发则需要比较慎重。高校在开展实验实训和其他实践环节的过程中,可以据此进行有针对性的创新行为控制干预,提高个体创新创业的实际绩效。

六 结语

本书以计划行为理论为依托,以 ERP 沙盘综合实训为真实实验场景,通过问卷和结构方程模型对个体创新的计划行为模型进行验证。本书对个体创新行为的产生过程进行了较为全面的梳理，对个体创新行为的影响变量进行了整合，提供了分析个体创新行为的系统框架，初步得出各个外生变量对个体创新行为的影响强度，为进一步加强个体创新行为的控制和引导提供了参考。

与此同时，本书还存在一些局限之处，需要在以后研究中不断完善。首先，个体对创新的理解会因为所学专业的不同而存在差异，无法完全保证被试者对象对创新行为的认识具有一致性，沟通能力的差异会导致个体对控制感的评价产生误差（杨眉、李佳慧，2011）；其次，本书中采用的量表大都根据较为成熟的量表进行编制，但却是依托于某个特定实验场景展开，可能对量表的有效性带来影响；最后，本书中对于时间压力的处理过于笼统，时间压力不仅存在程度上的差异，而且时间压力对创新行为的负面影响有可能是因为个体对风险的不同偏好和抗风险能力的差异所致，需要结合个体的个性特质进行归类，才能得出更具说服力的论断。

第二节　基于情绪驱动的项目成员创新过程控制策略实验研究

一　引言

在全球竞争日趋激烈、创新速度日益加快的背景下，员工创新行为成为提高企业绩效，获得市场竞争力的关键所在。温州正处于产业升级和金融改革的风口浪尖，员工的创新行为和创新绩效直接决定了各项改革能否有效推进。近年来，计划行为理论作为社会心理学领域中研究人类行为意向的理论，被广泛应用于解释和预测各种社会行为（段文婷、江光荣，2008；Bansal & Shirley，2002）。计划行为的产生取决于行为意图，而个体的行为意图取决于行为态度、主观规范和行为控制感知。个体的态度和主观规范越积极、行为控制感知越强，则越有可能执行某种行为（Ajzen，1991）。与此同时，情绪在个体判断和决策过程中所起的重要作用也已经被学者们认同，员工的创新行为也会受到情绪的影响。本节尝试依托计划行为理论，以温州制造业682名员工为分析对象，将情绪变量纳入员工创新行为研究。通过分析情绪与创新态度、创新主观规范、创新行为控制感知以及创新意图的关系，探寻情绪对创新行为的影响路径，有助于设计基于情绪驱动和情商培养的实施方案及控制策略,提升员工情绪管理技巧,帮助其增强情绪控制的意识和能力,努力尝试创新的想法并积极实施。

二 理论基础与模型假设

本书以计划行为理论为基础,建立基于情绪驱动的大学生创新行为实施过程模型(见图4-2),挖掘相关变量之间的关系和互动机制。

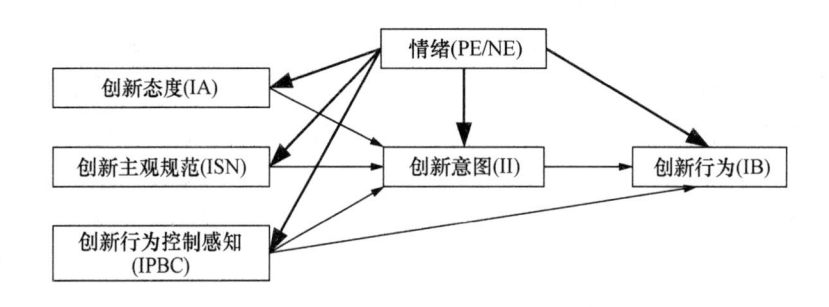

图4-2 基于情绪驱动的大学生创新行为实施过程模型

(一)情绪与创新行为

对创新行为的研究已经有很多成果,West 和 Farr(1989)将创新行为定义为个人产生、引进新的想法和流程并将其应用在组织上的活动。Scott 和 Bruce(1994)则将创新行为定义为一种包含想法的产生、推动和实践的多阶段的过程,是一系列非连续活动的组合,在不同的阶段具有不同的活动和创新行为,个体可以在任意时间参与到这些行为中去。Amabile(1996)认为员工创新是指员工能够产生一些原创的、新颖的、有价值的构想、产品或程序,并且这些新想法的产生和实施有助于提高个体、团队和组织绩效。以上关于员工创新行为的解释得到了大部分学者的认同,本书对员工创新行为进行如下界定:在一定的场景下,能够将自身的新想法付诸实施并积极推动团队绩效改进的动态过程。

情绪本质上是一种在短期内产生的、与具体情景相关的、具有不稳定性的心理状态(George & Zhou,2002)。一般地,情绪被划分为积极情绪和消极情绪两个维度(Hullett,2002)。Amabile 等(2005)认为任何与情感相关的事件或环境特征都可能影响员工创新行为,并验证了积极情绪有利于组织创新并且两者呈现线性关系,但也有学者发现消极情绪同样有利于创新行为的实现(Eisenberg & Brodersen,2004)。消极情绪说明组织中尚存改进的机会，有利于打破传统的思考范式，促使人们通过发散性思维以获得新的认知途径，感知到压力和不满意是创造性解决问题的必要条件（Madjar, Oldham & Pratt, 2002）。Anderson、DeDreu 和 Nijstad（2005）更是认为负面情绪是个人、团队和组织创新的触发器，当外部环境急剧动荡时更为明显。Davis（2009）对 2006—2007 年相关期刊的 72 篇文献进行元分析，证实积极情绪能够提供创造力，创新任务类型的不同使中性、消极情绪与创造力之间的关系并不显著，同时也证实情绪的影响强度和创新绩效之间的关系呈现曲线关系。可见，虽然学者们都非常重视情绪对创新的影响，但由于没有将情绪诱因、任务创新程度、创新过程进一步细化，得到的研究结果也不尽相同。因此，本节借鉴已有成果，做出以下假设：

H1a：积极情绪对员工创新行为会起到积极推动作用；

H1b：消极情绪对员工创新行为会起到消极阻碍作用。

（二）情绪与创新态度

在心理学领域，态度因素已经被证实能够作为行为意图的有效预测变量。Chang（1998）认为，个体对某项行为的态度会显著影响行为意图。借鉴 Davis（1995）关于创新态度的理解，本节对员工的创新态度进行如下界定：在一定情景下，员工对于创新想法、创新任务和创新行为的认知、情感和行为倾向，可以理解为是在考虑到个体和学习环境交互作用后对创新行为的掌控程度。Hagger 和 Chatzisarantis（2005）认为个体对所实施行为的态度，即个体对执行某种行为的评价或者情感，可以进一步区分为工具性态度和情感性态度，其中工具性态度主要表达了态度中的认知成分，是个体对于行为后果是否有利的评价；情感性态度表达了态度中的情感性成分，是行为所引发的个体情感和关于执行行为的情绪。不同的情绪状态对情感性态度会产生直接影响。因此，本节借鉴已有成果，做出以下假设：

H2a：积极情绪对员工创新态度会起到积极推动作用；

H2b：消极情绪对员工创新态度会起到消极阻碍作用。

（三）情绪与创新主观规范

主观性规范指的是个体在实施某种行为时所感知到重要的他人或团体对他执行或不执行某种行为所施加的压力，来自重要的他人或团队对个体的支持越大，个体创新的意愿越强。Ajzen 和 Thomas（1986）认为主观性规范包含指令性规范和示范性规范两种不同的类型，指令性规范指个体对于重要的他人赞成或不赞成行为的感知，示范性规范指个体对重要的他人如何行为的感知。Bock 等学者（2005）认为，主观规范是行为意图的重要预测。本节对员工的创新主观规范进行如下界定：在一定情景下，员工个体所觉察到的重要的他人和团队对自己参与创新的预期，这种主观信念是通过员工在特定的环境中与他人互动而逐渐形成的。在积极情绪状态下，个体思维开阔、心态积极，对来自他人的对自己参与创新的预期倾向于形成积极判断；相反，处于消极情绪状态时个体的思维会变得狭隘、心态变得警惕而紧张，对来自他人的对自己参与创新的预期倾向于形成消极判断（Fredickson & Branigan, 2005）。因此，本节借鉴已有成果，做出以下假设：

H3a：积极情绪对员工创新主观规范会起到积极推动作用；

H3b：消极情绪对员工创新主观规范会起到消极阻碍作用。

（四）情绪与创新行为控制感知

行为控制感知，即个体在实施这一行为时所感知到的执行某种行为的控制力，它反映了个体对促进或者阻碍行为实施的外部资源、机遇、内部情绪和能力的感知，可以分为行动者内部的感知因素（如知识、技能、意志力）和外部的感知因素（如时间、与他人的合作、获得的方式）（Kraft et al., 2005）。Ajzen 指出感知行为控制不仅影响行为意向，还会直接影响行为。Norman 等（2004）认为行为控制感知是人们完成某项行动的信心，信心依赖于对技能、能力、时间、成本等的感知。本节对员工的创新行为控制感知进行如下界定：在一定情景下，员工个体在实施创新行为时所感知到的对创新行为的可控程度，包括对促进或阻碍创新行为的外部资源和内部情绪及能力的感知。可见，个体情绪会直接影响创新行为控制感知，处在积极情绪状态下的个体对完成创新行为易于形成正面的评价，有利于形成积极的创新行为控制感知；相反，处于消极情绪状态时的个体，缺乏完成创新行为的信心，不利于形成积极的创新行为控制感知。因此，本节借鉴已有成果，做出以下假设：

H4a：积极情绪对员工创新行为控制感知会起到积极推动作用；

H4b：消极情绪对员工创新行为控制感知会起到消极阻碍作用。

（五）情绪与创新意图

Ajzen（1991、1986）认为：行为意图由个体的内在因素（如态度）、外在因素（如规范及机会因素）和感知行为控制共同决定，而各因素预测意图的相对重要程度取决于行为类型及情景的差异。Jin Nam Choi（2007）将创新意图定义为在一定情景下个体愿意进行创新的动机与创新愿望的强度，即为了完成特定的任务，人们愿意尝试的愿望以及做出努力的强度。如果个体进行创新的动机强烈，则他会克服困难，实现创新的愿望；如果个体只是认为创新是工作中可有可无的举措，愿意按部就班地工作，没有丝毫创新的意图，则不会有创新行为产生。本节对员工的创新意图进行如下界定：在一定情景下，员工个体实施创新行为的动机与愿望的强度。Weiss and Cropanzano（1996）在情绪事件理论中指出，个体在工作中的态度和性格并不是决定其行为和表现的主要原因，行为是个体情绪变化的结果。情绪对个体的态度和行为意向具有调节作用，它催生了动机和行动的产生。正是因为行为意图表明了个体执行某种特定行为的动机，不同情绪状态可能会对创新动机、创新意图带来不同程度的影响。因此，本节借鉴已有成果，做出以下假设：

H5a：积极情绪对员工创新意图会起到积极推动作用；

H5b：消极情绪对员工创新意图会起到消极阻碍作用。

三　研究设计

（一）研究样本

目前，有关员工创新行为的研究一般通过问卷调查展开，由于被访者对自我的评价往往与真实情况存在差距，单纯的量表信息收集无法客观地体现被访者的真实意图，Siegfried 等（1998）就曾提出通过产生一个真实的、具有工作表现要求的环境，来测量出被测人员在真实世界中的很多能力。如果能够设计这样的真实场景，以被访者的实际行为为依托，在此基础上展开问卷调查，则更能获得客观的一手资料。由于温州大学与大量制造业企业保持了良好的合作关系，借助给企业员工培训的契机，在开展ERP沙盘模拟训练的过程中，对参与培训的不同企业员工组成的团队进行测评和统计分析。ERP沙盘模拟提供了一个激烈的竞争环境和真实的工作场景，通过团队成员的体验参与和对抗，可以提高员工的合作意识和创新能力，促使受训对象不断激发创意想法并在操作中表现出创新行为。我们以温州地区108家制造业企业的682名员工为研究对象，以ERP沙盘模拟为实验场景，在实训结束后及时对被试者的创新行为、情绪、创新意图、创新态度、创新主观规范和创新行为控制感知进行问卷测评。被试者中男性占62.5%，女性占37.5%。学历分布为：本科占52.6%，大专占 32.8%，大专以下占 14.6%。年龄分布为：30 岁以下占 56.8%，30—40 岁占 31.3%，40—50 岁占 11.9%。本书选取性别、学历和年龄为控制变量。在进行问卷测评时，采取现场发放问卷并当场回收的做法，共发放问卷 682 份，收回 659 份，回收率为 96.6%。如果单项选择题有多个答案或者答题者连续在 10 题中完全选择同一答案以及遗漏题项超过 5 项则被视为废卷。剔除无效问卷 9 份，最终有效问卷是 650 份，有效回收率是 95.3%。

（二）问卷设计和测量工具

为了保证量表的测量信度与效度，本书所选用的量表多为相关研究领域中成熟的量表。问卷衡量方式上采用李克特 7 等级量表测试，量表中 7 表示完全符合，4 表示一般，1 表示完全不符合。

对于员工创新行为的测量，借鉴 Scott 和 Bruce（1994）开发的量表，创新包括创意的产生和完成两个部分。在经过多次修改后，形成的正式题项如下：在实训过程中，我经常会产生一些有创意的想法（IB1）；在实训过程中，我会向团队成员推销自己的新想法，以获得支持与认可（IB2）；为了实现自己的创意或构想，我会想办法争取所需要的资源（IB3）；我会主动制订计划来实现自己的创意想法（IB4）；对团队成员的创意构想，我经常参与讨论并献计献策（IB5）。

对于员工创新意图的测量，借鉴 Ettlie 等（2011）和 Jin Nam Choi（2007）的观点，采用针对创新意图开发的包括两个题项的量表，形成的正式题项如下：我乐于在不确定的环境中尝试解决问题的新方法（II1）；在我的同学中，我能率先提出新想法并积极推动实施（II2）。

对于员工创新态度的测量，借鉴 Schaefer（1971）和周婷（2006）的观点，形成的正式题项如下：创新是一件有意义的事情（IA1）；创新是非常有必要的（IA2）；创新是正确的选择（IA3）；创新对整个团队都有好处（IA4）。

对于员工创新主观规范的测量，在借鉴相关研究的基础上采用自编量表，形成的正式题项如下：我所在的团队认为我应该进行创新（ISN1）；我的直接领导认为我应该进行创新（ISN2）；我所在的组织认为我应该进行创新（ISN3）。

对于员工创新行为控制感知，在借鉴相关研究的基础上采用自编量表，形成的正式题项如下：我有足够的时间进行创新（IPBC1）；我有足够的精力进行创新（IPBC2）；我有足够的能力进行创新（IPBC3）；我有便利的条件进行创新（IPBC4）。

对于积极情绪/消极情绪（Positive Emotion/Negative Emotion，PE/NE）的测量，借鉴改良后的PANAS-R量表（邱林，2006）。

本书采用SPSS13.0和AMOS7.0进行问卷的信度效度分析和结构方程建模分析。

四 假设检验

（一）问卷的信度分析

本书的信度检验结果见表4-14，各个问卷的Cronbach's α 系数值均大于0.7，说明问卷具有较好的信度。

表4-14　　　　变量的平均数、标准差与信度分析

潜变量	均值	标准差	Cronbach's α
创新行为（IB）	5.412	0.708	0.901
创新意图（II）	4.592	0.711	0.824
创新态度（IA）	4.313	0.665	0.772
创新主观规范（ISN）	3.962	0.681	0.705
创新行为控制感知（IPBC）	4.964	0.702	0.716
积极情绪（PE）	4.661	0.655	0.689
消极情绪（NE）	4.127	0.698	0.624

（二）问卷的效度检验

本书的效度检验结果见表4-15，验证因素分析显示问卷结构效度良好。

表4-15　　　　问卷验证性因素分析拟合指标（$N=289$）

问卷	X^2/df	RMSEA	NFI	RFI	IFI	NNFI	CFI
创新行为（IB）	2.124	0.072	0.992	0.985	0.992	0.995	0.997
创新意图（II）	5.021	0.105	0.995	0.988	0.998	0.992	0.996
创新态度（IA）	2.942	0.076	0.992	0.982	0.994	0.994	0.995
创新主观规范（ISN）	3.059	0.101	0.994	0.985	0.995	0.991	0.996
创新行为控制感知（IPBC）	2.268	0.079	0.991	0.986	0.993	0.994	0.997
积极情绪（PE）	4.831	0.076	0.993	0.984	0.998	0.994	0.994
消极情绪（NE）	2.302	0.103	0.991	0.981	0.992	0.991	0.992

(三) 结构模型假设检验

利用结构方程模型对 H1—H5 进行假设验证。模型 1（见图 4-3）说明，创新态度、创新主观规范和创新行为控制感知与创新意图正相关，创新意图直接导致创新行为的实现，创新行为控制感知对创新行为也起到了直接促进作用，这一结论再次验证了计划行为理论对创新行为的预测性。

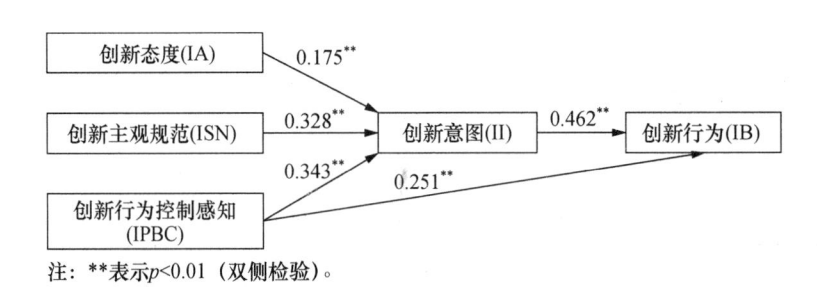

注：**表示 $p<0.01$（双侧检验）。

图 4-3 基于计划行为理论的创新行为的实施过程（模型 1）

模型 2（见图 4-4）分析了积极情绪的引入对计划行为理论模型的影响，积极情绪直接导致对创新行为的强化（路径系数为 0.328），假设 H1a 得到验证；积极情绪对创新态度、创新主观规范和创新行为控制感知显著正相关，路径系数分别为 0.335、0.199 和 0.298，说明积极情绪对创新态度的形成作用最大，对创新行为控制感知的形成也发挥了积极作用，对创新主观规范的形成影响稍弱，但也达到了显著的程度，因此，假设

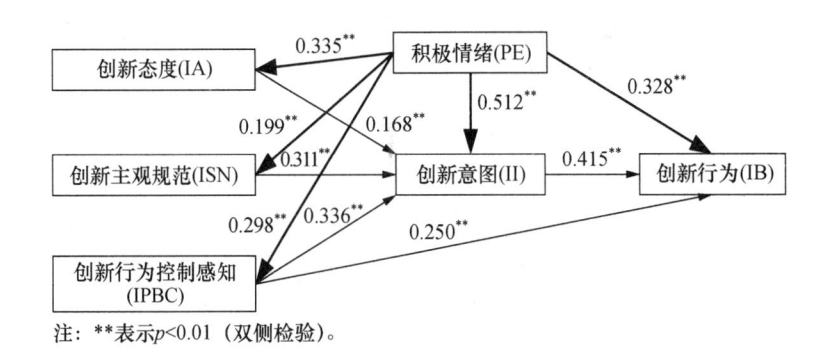

注：**表示 $p<0.01$（双侧检验）。

图 4-4 引入积极情绪后的创新行为的实施过程（模型 2）

H2a、H3a 和 H4a 得到验证。另外，积极情绪与创新意图的影响路径达到了 0.512，说明积极情绪能够直接对创新意图的产生带来显著影响，进而对创新行为产生间接的刺激作用，路径系数达到 0.212（0.512×0.415）。模型 2 充分验证了积极情绪在创新行为产生过程中的重要作用。

模型 3（见图 4-5）分析了消极情绪引入后对计划行为理论的影响，消极情绪对创新行为的直接影响并不显著，路径系数为 -0.102，H1b 没有得到验证；消极情绪对创新态度的负面影响也不显著，路径系数为 -0.089，H2b 没有得到验证；但消极情绪对创新主观规范、创新行为控制感知和创新意图的阻碍作用较为显著，路径系数分别为 -0.207、-0.428 和 -0.431；消极情绪通过创新意图对创新行为产生间接的负面影响，路径系数为 -0.129（-0.431×0.299），相对积极情绪对创新行为的促进作用而言，消极情绪对创新行为的阻碍作用较弱；引入消极情绪这一变量后，其他相关系数与模型 1 中的各变量间的相关系数相比都有所降低。模型 4（见图 4-6）删除了模型 3 中不显著的路径，模型 4 和模型 3 的拟合指数近乎没有差别，但消极情绪对各个变量的影响更为明显，其中，消极情绪对创新主观规范、创新行为控制感知和创新意图的阻碍作用较为显著，路径系数分别为 -0.215、-0.502 和 -0.240，H3b、H4b 和 H5b 均得到验证。

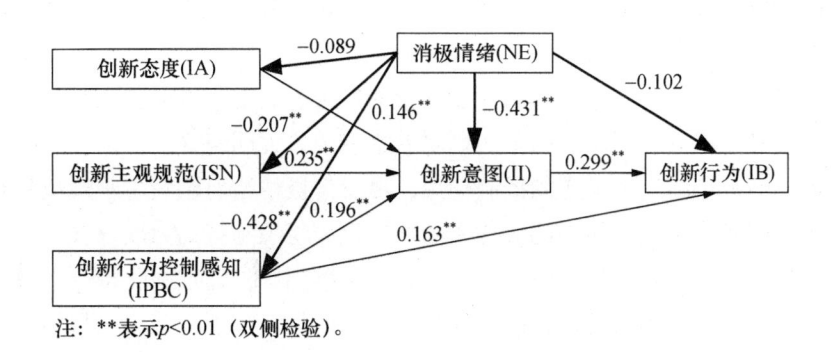

注：**表示 $p<0.01$（双侧检验）。

图 4-5　引入消极情绪后的创新行为的实施过程（模型 3）

五　研究结论

本书以温州制造业 682 名员工为研究对象，依托计划行为理论，通过引入情绪变量，对员工创新行为的实现过程进行了模拟，在验证计划行为

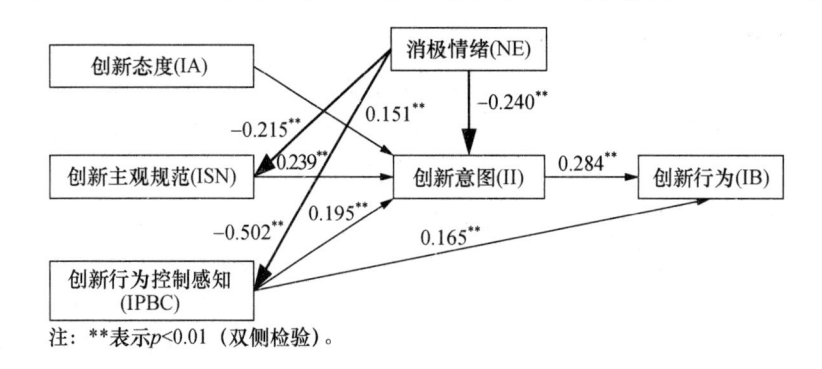

```
    创新态度(IA)          消极情绪(NE)
         ↘   0.151**    ↓ -0.240**
     -0.215**  ↘         ↓
    创新主观规范(ISN) —0.239**→ 创新意图(II) —0.284**→ 创新行为(IB)
              ↗  0.195**        ↗
     -0.502**              0.165**
    创新行为控制感知
       (IPBC)
```

注：**表示$p<0.01$（双侧检验）。

图 4-6　删除不显著路径后消极情绪参与创新行为的实施过程（模型 4）

理论有效性的同时，发现了积极情绪和消极情绪对相关变量的不同作用，得到以下结论：

首先，积极情绪对员工创新行为具有较为重要的促进作用，要想有效激发员工的创新潜能并积极实施创新行为，必须关注员工的情商培养，保持一种积极的情绪状态，引导其树立正确的创新态度、形成明晰的创新主观规范和强烈的创新行为控制感知，进而产生积极的创新意图，最终达到激发创意想法并实施创新行为的目的，实现高校创新教育的最终目标。

其次，研究发现个体情绪对创新行为的反应比基于计划行为理论的反应路径更加直接，情绪是一个不断变化的复杂的心理过程，员工个体在进行决策时难免会受到诸如喜欢或厌恶的积极或消极情感影响，消极情绪的产生在所难免。虽然消极情绪对创新行为实施有一定程度的负面影响，但是，消极情绪对创新态度的负面影响非常有限，说明树立正确的创新态度能够对消极情绪产生一定的抵制作用；尽管消极情绪对创新主观规范具有显著的削弱作用，但如果能够加大团队支持和组织支持的力度，在大力宣传个体创新成功案例的同时，辅以拓展性思维训练，通过强化指令性规范和示范性规范的形成可以帮助个体形成明确的创新主观规范；消极情绪也不利于个体产生有效的创新行为控制感知，可以通过给员工提供一定的创新能力系列培训和团队合作拓展训练，帮助员工个体提高对内外部资源的掌控能力，增强创新成功的信心，以有效抵制消极情绪可能带来的负面影响；另外，消极情绪降低了创新意图，如果能够帮助个体树立强烈的创新愿望则会帮助其克服消极情绪带来的不稳定因素。

综上所述，企业在转型升级的过程中应重视员工情商的培养和创新态度的建立，在开展创新技能提升的同时，关注员工情绪控制能力的培养。由于实验环境营造真实，因而研究结论对员工创新行为的情绪控制策略具有较强的借鉴意义。与此同时，本书还存在一些局限之处，需要在以后研究中不断完善。首先，员工对创新的理解会因为企业的发展阶段和产品的不同而存在差异，无法完全保证实验对象对创新行为的认识具有一致性，未来还应结合行业的具体特点进行大样本调查并展开 HLM 分析；其次，本书中采用的量表大都根据较为成熟的量表进行编制，但却是依托于某个特定实验场景展开，可能对量表的有效性带来影响；最后，本书没有考虑个体对风险的不同偏好和抗风险能力差异等行为因素，只有纳入这些行为因素才能得出更具说服力的论断。

第五章 网络嵌入视角下情绪劳动对项目成员创新行为的影响

本章将情绪劳动视为推动个体关系网络和情感网络演变的重要因素，从社会网络的角度观察情绪劳动对项目成员创新行为的影响。本章首先从关系嵌入的视角，借助情景实验，对任务紧迫性下关系嵌入、情绪劳动和个体创新行为之间的作用机理展开研究。研究证实了任务紧迫性下关系嵌入程度对个体创新行为会产生倒 U 形影响，中等强度关系嵌入下的个体创新行为最为突出；深层情绪劳动在关系嵌入与个体创新行为之间起到正向调节作用。对深层情绪劳动的引导和控制能够让这种倒 U 形关系变得较为平坦，增强关系嵌入策略的可执行性。其次，以情感网络为切入，借助情景实验，对任务紧迫性下个体情感网络特征、情绪劳动和个体创新行为之间的作用机理展开研究。证实情感网络中心性在表层劳动与个体创新行为的关系中起着倒 U 形调节作用，情感网络中心性在表层劳动与个体创新行为之间起到正向的调节作用。对情绪劳动的合理引导以及对情感网络的有效控制能够充分运用情绪资源的资本优势，促进个体实施创新行为。

第一节 任务紧迫性下关系嵌入、情绪劳动及个体创新行为的关系研究

一 引言

现阶段，赢得市场优势的关键已经从单纯的竞争走向了竞合，转瞬即逝的市场机会使充分运用网络资源成为组织实现创新和"双赢"的重要举措（McEvily & Marcus，2005）。随着日益灵活的组织形式不断涌现，项目团队成为不确定环境下最常见的工作单元，项目团队的创新绩效直接

决定了组织的竞争力，而个体的创新行为则是团队创新绩效的根本保障。任务紧迫情景下，个体与环境互动后对自己所拥有的资源和能力进行评估，极易使成员感受到时间压力（Luria & Torjman，2009），而制约个体创造力发挥的关键变量之一就是时间（Fleck & Weisberg，2004）；创意产生过程所花费的时间往往是不确定的，如果个体面临有限的时间资源，会使其创新过程处于停顿状态（Stajkovic & Luthans，2001）。此时，社会资本的支持以及心理资源的补给，成为任务紧迫情景下个体创新行为的重要推动力量。

社会心理学认为，创造力产生于个人和组织的社会情景交互作用。个体在创新互动过程中，会对满足或不满足个体主观需要的信息产生一种体验，这种心理特质被称为情绪。随着个体之间信息和情感的不断传递，个体与他人之间的关系日益密切，借助关系的建立有益于个体获得更多的社会资源，以信任、互动为纽带构建的关系嵌入逐渐成为一种社会资本，帮助组织在降低风险的同时提高项目绩效。然而，对关系嵌入与个体创新行为之间的影响路径还缺乏深入的研究。关系嵌入的发生过程贯穿着情绪的传递过程；关系嵌入不仅仅意味着个体或组织得以跨界利用信息和资源，在这一过程中，个体或组织情绪的产生、表达、调节和控制对个体创新行为将会产生一定影响，特别是在任务紧迫情景下，关系嵌入的程度会直接影响情绪传递的速度和范围。通过情绪的自我管理和控制，个体之间的关系?将得到一定程度的调节；在积极情绪的驱使下，关系嵌入所获得的资源优势才可能对创新行为的实现提供积极的推动力量。本章将从情绪劳动的视角对任务紧迫性下项目团队成员关系嵌入与创新行为之间的关系展开分析，将关系网络的属性特征与个体情绪劳动的变化程度相结合，通过设计情景实验，引入调节变量——情绪劳动，考察关系嵌入影响个体创新行为的微观作用机理，为充分发挥关系嵌入的资本优势及提升个体创新能力提供理论依据。本书不仅扩展了关系嵌入和创新理论的研究范畴，也为实践中个体创新行为的顺利实施提供了有益的理论指导和策略借鉴。

二 文献回顾及假设提出

（一）关系嵌入与个体创新

由于嵌入属于典型的社会学概念，对关系嵌入的研究一般依托于企业之间或集群之间展开。Granovetter（1973）把关系嵌入界定为网络中个体对他人需求或目标的重视程度、相互之间的信任程度以及信息共享的程度。关系嵌入为创新所需要的隐藏信息和敏感信息交流提供了通道，促进团队成员对创新机会展开客观评估并帮助团队成员把握更多获取创新资源的机会，有益于个体和团队绩效的提升。由于个体创造性往往蕴藏于人际交往互动所形成的社会网络中，关系嵌入的水平成为决定个体创造性程度的重要指标（McEvily & Marcus，2005）。

通过对关系嵌入不同维度的梳理，现有文献对关系嵌入的内涵界定尚不明确（张钢、任燕，2011）。从社会学的视角，关系嵌入可以说明成员之间关系的密切程度、关系内容以及关系质量，关系嵌入过程伴随着复杂、异质知识的获取过程，并对个体创新行为产生影响（汤超颖、邹会菊，2012）。为了更好地描述个体之间的互动程度，借鉴小世界网络理论的主要观点（Uzzi & Jarrett，2005），学者们一般采用信任、承诺、依赖度等特征指标以及信息共享、协同解决问题等效应指标来说明关系嵌入的程度（张钢、任燕，2011）。网络嵌入的强/弱联结理论也认同信任和信息共享机制在关系嵌入过程中所起到的重要作用，信任和信息共享机制的建立为信息、情感在团队中传递和流动提供了支持和保障（Borgatti et al.，2009）。然而，学者们对关系嵌入的程度（强联结和弱联结）与个体创造性关系的研究存在分歧（Andersson et al.，2002），分歧的焦点依然集中在不同信息共享程度与信任水平对个体创新行为可能产生的不同影响。本书将借鉴前人的研究思路，通过信息共享和信任两个维度来探寻关系嵌入与个体创新行为的相互作用机理。

从信息共享的角度来看，强联结关系意味着信息交流密切，高强度的信息共享有利于个体充分利用信息资源拓展知识，强化创新技能并获得竞争优势（Mingo & Chen，2007）。虽然信息共享有利于创新想法的传播（Zhou et al.，2009），但信息传递过于密切则不利于获得异质信息，同质信息冗余，限制了创意发挥，降低了信息的识别效率（Baer，2010）。弱联结关系意味着个体可以获得范围更广、内容更丰富新颖的异质信息，有利于个体激发创意构想并获得关键资源（Baer，2010），因而更多的研究倾向于认同弱联结对创新的促进作用。但 Perry（2006）提出这种促进作用仅在一定范围内成立，信息联结与个体绩效提高呈倒 U 形关系，信息联结关系数量过多会导致信息过于分散，创新思考时间下降，对创新信息无法有效识别而导致个体创造性下降（Perry - Smith，2006）。综合上述观点，本书认为信息共享程度与个体创新行为并非简单的线性关系，过高和过低水平的信息共享均不利于创意构想的产生和创新行为的实现（Perry - Smith，2006）。在任务紧迫性情景下，关系嵌入水平成为决定个体能否实施创新行为的关键指标。如果个体之间的信息共享未能充分发挥作用，那么个体就无法在有限时间内获得异质化信息，创意构想的产生缺乏必要的信息资源；而过于依赖信息共享，信息识别过程趋同，极易诱发个体遵循既有的执行策略行事，不利于创新想法的产生。为了更好地揭示关系嵌入的信息共享维度与个体创新行为的关系，本书做出以下假设：

假设1：任务紧迫性下信息共享程度对个体创新行为产生倒U形影响，即信息共享程度较低和较高时，个体创新行为的实施较少；当存在中等程度的信息共享时，个体表现出更多的创新行为。

从信任关系建立的角度来看，信任关系的建立有助于团队抗风险能力的增强，个体间信任程度的不断加强能够促使个体积极投身充满风险的创新活动中，信任水平与个体创新层次和创新水平的提升之间具有显著的协同效应（Zhou et al.，2009），这也说明创新动力的获得只能在较高的信任氛围中完成。但是，一旦个体之间建立起高水平的信任关系，高强度的感情依赖容易滋生从众行为，磨灭创意火花，降低不同想法碰撞的概率，不利于个体独立思考并实施创新（Perry - Smith，2006）。Langfred（2004）发现，在信任度高的项目团队中，信任水平的增加可能导致个体降低对其他成员工作过程的监视，不利于提高团队绩效；Ng 和 Chua（2006）证实团队内部的信任水平与个体投入之间存在一个倒U形的曲线关系；当团队信任水平较高时，个体会降低其对项目的投入（Ng Kok - Yee & Chua Roy，2006）。尤其是在认知信任水平较高时，信任与企业绩效负相关（Chua et al.，2008）。实证研究再次验证了认知信任与组织创新绩效间体现为倒U形关系这一结论（程德俊等，2010）。杨皎平等（2012）则从集群的角度发现关系嵌入与创新绩效之间存在一种倒U形的非线性关系，因此关系嵌入的程度应该成为组织的关键调控目标。

在任务紧迫情景下，低强度的信任水平不利于应对创新风险，个体出于安全考虑可能刻意规避创新行为；高强度的信任水平容易导致决策参与性的失衡，个体更容易受到从众行为的影响，关注有限的信息资源，缩小独立思考的空间，不利于激发自身的创新动机并主动实施创新行为。综合上述观点，本书做出以下假设：

假设2：任务紧迫性下信任水平对个体创新行为产生倒U形影响，即信任水平较低和较高时，个体创新行为实施较少；当存在中等强度的信任水平时，个体表现出更多的创新行为。

(二) 情绪劳动与个体创新

创新过程包括创意想法的产生、推动和实施等不同阶段，因而创新行为一般被认为是个体产生、引进新的想法或流程并将其应用于组织运营的活动 (West & Farr, 1989)。心理学研究认为，情绪是在客观事物满足或不满足人的主观需要的基础上所产生的一种体验。创新活动存在严格的时间窗，任务的紧迫性反映为对个体的任务完成时间做出明确的限定，个体通过主观知觉，进而产生相应的情绪体验并体会到时间压力的存在 (Zakay, 2005)。由于创新是一项高风险的行为，实施过程中个体情绪的波动在所难免。从人际互动的角度来看，他人的情绪表达被个体接受后，个体通过情绪体验会改变内心状态，但为了实现团队和组织的绩效目标，个体会努力对自身情绪进行计划与控制，在消耗一定心理资源之后呈现出有益于组织预期目标实现的情绪表达并展示出适宜的外部行为，这就是情绪劳动 (Morris & Feldman, 1996)。

情绪劳动通过有目的地表现自身情绪来影响他人情绪，是个体在人际交往中为了表现出组织需要的行为而做出的情绪调节 (Bruck & Allen, 2003)。Abraham (1999) 认为情绪劳动的存在说明个体表现出来的情绪与实际的心理状态存在差距，Schaubroec 和 Jones (2000) 指出个体需要按照工作的基本要求，通过情绪劳动来压抑负面情绪并表达正面情绪，克服负面情绪的影响并对他人展示出工作需要的创新行为。Glomb 和 Tews (2004) 借助情绪外在表现和内在感觉的比值来反映情绪劳动的程度，划分出四个独立的区域，即感悟到情绪但未显露；感悟到情绪并显露；未感悟到情绪但需要虚假表露；未感悟到情绪也无须表露。Diefendorff 等 (2005) 将情绪劳动分为三个维度：表层劳动、深层劳动、表达感受到的真实情绪。Glomb 和 Tews (2004) 提出情绪劳动包括真实情绪表达、伪装情绪表达以及压抑情绪表达三个层面的内容。不管采用哪种分解方式，情绪劳动的核心在于个体如何做出满足组织需要的情绪表现，表层劳动和深层劳动是情绪劳动者的两种典型行为 (Grandey, 2003; Hochschild, 1983; Totterdell & Holman, 2003)。本书借鉴上述学者的观点，将情绪劳动划分为表层劳动和深层劳动两个维度。

表层劳动与深层劳动的区别主要体现在是否能够真实地表达自己的情

绪体验，表层劳动意味着个体根据团队的要求伪装出团队需要的情绪，情绪表达与真实的情绪体验是分离的，两者存在较大差异，需要努力地利用有意识的控制来实现。同表层劳动这种反应型的情绪调节相比，深层劳动需要个体对感知到的情绪进行认知重评，通过认知的改变提高情绪表达和情绪体验的一致程度，使个体的情绪体验与团队的情绪表达要求一致，情绪表达也就能比较真实地反映个体的情绪体验，是深层次的情绪控制（Rafaeli & Sutton，1987）。此外，如果员工的真实情绪感受与组织的情绪表达规则一致，员工只是自然地、真实地将这种情绪表达出来，无须对情绪进行管理，被称为情绪真实表达。本书中主要考察表层劳动、深层劳动两个维度。

在不确定的项目环境中，个体在实施创新行为过程中面临各种干扰，物质资源和心理资源的消耗难免对个体情绪、心态产生影响，创新动机需要个体自主地采用自我管理机制来维持，此时，情绪劳动就发挥着重要作用。一方面，情绪劳动帮助个体获得愉悦的工作体验，提供给个体更多的发展机会，提高自我效能感和工作满意感，促进创新任务的顺利实施（Zapf，2002），从而进一步激发个体创新动力；另一方面，情绪劳动可以促进个体形成积极情绪，增强其完成创新活动的信心，降低从事高风险创新活动所产生的不安全感，形成良好的创新氛围。在任务紧迫情景下，团队及个体的情绪管理过程贯穿于项目创新目标的实现过程，项目创新效率的实现将取决于团队成员的情绪表层劳动和深层劳动能否协同发挥其积极作用。综合上述观点，本书做出以下假设：

假设3a：任务紧迫性下团队成员运用情绪表层劳动有助于个体实施创新行为。

假设3b：任务紧迫性下团队成员运用情绪深层劳动有助于个体实施创新行为。

（三）情绪劳动的调节效应

"信任"是一种心理状态，通过减少行为不确定性的感知，从而对他人行为产生良好的预期（Dirks & Skarlicki，2004）。Aubert 和 Kelsey（2003）认为信任与团队绩效受到情景因素的影响，而不是简单的线性关系。Hochschild（1983）指出情绪劳动符合一般的劳动概念，是一种意志的磨炼，伴随着大量生理资源和认知资源的消耗。如果员工长时间处于高强度的情绪劳动中，其身体和心理上的大量消耗未能得到及时补充，会导致个体缺乏长期创新动力，创新意愿下降，在创新活动中出现缺乏耐心和自控力的行为，由此产生的消极情绪将导致创新惰性和工作倦怠（Dirks & Skarlicki，2004；Brotheridge et al.，2002）。而信任关系的确立和信息共享程度的提高能够为个体提供心理资源和生理资源的补给，帮助个体保持创新动力，提高创新行为的自控力。另外，情绪劳动的存在能够使关系嵌入保持良性的互动，为关系嵌入提供积极的情感支持，有利于创新目标的实现。可见，关系嵌入为情绪劳动持续地发挥积极效应提供了渠道，情绪劳动又能够保证关系嵌入获得情感上的支持与回应，两者之间的交互效应不容忽视。

为了实现组织创新目标，个体在与外部顾客、内部顾客交流的过程中，需要对自身情绪进行调节，以影响他人的态度和行为（Grandey，2000）。个体行为是由其内在的情感及情绪驱动来实现的。团队内部成员在进行信息共享的过程中会产生情绪劳动，个体通过情绪劳动使内部员工和外部顾客满意（Diefendorff et al.，2005），通过内部情绪和外在行为的表达来展示适当的情绪规则和职业道德（Chu & Murrmann，2006），并逐渐建立信任纽带。在信息共享和信任关系建立的过程中，个体有机会从外界获得情绪的支持，为树立自信和创造性地解决问题提供了保障（Madjar，2008）。由于情绪劳动通过个体的情绪管理控制来呈现与团队创新目标相符的行为并将积极情绪感染给团队成员，任务紧迫情景下的敏感信息也迫切需要一种宽容而畅通的通道供团队成员交流和不断进行信息挖掘，情绪劳动的存在使关系嵌入中信任和信息共享与个体创新行为的关系更加持续和稳定。

在任务紧迫情景下，时间压力的存在会引发个体情绪的波动，由此产生情绪消耗；即便团队中的个体正处于消极情绪，但鉴于受到团队中积极氛围的影响或团队目标的驱动，会主动消耗一定的心理资源，通过情绪劳动使自身表现出与团队一致的积极情绪。当个体获得的有效信息缺乏或存在冗余，均会弱化内在的创新动力，抑制其对创意信息和独特信息的深层挖掘，进而影响创新行为的实施；个体不论是仅仅表达并伪造出团队需要的积极情绪，还是主动调节自己的情绪并与团队积极情绪相吻合，情绪劳动均会自觉或不自觉地发挥着对情绪的内在调节作用，促使团队成员意识到自身心理或行为的局限性并进行调整，进而降低过高或过低的信息共享对个体实现创新行为的阻碍。类似地，当个体处于较低或较高的信任水平，如果没有情绪劳动的潜在调节作用，个体更容易规避创新以降低自身风险，或者与大多数人保持一致而丧失创新机会。表层情绪劳动和深层情绪劳动的存在都会使信任与信息共享对创新行为的抑制关系变得缓和，个体通过情绪管理来充分发挥关系嵌入带来的资本优势。综合上述观点，本书做出以下假设：

假设4a：表层劳动在信任与个体创新行为的关系中起到调节作用，表层劳动越多，信任对个体创新行为的倒U形影响越小；

假设4b：表层劳动在信息共享与个体创新行为的关系中起到调节作用，表层劳动越多，信息共享对个体创新行为的倒U形影响越小；

假设5a：深层劳动在信任与个体创新行为的关系中起到调节作用，深层劳动越多，信任对个体创新行为的倒U形影响越小；

假设5b：深层劳动在信息共享与个体创新行为的关系中起到调节作用，深层劳动越多，信息共享对个体创新行为的倒U形影响越小。

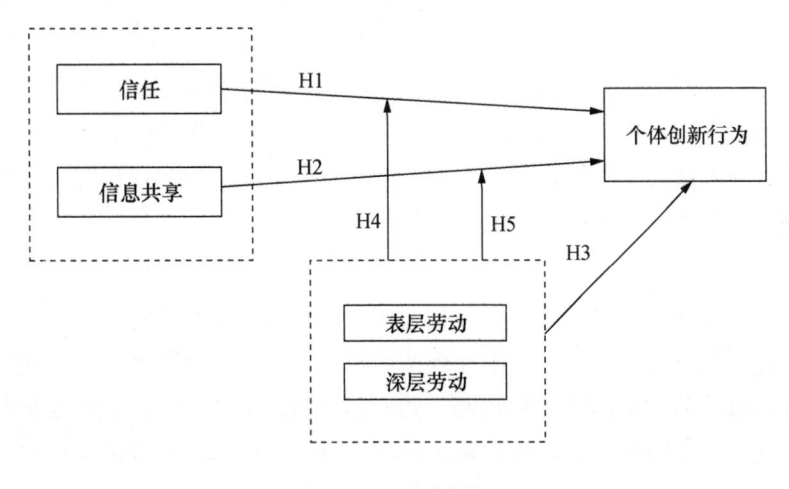

图 5-1 研究框架

三 实验设计与实施

（一）实验对象和实验步骤

由于本书涉及的变量均与具体的情景相关，只有将被试置身于特定的、真实的情景中，通过完成具体的任务帮助其体会个体心理和行为的差异，才有可能获得真实的测评数据。心理学中的实验设计一般采用大学生样本，虽然存在争议，但大学生样本较少受到外界噪声影响，能够保证研究结论的一般性。有学者认为，自我报告法容易产生社会称许性偏差，但如果能够在较为真实的场景中帮助被试者客观评价自己无意识表现出来的行为，这类投射性质的自我报告能够有效降低社会称许性偏差（Lilienfeld et al.，2000）。笔者在长期的ERP沙盘综合实训课程教学中积累了大量经验，这一实训课程通过模拟企业真实的竞争环境，要求参与者集中完成连续6年的运营任务。实训课程可以进行模块化设计，更能够为参与者提供一个蕴含无限创新机会的平台。因此，本书采取情景实验的方法，选取浙江某高校商科大三学生为实验对象，以ERP沙盘综合实训课程为载体，通过设计和控制实验的情景变量，对任务紧迫性下关系嵌入水平、情绪劳动强度以及个体创新行为的实施情况展开问卷测评。

　　本书的信度和效度取决于三个关键问题：研究范式的选择、情绪劳动设计和任务紧迫性情景的营造。首先，个体在进行自我控制的过程中会消耗自身能量，不管是展开情绪劳动，还是在任务紧迫性下从事创新行为，所有的自我消耗均来自一个有限的能量库。DeBono、Shmueli和Muraven（2011）认为如果前一个任务消耗了心理资源，后续任务可以利用的心理资源将减少，由此可能会影响后续任务的实际绩效。由于本书涉及的情绪劳动和任务紧迫性下的创新行为均会消耗心理资源，如果在第一个任务即情绪劳动中消耗了心理资源，在完成第二个任务即实施创新任务的过程中可能会引发资源耗竭，降低创新绩效；而关系嵌入的存在能够为有限的心理资源库提供补偿，在研究范式上采用"双任务实验"能够有效测度心理资源消耗与补偿之间的平衡关系。其次，面部反馈假设认为表情的操作可以诱发情绪的生理反应，面部表情肌肉运动可以诱发情绪的主观感受，并且能够反馈情绪体验（孙绍邦、孟昭兰，1993）。实验中采用脸部表情操作这一情绪诱发技术，要求被试者在进行交流时始终保持微笑正是一种对于面部肌肉的操纵，通过积极情绪的展示能够影响对方的认知行为。与此同时，实施积极情绪展示的个体会产生情绪劳动。最后，为了在任务实施过程中更好地体现任务紧迫性的情景影响因素，又能够便于实验操作者进行控制，借鉴Weening和Maarleveld（2002）的观点，把无时间限制下被试者决策时间分布的平均数的50%作为时间压力条件下的决策时间。整个ERP沙盘综合实训共计32课时，涵盖8个子任务，每个子任务耗时4课时。前四个子任务主要用于规则的理解，学生在沟通过程中建立起信任关系并展开信息交流和共享；在完成后续四个子任务的过程中存在更多创新机会。因此，我们将子任务5、6、7、8的完成时间限制为2课时，开始子任务5之前进行情绪劳动的控制，在完成子任务8之后对关系嵌入、情绪劳动及个体创新行为进行问卷测评。问卷当场匿名填写，并提醒学生反复检查是否有遗漏，问卷的回收率和回答率均达到95%以上。

情景实验分为两个阶段：第一阶段通过探索性分析论证"双任务实验"研究范式的可行性并对相关问卷进行信效度检验；第二阶段通过验证性分析对关系嵌入、情绪劳动及个体创新行为之间的交互关系进行检验。2012年2—6月展开第一阶段实验，具体的实验步骤如下：

第一步，将参与实验的126名同学随机分为24个小组，每组5—6名同学，又将24个小组随机分为两类，即控制组和情绪劳动组。为了保证同学承担任务的数量和难易程度尽可能一致，对每位同学承担的角色及工作内容进行了重新组合；为了保证任务紧迫性的实施强度和范围，实验前并没有向学生告知实验流程和意图，仅仅强调实训是为了强化学生的创新意识和创新能力，并鼓励大家在实施过程中不断激发创意思维并积极实施创新行为。

第二步，控制组在整个实训过程中按照预先实验设计，前四个任务都按照每个任务4课时控制，在开始任务5之前宣布缩短余下任务的允许完成时间，即从第5个任务起至第8个任务结束，每个任务的完成时间由4课时缩减为2课时。实训结束后，要求每位参与者正确、完整地填写关系嵌入、情绪劳动和创新行为的问卷并即时上交。此外，为了确保控制组实验学生自身情绪对实验结果的影响，我们在实训开始前和结束前分别进行了情绪测评。

第三步，情绪劳动组与控制组的实验过程流程类似，区别在于当第4个任务结束后进行情绪诱发。本实验采用影像资料诱导的方法，选取《唐山大地震》的节选片段，时长5分钟，影片在学生无意识的状态下播出，以诱发学生产生消极的情绪体验。在开始任务5之前，宣布缩短余下任务操作时间并要求每位学生在操作过程中表现积极情绪。在实验过程中，专门设置情绪监督员一职，负责督促被试者在交流过程中一定要面带微笑，保持积极的心态。任务8结束后，要求每位参与者如实完整地匿名填写关系嵌入、情绪劳动和创新行为问卷并即时上交。为了确保情绪诱发得以成功影响被试者情绪，情绪劳动组被试者在观看情绪诱发资料前后均进行了情绪测评。考虑到工作中个体的情绪劳动一般发生在消极情绪体验和积极情绪表达的落差中，上述设计可以保证参与个体消耗更多的心理资源。

2012年9—12月展开第二阶段实验，具体的实验步骤如下：

第一步，将参与实验162名同学随机分组参与ERP沙盘实训，每组5—6名同学。在实验开始前不预先告知实验过程，但需要强调实训是为了强化学生的创新意识和创新能力，并鼓励大家在实施过程中不断激发创意思维并积极实施创新行为。

第二步，实验的操作过程与第一阶段第3步的操作一致。在任务4结束后播放情绪诱导视频，在任务5开始前宣布余下任务的操作规则，要求每位同学在操作中表现出积极情绪并保持笑容。由专设的情绪监督员督促被试者做出一致的情绪表达。任务8结束后，要求每位参与者如实完整地匿名填写关系嵌入、情绪劳动和创新行为问卷并即时上交。

（二）研究工具

关系嵌入通过信任和信息共享程度来衡量，对信任程度的测量借鉴De Jong和Woolthuis（2008）以及McEvily和Marcus（2005）设计的量表，共3个题项，代表题项如下：我和他人沟通时会考虑对方的利益；我们相信对方有能力完成各自承担的任务。对信息共享程度的测量借鉴Gulati和Sytch（2007）以及McEvily和Marcus的成果（2005），共4个题项，代表题项如下：我和合作者不断对项目实施情况进行沟通交流；我和合作者尽可能相互提供所需的信息资料。

情绪劳动的测量借鉴Diefendorff、Croyle和Grosserand（2005）设计的量表，经过多次修改后表层劳动包括4个题项，代表题项如下：当我与个体交往时为了达成工作目标而展示出积极的情绪；任务本身要求我必须做出积极情绪的展示；我展示给对方的情绪与自身内部体验到的情绪并不一致。经过多次修改后深层劳动包括3个题项，代表题项如下：我尽力去体验需要展示给对方的情绪；我不断在内心酝酿需要展示给对方的情绪。

个体创新行为的测量借鉴Scott和Bruce（1994）开发的量表，经过多次修改后形成的正式问卷包括5个题项，代表题项如下：在实训过程中，我经常会产生一些有创意的想法；在实训过程中，我会向团队成员推销自己的新想法，以获得支持与认可；为了实现自己的创意或构想，我会想办法争取所需要的资源；对团队成员的创意构想，我经常参与讨论并献计献策。

本书采用相同专业、相同年级的学生为被试者对象，教育背景类似，年龄相仿，因此选取人口学变量中的性别作为控制变量。尽管我们在实验设计中将每位同学承担的任务进行组合，但依然无法完全消除任务难度的差异，鉴于已有研究认为工作复杂性会对个体创新行为产生影响（Tierney & Farmer, 2004），本书选取的第二个控制变量为工作复杂度。对工作复杂度的衡量，主要是参考 Stock、Joshi 等的研究成果（Stock, 2006; Joshi et al., 2009），形成5个正式题项，代表题项如下：我的工作包含着许多变化、我的工作难以常规化、我的主要工作是解决复杂问题等。

上述所有问卷均采用5分制评定计分，从1（完全不符合）—5（完全符合）。

（三）统计方法

本书采用 SPSS17.0 和 Lisrel 8.30 进行统计分析。首先，采用 Lisrel 8.30 对同源性偏差进行检验；然后运用 SPSS17.0 进行量表的信效度检验、描述统计分析以及相关性分析；最后运用层级回归方法检验任务紧迫性下关系嵌入、情绪劳动和个体创新行为之间的交互作用机理，检验情绪劳动可能存在的调节效应。

四 实验分析与结果

（一）量表的信度和效度检验

虽然本书所采用量表均较为成熟，可以保证一定的内容效度，但是自我报告的形式容易产生同源偏差。在整合第一阶段所获数据的基础上，我们采用不可测量潜在方法因子检验进行同源性偏差的甄别。在上述5个模型中，M5 五因子模型的拟合度较其余模型表现出明显的优势（Schumacker & Lomax, 1996），说明各个变量之间并不存在严重的同源偏差（如表5-1所示）。

表5-1　　　　　　　　同源偏差的检验结果

模型	X^2	RMSEA	AIC	NNFI	CFI
M5 五因子模型表层劳动、深层劳动、信任、信息共享、创新行为	296.771	0.072	326.713	0.925	0.931
M4 四因子模型表层劳动、深层劳动、信任+信息共享、创新行为	312.894	0.081	387.326	0.906	0.923

续表

模型	X^2	RMSEA	AIC	NNFI	CFI
M3 三因子模型表层劳动+深层劳动、信任+信息共享、创新行为	379.565	0.093	452.919	0.892	0.905
M2 二因子模型表层劳动+深层劳动、信任+信息共享+创新行为	425.939	0.122	503.396	0.857	0.877
M1 单因子模型信任+信息共享+表层劳动+深层劳动+创新行为	589.263	0.143	725.923	0.823	0.853

表5-2中各个问卷的KMO值和Cronbach's α系数值均大于0.7，Bartlett球体检验的显著性水平为0.001，且各个题项的因子负荷均大于0.4，说明问卷具有较好的信度。

表5-2　　　　问卷的Cronbach's α系数

变量	KMO值	Cronbach's α系数
工作复杂度	0.831	0.862
信任	0.825	0.825
信息共享	0.812	0.787
表层劳动	0.792	0.792
深层劳动	0.896	0.816
个体创新行为	0.832	0.839

效度检验利用结构方程模型来进行验证性因子分析，表5-3中各个变量的拟合度指标均符合要求，说明问卷结构效度可以接受。

表5-3　　　　问卷验证性因素分析拟合指标

变量	X^2/df	RMSEA	NFI	RFI	IFI	NNFI	CFI
工作复杂度	2.672	0.077	0.921	0.961	0.966	0.937	0.935
信任	2.217	0.078	0.953	0.952	0.971	0.953	0.927
信息共享	2.589	0.076	0.925	0.968	0.987	0.964	0.936
表层劳动	2.716	0.080	0.912	0.928	0.932	0.930	0.919
深层劳动	2.528	0.078	0.902	0.919	0.929	0.921	0.923
个体创新行为	2.785	0.072	0.958	0.963	0.982	0.979	0.967

（二）描述性统计

以工作复杂度和性别为控制变量，对实验结果进行描述性统计分析，Pearson 相关系数如表 5-4 所示。

表 5-4　　　　　　　　　　　描述性分析

变量	1	2	3	4	5	6	7
1. 性别	—						
2. 工作复杂度	0.011	—					
3. 信任	0.020	0.05	—				
4. 信息共享	0.033	0.03	0.192**	—			
5. 表层劳动	0.041	0.06	0.116	0.128	—		
6. 深层劳动	0.052	0.09	0.124	0.139	-0.112	—	
7. 个体创新	0.070	0.109	0.125	0.150	0.106	0.129	—
M	0.721	4.081	3.87	4.238	3.568	3.733	3.982
SD	0.652	0.835	0.778	0.851	0.839	0.682	0.725

注：* 表示 $p<0.05$（双侧检验），** 表示 $p<0.01$（双侧检验）。

相关性分析发现信息共享与信任正相关，其余变量之间均不存在显著的相关性，需要采用其他检验方法分析变量间是否存在关联。

（三）协方差和单因素方差分析

我们借助 PANAS-R 量表（邱林，2006）对第一阶段控制组实验前后个体情绪进行测评，卡方检验显示被试者在上述两个时点均不存在显著的情绪差异。为了进一步检验研究方法的有效性，我们将第一阶段中情绪劳动组与控制组获得的问卷数据进行统计分析。

首先，利用控制组获得的数据，将信任和信息共享作为自变量，将控制变量作为协变量加入模型，来共同分析对因变量个体创新行为的影响。结果表明（见表 5-5），信任与信息共享均对个体创新行为产生显著影响，说明实验设计中的控制变量和自变量的选择能够满足研究要求。情绪诱发材料呈现后，被试者的消极情绪表现出显著差异，证实了所选视频资料能够较好地诱导消极情绪。进一步地，采用单因素方差分析检验情绪劳动对个体创新行为是否存在不同影响。结果说明（见表 5-6），在实验环境下，个体创新行为的 F 值在 0.05 水平上显著，控制组与情绪劳动组在个体创新行为表现上存在显著差异。协方差和单因素方差分析证实本书采用的情景设计方法能够满足研究需要。

表 5-5　协方差分析

控制变量与自变量		个体创新行为
		F 值
控制变量	性别	3.865
	工作复杂度	15.679**
自变量	信任	3.227*
	信息共享	3.185*
R^2		0.079
Adjusted R^2		0.052
N		126

注：*表示 $p<0.05$（双侧检验），**表示 $p<0.01$（双侧检验）。

表 5-6　方差分析结果

假设	控制组	情绪劳动组	F 值
个体创新行为均值	4.492	4.173	3.198*
个体创新行为标准差	0.865	0.783	

注：*表示 $p<0.05$（双侧检验）。

（四）假设检验

我们利用第二阶段数据重新进行信度分析，发现各个量表的 Cronbach's α 系数均大于 0.70，证明量表具有较好的再测信度。将第二阶段获得的实验数据进行验证性分析，考察关系嵌入水平、情绪劳动程度与个体创新行为之间的交互作用。表 5-7 中的数据均进行了中心化处理，以避免共线性问题。

表 5-7　假设检验结果

变量	模型 1	模型 2	模型 3	模型 4	模型 5	模型 6	模型 7	模型 8
性别	0.01	0.01	0.01	0.03	0.03	0.03	0.03	0.03
任务复杂度	0.188**	0.172**	0.168**	0.185**	0.179**	0.175**	0.175**	0.176**
信息共享		0.134	0.128		0.127	0.125	0.131	0.129

续表

变量	模型1	模型2	模型3	模型4	模型5	模型6	模型7	模型8
信任		0.141	0.132		0.131	0.135	0.130	0.132
信息共享^2			-0.291*			-0.202*		-0.247*
信任^2			-0.372*			-0.328*		-0.362*
表层劳动				0.121		0.105		
深层劳动				-0.106				-0.137
表层劳动 × 信息共享					0.131	0.124		
表层劳动 × 信任					0.145	0.137		
表层劳动 × 信息共享^2						0.162		
表层劳动 × 信任^2						0.151		
深层劳动 × 信息共享							0.182	0.195
深层劳动 × 信任							0.193	0.188
深层劳动 × 信息共享^2								0.383**
深层劳动 × 信任^2								0.228**
R^2	0.062	0.075	0.078	0.116	0.185	0.203	0.219	0.286
ΔR^2		0.013	0.003	0.054	0.110	0.125	0.144	0.067
F	0.875	0.661	1.985**	1.863**	3.124	3.571	6.371**	8.726**
ΔF		1.326	3.895**	3.723**	2.673	3.119	12.984**	15.734**

注：*表示$p<0.05$（双侧检验），**表示$p<0.01$（双侧检验）。

模型2中，信息共享对个体创新行为的影响不显著，但是模型3中信息共享的平方项对个体创新行为有显著影响，且回归系数为负（$\beta = -0.291, p<0.05$），说明信息共享对个体创新行为存在倒U形影响，曲线的对称轴为信息共享水平的均值，在对称轴左侧，个体创新行为随着信息共享程度的增加而增加，在对称轴右侧，个体创新行为单调递减，且拟合度良好。类似地，信任对个体创新行为的影响不显著，但是信任的平方

项对个体创新行为有显著影响，且回归系数为负（$\beta = -0.372$，$p < 0.05$），说明信任对个体创新行为存在倒 U 形影响，曲线的对称轴为信任水平均值，在对称轴左侧，个体创新行为随着信任程度的增加而增加，在对称轴右侧，个体创新行为单调递减，且拟合度良好。假设 1 和假设 2 通过检验。模型 4 中，表层劳动虽与个体创新行为相关系数为正（$\beta = 0.121$），但没有达到显著水平；深层劳动虽与个体创新行为相关系数为负（$\beta = -0.106$），但依然未达到显著水平，因此，假设 3 与假设 4 未能通过检验。

在模型 5 中，表层劳动与信息共享（$\beta = 0.131$）、信任（$\beta = 0.145$）的交互效应均不显著；模型 6 中，信息共享的平方项（$\beta = 0.162$）、信任的平方项（$\beta = 0.151$）与表层劳动交互效应也不显著，说明表层劳动在信任、信息共享与个体创新行为的关系中并未起到明显的调节作用，假设 4a 和假设 4b 均未得到验证。在模型 7 中，深层劳动与信息共享（$\beta = 0.182$）、信任（$\beta = 0.193$）的交互效应均不显著，模型 8 中，信息共享的平方项（$\beta = 0.383$，$p < 0.01$）、信任的平方项（$\beta = 0.228$，$p < 0.01$）与深层劳动交互效应显著，拟合度高且回归系数为正，说明个体深层情绪劳动越多，信任、信息共享对个体创新行为的倒 U 形影响越小，深层劳动在信任与个体创新行为的关系中起到较为显著的调节作用，假设 5a 和假设 5b 均得到证实。

为进一步显示深层劳动对关系嵌入及个体创新行为的调节作用，我们以深层劳动的均值为界，将大于等于均值的样本归为高深层劳动组，小于均值的样本数据归为低深层劳动组，分别绘制交互作用图（如图 5-2、图 5-3 所示）。

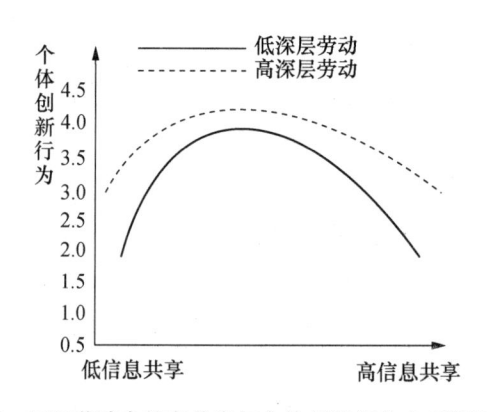

图 5-2 深层劳动在信息共享与个体创新行为之间的调节作用

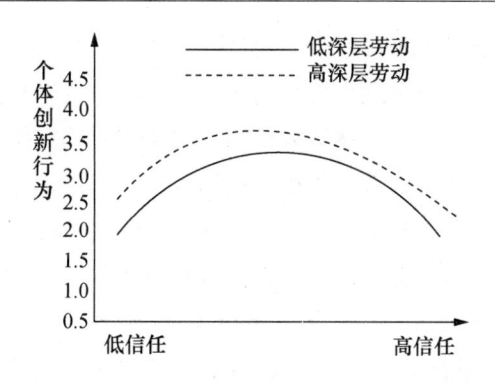

图 5-3 深层劳动在信任与个体创新行为之间的调节作用

五 研究结论

（一）本书的贡献

基于时间的市场竞争使任务紧迫性成为现阶段项目执行过程中面临的最常见的制约因素，而充分利用社会资本，实施关系嵌入成为应对不确定环境的重要战略决策。然而，关系嵌入一定就能够带来较高的创新绩效吗？已有的研究并没有得到明确的答案，关系嵌入各个维度之间、关系嵌入与实际绩效之间的作用机制模棱两可（McEvily & Marcus, 2005），影响了相关研究结论的适用性和可行性，而明确情景变量、引入适当的调节变量或许成为改变上述状况的突破口。本书的贡献之一就在于设计了任务紧迫性的情景变量，加入了情绪劳动这一调节变量，把较为宏观的关系嵌入与较为微观的情绪管理相融合，对任务紧迫性下关系嵌入与个体创新行为的关系重新审视，从个体层面探求关系嵌入、情绪劳动及个体创新行为三者之间的作用机理。借助情景实验，发现情绪劳动在关系嵌入与个体创新行为之间存在一定的调节作用，得到一些有益结论。首先，本书证实了任务紧迫性下关系嵌入程度对个体创新行为会产生倒 U 形影响，即当信息共享程度和信任程度过高和过低时，都不利于个体在任务紧迫性情景下实施创新行为；而存在中等程度的信息共享和信任水平时，更有益于个体表现出创新行为。其次，尽管情绪劳动会消耗心理资源，关系嵌入的存在又将在一定程度上补偿心理资源消耗，但两者之间并非简单的此消彼长关系，深层情绪劳动在关系嵌入与个体创新行为之间起到调节作用，深层情绪劳动越多，关系嵌入对个体创新行为的倒 U 形影响越小；深层情绪劳动能够缓解过高或过低的信任与信息共享对个体创新行为的抑制作用，且深层情绪劳动在消耗心理资源的同时能够促使关系嵌入更好发挥其资本优势，促使个体创新行为呈现出更高的绩效水平。较之于深层情绪劳动，在任务紧迫性情景下，仅限于调节表情的表层情绪劳动对关系嵌入与个体创新行为的调节作用并不显著。但通过认知重评使个体内心真实的情绪感悟与组织需要保持一致，在此过程中发生的深层情绪劳动能够促使关系嵌入充分发挥资源补给的优势。同时，本节也对情绪劳动与创新行为的关系展开分析，但未能验证已有研究中情绪劳动有益于创新的结论（Zapf，2002）。在任务紧迫性情景下，不管是表层情绪劳动还是深层情绪劳动，与创新行为之间的正相关关系并不显著。尽管人们期望借助情绪劳动来协调团队中个体间的情绪感悟，但由于情绪劳动本质上会给个体带来压力（邱林，2006），尤其是在任务紧迫性情景下，如果没有足够的资源支持和精神支持，仅凭借单向的情绪调节只可能使个体心理资源日益匮乏，无法产生对创新行为的促进作用。

(二) 管理意义与研究展望

本书得到的基本结论能够为有效指导任务紧迫性情景下的项目创新行为提供借鉴。

首先，关系嵌入程度与嵌入范围的设计应该成为项目创新的重要战略决策，维持一定强度的信息共享水平和信任程度对于激发个体实施创新行为非常重要。过低的信息共享水平和信任程度不利于建立创新氛围，过高的信息共享水平和信任程度导致信息冗余和从众行为，管理者需要找出能够推动个体创新、项目创新的适当的关系嵌入强度，通过设计合适的互动频率、信息的识别筛选机制、复杂信息的传递通道、创新思维的激发方式和知识培训体系等系统化、多元化的控制举措，建立新型的战略联盟机制，提高对个体创新行为的预测力。

其次，在关注关系嵌入水平的同时，微观层面的情绪劳动也应该成为推动项目创新的重要调节变量。关系嵌入的管理既有定量的成分存在，更多则体现为艺术性与科学性的结合。正是由于关系嵌入水平与个体创新行为之间存在倒U形关系，在寻找关系嵌入拐点存在困难的情况下，对深层情绪劳动的引导和控制能够让这种倒U形关系变得较为平坦，意味着处于拐点附近的、较优的关系嵌入范围将扩大，加强了关系嵌入程度的可控制性和策略的可执行性。尽管情绪劳动会消耗一定心理资源，但这类心理资源的消耗能够帮助个体更好地认识和利用关系嵌入中信任与信息共享对创新的制衡作用，为客观识别创新机会、评价创新风险并作出理性的价值判断提供了保障，能够有效促进个体在充分利用社会资本的同时积极尝试创新。

最后，个体创新所需的资源来自社会网络，关系嵌入使网络资源的合作得以常规化。然而，嵌入悖论的存在提醒我们必须时时关注情景变化，审视关键变量在创新进程中的相互制衡作用。个体情绪劳动的变化与其关系嵌入水平互相影响，借助社会网络的力量有可能成为影响团队创新的关键路径。

为了保证情景实验的有效性，我们在实验中按照统一标准压缩任务完成时间并竭力保证实验流程一致，得到了一些有意义的结论。但是，如果任务紧迫性程度不同，已经获得的结论是否依然有效？不同程度的任务紧迫性是否会对情绪劳动与个体创新行为之间的关系带来新的影响？情景变量发生改变后，情绪劳动在关系嵌入和个体创新行为之间的调节作用是否依然存在？上述问题的解决能够帮助我们更为全面地分析任务紧迫性下关系嵌入、情绪劳动与个体创新行为之间的互动机理。另外，作为社会学中的重要概念，关系嵌入包含丰富的内容，本书中仅仅将信息共享与信任程度纳入研究范围，未来研究可以结合情景变量融入更多的维度（如互惠性、稳定度等），也可将关系嵌入上升到更高的层面，考虑诸如组织规范、组织文化等较高层面的资本要素在特定情景中对个体创新行为的影响。由于个体差异普遍存在，个体在情绪智力、情绪表达上的差异也应该逐渐纳入研究体系，以更为系统地揭示特定情景下关系嵌入、情绪劳动与个体创新行为之间的关系。

第二节 任务紧迫性下个体情感网络特征、情绪劳动及创新行为的关系研究

一 引言

面对日益复杂的竞争环境，组织对团队成员的快速创新能力提出了更高要求。任务紧迫性情景下的个体面临效率与创新的双重压力，既需要借助情感网络以获得情感支持，也需要通过消耗一定心理资源来实现对自身情绪的计划与控制，从而形成有益于创新的情绪氛围。情感网络的存在为

个体情绪劳动中不断消耗的情绪资源提供了补给的通道和平台，情绪劳动的发生则为团队中积极情绪的传递提供了内容保障。鉴于个体获得情绪资源补给的方式和程度将会影响情绪劳动的实施效果，对个体创新行为的考察既需要掌控其情绪劳动的实施能力，也不能忽视个体所处情感网络的属性特征，个体在情感网络中的地位和位置将对情绪劳动的实际绩效产生影响。然而遗憾的是，个体情感网络特征与情绪劳动之间的作用规律尚未被揭示，情绪劳动、情感网络特征和个体创新行为三者间的交互影响机理仍未能得到较为清晰的描述。基于此，本书认为情绪资源的补给是推动任务紧迫情景下个体实施创新行为的重要力量，个体获得情绪资源补给的方式和程度将会影响情绪劳动的实施效果。借助情景实验和统计分析，探寻个体情绪劳动、情感网络中心性和创新行为之间的作用机理，为充分发挥情感网络的心理资本优势，有效引导情绪劳动和个体创新行为提供理论依据和实践指导。

二　文献回顾及假设提出

（一）情绪劳动与个体创新

创新是一项存在严格时间窗的高风险经济行为，个体在创新过程中借助对资源的评价和环境的判断进而产生情绪体验，对任务紧迫性的感知将会使其产生时间压力（Zakay，2005）。团队成员在人际互动过程中，个体接收到另一方的情绪表达，借助情绪体验改变自身内心状态并进行自我情绪管理，在消耗一定心理资源后展现出有益于组织创新的情绪（Morris & Feldman，1996）。即便个体表现出的情绪与实际的心理状态不完全一致，但人们有能力通过情绪劳动来表达积极情绪、压抑负面情绪，并对他人展示出主动的创新行为（Schaubroeck & Jones，2000）。由于个体在创新过程中的情绪外在表现和内在情感存在差异，表层劳动和深层劳动被认为是两种典型的情绪劳动行为。如果个体根据团队的要求表现出的情绪与真实的情绪体验存在较大差异，情绪表达与真实的情绪体验相互分离，个体必须通过有意识的控制才能呈现符合团队要求的情绪表达，这属于表层情绪劳动；如果个体通过认知的改变提高情绪表达和情绪体验的一致程度，使个体的情绪体验与团队的情绪表达要求一致，则存在深层情绪劳动（Rafaeli & Sutton，1987）。任务紧迫情景下产生的时间压力可能弱化个体对创新的追求，情绪劳动的存在能够促使个体进一步明确团队的创新目标，约束自身的情绪表达。尽管情绪劳动发生的程度存在差异，但情绪劳动的实施在提高个体情绪控制能力的同时会帮助个体形成积极的情绪体验，降低从事高风险创新活动带来的不安全感，进而促使团队成员产生愉悦的工作体验并获得较高水平的自我效能感和工作满意感，有利于个体实施创新行为。综合上述观点，提出以下假设：

H1：任务紧迫性下团队成员运用情绪表层劳动有助于个体实施创新行为；

H2：任务紧迫性下团队成员运用情绪深层劳动有助于个体实施创新行为。

（二）情感网络中心性与个体创新行为

创造性往往蕴藏于人际交往所形成的社会网络中，社会网络的存在有助于团队协调紧缺资源，帮助个体获得重要信息并把握发展机会，进而提高创新绩效（Grandey，2000）。作为社会网络的重要组成部分，情感网络的存在能够提供成员间感情交流的通道，有利于个体建立良好的社会关系并累积社会资本（Chu & Murrmann，2006）。处于情感网络的中心位置可以赢得更多的信任，获得更为强大的情感支持和心理支持，有助于缓解创新压力，体验更为积极的情绪并维持较高强度的创新内部动机；情感网络的中心位置还可以帮助个体拥有更多的资源获取途径和更强大的情感感召力，持续强化创新动机并营造积极的创新氛围。情感网络的中心位置一般用程度中心性和中介中心性来描述，程度中心性表示个体的情感影响力大小和情绪感召力的控制范围，中介中心性表示个体占据操纵情绪传递和情绪感染的渠道数量和控制团队情绪的可能性。一旦个体实施情绪劳动，其在团队情感网络中的程度中心性和中介中心性程度越高，则越有能力推动积极情绪的传递和团队创新氛围的形成。基于上述分析，做出以下假设：

H3a：实施情绪劳动的个体的情感网络程度中心性与个体创新行为正相关；

H3b：实施情绪劳动的个体的情感网络中介中心性与个体创新行为正相关。

（三）情感网络中心性的调节作用

随着个体在情感网络中的中心性逐渐提高，团队成员之间建立的信任纽带将更为稳固（Zhou et al.，2009）。当团队成员借助伪装表现出团队认可的情绪时，如果个体拥有较强的情绪感召力，则其展示出的积极情绪能够以较快的速度被他人感知并模仿；一旦个体能够操作情绪传递的渠道，表层情绪劳动表现出的积极情绪认同感也能够被更多的成员感知和接受，降低情绪失调的可能，因此，情感网络程度中心性和中介中心性的提高有助于促进表层劳动与个体创新行为间的正向关联。然而，表层劳动中的情绪表达与真实的情绪体验是分离的，表层劳动行为的个体需要消耗心理资源才能展现出与内心真实情感不一致的情绪；当个体处于情感网络的中心位置，拥有的情感影响力越大，情绪感召的范围越广，则情绪展示发生的频率加快，情绪感染的渠道增多；由此引发大量的心理资源消耗，进而导致情绪资源匮乏，创新动机削弱，创新行为懈怠（DeBono et al.，2011）。因而，从事表层情绪劳动的个体，其所处情感网络的中心性特征对创新行为的影响存在一个由促进到阻碍的变化趋势。基于上述分析，做出以下假设：

H4a：情感网络程度中心性在表层劳动与个体创新行为的关系中起着倒 U 形调节作用；

H4b：情感网络中介中心性在表层劳动与个体创新绩效的关系中起着倒 U 形调节作用。

团队中的深层情绪劳动者主动通过认知重评，使自己的真实情绪体验与团队要求的情绪表达相吻合。实施深层情绪劳动的个体一旦拥有较强的情绪感召力和情绪感染渠道的控制力，在传递积极情绪的同时能够获得更多成员的认可和模仿，畅通的情绪反馈渠道又能进一步修正和强化个体内心的情绪感知，降低认知重评的资源消耗。在个体创新过程中，情感网络的存在为深层情绪劳动提供了持久的心理资本支持，这一持续反馈的动态演进过程为营造积极的创新氛围提供了动力和保障。基于上述分析，做出以下假设：

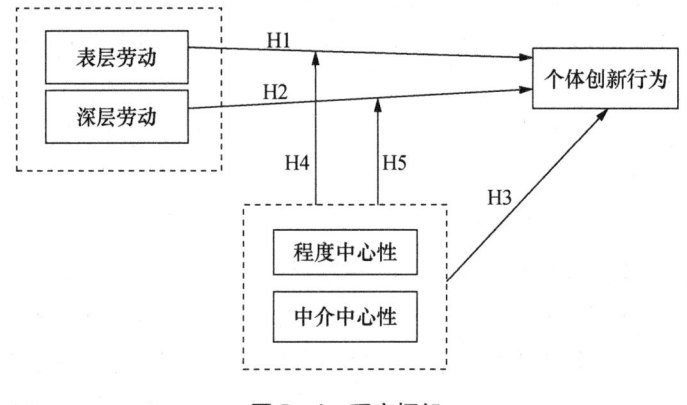

图 5-4 研究框架

H5a：情感网络程度中心性在深层劳动与个体创新行为之间起到积极的促进作用；

H5b：情感网络中介中心性在深层劳动与个体创新行为之间起到积极的促进作用。

三　实验设计与实施

（一）实验步骤

本书采用情景实验的方式来构建真实的决策情景，采用投射性自我报告的形式获取测评数据并降低社会称许性偏差（Goldratt，1997），实验内容依托 ERP 沙盘综合实训课程，在浙江某高校商科大三学生中进行；通过营造任务紧迫性的创新环境，对个体层面的情绪劳动、情感网络中心性和个体创新行为的实时数据进行收集整合。实验的关键在于对情绪劳动和情绪表达的测量，借鉴 DeBono 等（2011）的观点，采用"双任务实验"的形式来测度心理资源消耗对创新行为的影响，并使用脸部表情操作这一情绪诱发技术诱导被试者形成特定的情绪体验。

情景实验分为两个阶段：第一阶段（2012 年 2—6 月）通过探索性分析论证"双任务实验"研究范式的可行性并对相关问卷进行信效度检验；第二阶段（2012 年 9—12 月）通过验证性分析对情感网络中心性、情绪劳动及个体创新行为之间的交互关系加以验证。两个阶段的实验均依托于 ERP 沙盘综合实训展开，共计 32 课时，涵盖 8 个子任务，每个子任务预期耗时 4 课时。前四个子任务的目的在于培养团队默契，借助信息交流建立起信任关系；后四个子任务则为被试者提供了更多创新机会。为了设计任务紧迫性的实验情景，借鉴关键链项目管理的基本原则（Goldratt，1997），将子任务 5、6、7、8 的完成时间削减至 2 课时，在子任务 5 开始之前进行情绪劳动的控制，在子任务 8 完成之后对情感网络中心性、情绪劳动及个体创新行为进行问卷测评。问卷当场匿名填写并即时收回。

第一阶段实验步骤如下：

第一步，将参与实验的 126 名同学随机分为 24 个小组，每组 5—6 名同学；随机抽取其中的 12 个小组作为控制组，其余 12 个小组为情绪劳动组。实验前并没有向学生告知实验流程和意图，仅仅强调实训的目的是提升创新能力，并鼓励大家在实施过程中不断激发创意思维并积极实施创新行为。

第二步，控制组在整个实训过程中遵从预先实验设计，前四个任务都按照每个任务4课时控制，在开始任务5之前宣布缩短余下任务的允许完成时间，即从第5个任务起至第8个任务结束，每个任务的完成时间由4课时缩减为2课时。实训结束后，要求每位参与者如实、完整地填写情感网络中心性、情绪劳动和创新行为的问卷并立即上交。

第三步，情绪劳动组与控制组的实验过程流程类似，区别在于当第4个任务结束后进行情绪诱发。本实验采用影像资料诱导的方法，选取《唐山大地震》的节选片段，时长5分钟，影片在学生无意识的状态下播出，以诱发学生产生消极的情绪体验。在开始任务5之前，宣布缩短余下任务操作时间并要求每位学生在操作过程中表现积极情绪。在实验过程中专门设置情绪监督员一职，负责督促被试者在交流过程中一定要面带微笑。任务8结束后，要求每位参与者匿名填写情感网络中心性、情绪劳动和创新行为问卷并立即上交。

考虑到工作中个体的情绪劳动一般发生在消极情绪体验和积极情绪表达的落差之中，上述设计可以保证参与个体消耗更多的心理资源。正式实验开始前，通过前期预备实验证实了所选视频资料能够较好地诱导消极情绪。

第二阶段实验步骤如下：

第一步，将参与实验的162名同学随机分组参与ERP沙盘实训，每组5—6名同学，共28组。不事先告知实训流程，但需要向学生强调实训是为了培养创新意识和创新能力，并鼓励学生主动积极地参与创新活动并实施创新行为。

第二步，实验的操作过程与第一阶段第三步的操作一致。在任务4结束后播放情绪诱导视频，在任务5开始前宣布余下任务的操作规则，要求每位同学在操作中表现出积极情绪并保持笑容。由专设的情绪监督员督促被试者做出一致的情绪表达。任务8结束后，要求每位参与者如实、完整地匿名填写情感网络中心性、情绪劳动和创新行为问卷并即时上交。

（二）研究工具

情感网络中心性的量表借鉴Krackhardt（1992）和罗家德（2010）的研究成果，代表题项如：你的自由支配时间里，你和哪些同学常有社交活动。问卷上罗列团队中所有成员的名单，被试者只需根据题项选择自己以外的成员。

情绪劳动的测量借鉴Diefendorff等（2005）的成果，表层劳动代表题项如下：当我与个体交往时为了达成工作目标而展示出积极的情绪；我展示给对方的情绪与自身内部体验到的情绪并不一致。深层劳动包括3个题项，代表题项如下：我尽力去体验需要展示给对方的情绪；我不断在内心酝酿需要展示给对方的情绪。

个体创新行为的测量借鉴 Scott 和 Bruce（1994）开发的量表，代表题项如下：在实训过程中，我经常会产生一些有创意的想法；在实训过程中，我会向团队成员推销自己的新想法，以获得支持与认可。

本书采用相同专业、相同年级的学生为被试对象，教育背景类似，年龄相仿，因此选取人口学变量中的性别作为控制变量。鉴于已有研究认为工作复杂性会对个体创新行为产生影响（Stock，2006），本书选取的第二个控制变量为工作复杂度。对工作复杂度的衡量，主要是参考 Stock（2006）等学者的研究成果，形成5个正式题项，代表题项如下：我的工作包含许多变化、我的工作难以常规化、我的主要工作是解决复杂问题等。

上述所有问卷均采用5分制评定计分，从1（完全不符合）到5（完全符合）。

（三）统计方法

本书采用 Ucinet 6.0、SPSS17.0 和 Lisrel 8.30 进行统计分析。首先，采用 Lisrel 8.30 对同源性偏差进行检验；然后运用 Ucinet 6.0 进行情感网络中心性特征值的计算，并利用 SPSS17.0 进行量表的信效度检验、描述统计分析以及相关性分析；最后运用层级回归方法检验任务紧迫性下情绪劳动、情感网络中心性特征和个体创新行为之间的交互作用机理，检验情感网络中心性特征可能存在的调节效应。

四 实验分析与结果

（一）量表的信度和效度检验

本书所采用的量表均较为成熟，可以保证一定的内容效度。在整合第一阶段控制组数据的基础上，采用不可测量潜在方法因子检验进行同源性偏差的甄别。M5 五因子模型的拟合度相对较优，各个变量之间的同源偏差并不严重（如表5-8所示）。

表5-9中各个问卷的 KMO 值和 Cronbach's α 系数值均大于0.7，Bartlett 球体检验的显著性水平为0.001，且各个题项的因子负荷均大于0.4，问卷具有较好的信度。

表 5 - 8　　　　　　　　　　同源偏差检验

模型	X^2	RMSEA	AIC	NNFI	CFI
M5 五因子模型表层劳动、深层劳动、中介中心性、程度中心性、创新行为	237.762	0.077	343.583	0.942	0.961
M4 四因子模型表层劳动、深层劳动、中介中心性 + 程度中心性、创新行为	368.431	0.083	393.724	0.926	0.931
M3 三因子模型表层劳动 + 深层劳动、中介中心性 + 程度中心性、创新行为	398.841	0.099	473.268	0.873	0.926
M2 二因子模型表层劳动 + 深层劳动、中介中心性 + 程度中心性 + 创新行为	464.134	0.124	522.385	0.853	0.873
M1 单因子模型中介中心性 + 程度中心性 + 表层劳动 + 深层劳动 + 创新行为	642.356	0.154	787.023	0.829	0.826

表 5 - 9　　　　　　　　　问卷的 Cronbach's α 系数

变量	KMO 值	Cronbach's α 系数
工作复杂度	0.831	0.862
情感网络程度中心性	0.853	0.836
情感网络中介中心性	0.819	0.796
表层劳动	0.792	0.792
深层劳动	0.896	0.816
个体创新行为	0.832	0.839

效度检验利用结构方程模型来进行验证性因子分析，表 5 - 10 中各个变量的拟合度指标均符合要求，说明问卷结构效度可以接受。

表 5 - 10　　　　　　　　　验证性因素分析

变量	X^2/df	RMSEA	NFI	RFI	IFI	NNFI	CFI
工作复杂度	2.672	0.077	0.921	0.961	0.966	0.937	0.935
情感网络程度中心性	2.842	0.079	0.932	0.966	0.945	0.961	0.921
情感网络中介中心性	2.683	0.073	0.921	0.943	0.978	0.968	0.928
表层劳动	2.716	0.080	0.912	0.928	0.932	0.930	0.919
深层劳动	2.528	0.078	0.902	0.919	0.929	0.921	0.923
个体创新行为	2.785	0.072	0.958	0.963	0.982	0.979	0.967

（二）协方差和单因素方差分析

为了检验研究方法的有效性，我们将第一阶段中情绪劳动组与控制组获得的问卷数据进行统计分析。首先，利用控制组获得的数据，以程度中心性和中介中心性作为自变量，将控制变量作为协变量加入模型，来共同分析对因变量（个体创新行为）的影响。结果表明（见表5-11），程度中心性和中介中心性均对个体创新行为产生显著影响，说明实验设计中的控制变量和自变量的选择能够满足研究要求。

表 5-11　　　　　　　　　协方差分析

控制变量与自变量		个体创新行为
		F 值
控制变量	性别	3.865
	工作复杂度	15.679**
自变量	程度中心性	4.782*
	中介中心性	4.953*
R^2		0.091
Adjusted R^2		0.077

注：*表示 $p<0.05$（双侧检验），**表示 $p<0.01$（双侧检验）。

进一步地，采用单因素方差分析检验情绪劳动对个体创新行为是否存在不同影响（见表5-12），发现在实验环境下，控制组与情绪劳动组在个体创新行为表现上存在较为显著的差异。协方差和单因素方差分析证实本书采用的情景设计方法能够满足研究需要。

表 5-12　　　　　　　　　方差分析

假设	控制组	情绪劳动组	F 值
个体创新行为均值	4.492	4.173	3.198*
个体创新行为标准差	0.865	0.783	

注：*表示 $p<0.05$（双侧检验）。

（三）描述性统计

利用第二阶段数据重新进行信度分析，各个量表的 Cronbach's α 系数均大于 0.70，证明量表具有较好的再测信度。以工作复杂度和性别为控制变量进行相关性分析（见表 5-13），发现深层劳动和个体创新行为均与情感网络程度中心性及中介中心性呈正相关关系，其余变量之间相关性不显著，H3 初步得到验证，但仍需采用其他检验方法分析变量间是否存在关联。

表 5-13　　　　　　　　　　相关性分析

变量	1	2	3	4	5	6	7
1. 性别	—						
2. 工作复杂度	0.011	—					
3. 情感网络程度中心性	0.019	0.025	—				
4. 情感网络中介中心性	0.025	0.013	0.132	—			
5. 表层劳动	0.041	0.06	0.152	0.149	—		
6. 深层劳动	0.052	0.09	0.327**	0.352**	-0.112	—	
7. 个体创新	0.070	0.109	0.235**	0.279**	0.106	0.129	—
M	0.721	4.081	4.012	4.106	3.568	3.733	3.982
SD	0.652	0.835	0.815	0.872	0.839	0.682	0.725

注：** 表示 $p<0.01$（双侧检验）。

（四）假设检验

将第二阶段获得的实验数据进行验证性分析，为避免共线性问题，对情绪劳动、情感网络中心性程度及个体创新行为的相关数据进行了中心化处理。

在模型 2 中，表层劳动及深层劳动与个体创新行为虽有正向关联，但关系并不显著，H1 和 H2 并未得到验证。在模型 3 中引入情感网络程度中心性和中介中心性后，相关变量与个体创新行为也未呈现出明显的正相关关系，H3a 和 H3b 也未得到验证。在模型 4 中，引入表层劳动的平方项与程度中心性的交互项以及表层劳动的平方项与中介中心性的交互项后，对个体创新行为有显著影响，且回归系数为负（$\beta=-0.351$，$p<0.05$；$\beta=-0.328$，$p<0.05$），说明情感网络程度中心性和中介中心性在表层劳动与个体创新行为的关系中起着倒 U 形调节作用，H4a 和 H4b 得到检验。在模型 5 中，引入深层劳动与程度中心性及中介中心性的交互项

后对个体创新行为有显著影响,且回归系数为正($\beta = 0.263$,$p < 0.05$;$\beta = 0.324$,$p < 0.05$),说明情感网络程度中心性和中介中心性在深层劳动与个体创新行为之间起到积极的促进作用,H5a 和 H5b 得到检验。

表 5-14　　　　　　　　　　假设检验

变量	模型 1	模型 2	模型 3	模型 4	模型 5
性别	0.015	0.015	0.014	0.014	0.014
年龄	0.010	0.010	0.010	0.010	0.010
任务复杂度	0.208**	0.192**	0.166**	0.185**	0.179**
表层劳动		0.148	0.119	0.115	0.127
深层劳动		0.161	0.132	0.129	0.131
程度中心性			0.167	0.151	0.156
中介中心性			0.171	0.162	0.168
表层劳动^2×程度中心性				-0.351**	
表层劳动^2×中介中心性				-0.328**	
深层劳动×程度中心性					0.263**
深层劳动×中介中心性					0.324**
R^2	0.062	0.265	0.298	0.426	0.418
ΔR^2		0.203	0.033	0.164	0.120
F	0.875	0.792	3.642**	4.753**	3.879**
ΔF		1.748	13.485**	7.297**	11.365**

注:**表示 $p < 0.01$(双侧检验)。

五　研究结论

基于时间的竞争使任务紧迫性成为现阶段项目执行过程中面临的最常见的制约因素,而如何充分利用心理资本则成为应对不确定性的重要战略决策。本书通过情景实验,分析个体情绪劳动、情感网络中心性和创新行为之间的作用机理,将心理资源的消耗与心理资源的补偿视为相互衔接的协同过程,为充分发挥情感网络的心理资本优势、更好地实施情绪劳动并有效引导创新行为提供了理论依据和实践指导。

本书对近期有关情绪劳动和情感网络中心性的相关文献提出了部分质疑,发现情绪劳动与个体创新行为之间、情感网络中心性与个体创新行为之间并不必然存在正向的促进关系。表层情绪劳动尽管消耗的情绪资源较少，持续的、高强度的情绪补偿并不一定会带来高水平的创新行为；当表层劳动者处于过高或过低的情感网络中心性位置时，表层情绪劳动对创新行为的推动作用非常有限，而适度水平的中心性却能够充分激发表层劳动者的创新热情。另外，深层劳动者能够更好地利用情感网络的中心位置赋予其的情绪感召力和情绪感染控制力，借助良好的情绪反馈通道不断强化自身的情绪认同，在积极情绪与创新行为之间形成协同互动，促进个体创新热情的激发和创新行为的实施。在创新实践中，项目管理者的重要职责之一就是引导成员更多地实施深层情绪劳动，并构建良好的情感网络，提供更多的情绪展示通道，来推动创新行为的实现；由于项目团队是一类临时性的，以创新为目的的特殊组织形式，在项目生命周期中，相对于深层情绪劳动而言，表层情绪劳动更易于呈现，项目管理者需要对表层情绪劳动者施以更多的关注，通过维系适度的情感网络中心性来引导其更好地实施创新行为。后续研究应更为精准地设计实验的情景变量和控制变量，以期获得更具普遍性的结论。

第六章 任务紧迫性下团队情绪、创新氛围对项目成员创新行为的影响研究

本章聚焦任务紧迫性下的团队情绪的营造策略,对创新氛围及项目成员创新之间的关联机理及关键影响因素展开分析。首先,通过情景实验,对建设性争辩、团队情绪与团队成员创新行为之间的互动影响和调节效应进行了实验研究。借助多层线性回归分析发现,团队积极情绪有利于个体创新而团队消极情绪对创新行为影响并不显著;建设性争辩在创新想法的产生和创新行为的实现过程中发挥了积极作用;团队积极情绪在建设性争辩与个体创新行为之间发挥正向调节作用,团队消极情绪在建设性争辩与个体创新行为之间产生负向调节影响。营造积极的团队情绪氛围,培养良好的情绪体验,引导和发挥建设性争辩的积极作用,能够将情商培养与创新引导有机融合,提高创新能力。其次,对建设性争辩、创新氛围与个体创新行为之间的互动影响以及基于三者关系建立的调节效应模型进行了实验研究。研究结果显示:在创新团队内,创新氛围和建设性争辩都对项目成员创新行为有促进作用;建设性争辩与同学支持、组织支持之间的交互对项目成员的创新行为会产生显著的正向影响;与时间压力之间的交互对大学生创新行为会产生显著的负面影响;而与主管支持之间的交互对大学生创新行为的影响并不显著。

第一节 建设性争辩、团队情绪对团队成员创新行为影响的实证研究

一 引言

在经济全球化、竞争白热化的市场环境下,越来越多的企业正在借助

项目管理技术来实现新产品、新市场的开发和发展战略的实施，而创新成为赢得竞争优势的关键所在。近年来，项目团队的工作形式被大量使用，团队成员的工作绩效，尤其是其创新行为往往决定了项目运作的成败。随着对员工创新行为的研究不断深入，人们逐渐意识到情绪对团队工作方式会产生重要影响。在已有的针对情绪与创新行为的相关性研究中，学者们得到的结论并不一致，难以为团队成员创新行为控制策略的制定提供依据。也有学者研究了情绪变化的前因变量，并证实冲突有利于团队情绪的营造（潘晓云，2011）。由于情绪日益成为工作任务的一部分，而国内对团队层面的情绪研究较为滞后；团队工作中的争辩，尤其是建设性争辩是一个容易识别和控制的冲突变量，对建设性争辩、团队情绪以及创新行为的协同研究更是较为少见。情绪管理和冲突管理都应该成为团队管理的重要内容，本书以团队成员为对象，探寻建设性争辩、团队情绪以及团队成员创新行为三者之间的相互作用规律，对于整合团队资源，培养团队成员情绪管理能力和创新能力，在实践中和理论上都提供了有益的尝试。

二 理论基础与研究假设

（一）团队情绪与创新行为的关系

对创新行为的研究已经有很多成果，West 和 Farr（1989）将创新行为定义为个人产生、引进新的想法和流程并将其应用在组织上的活动。Scott 和 Bruce（1994）则将创新行为定义为一种包含想法的产生、推动和实践的多阶段过程，是一系列非连续活动的组合，在不同的阶段具有不同的活动和创新行为，个体可以在任意时间参与到这些行为中去。本书对团队成员创新行为进行如下界定：在一定的情景下，能够将自身的新想法付诸实施并积极推动团队绩效改进的动态过程。

情绪本质上是一种在短期内产生的、与具体情景相关的、具有不稳定性的心理状态（George & Zhou，2002）。George 和 Zhou（2002）认为团队情绪是团队成员相似的情感体验，对成员的态度和行为意向具有调节作用。一般地，情绪被分为积极情绪和消极情绪两个维度（Hullett，2005）。Ilies（2007）等学者的研究则进一步证实了团队中个体情绪与团队情绪之间存在正相关。Amabile 等（2005）认为任何与情感相关的事件或环境特征都可能影响员工创新行为，积极情绪有利于组织创新并且两者呈线性关系。积极情绪的团队成员会具有较高的内在工作动机，更为关注团队中不同成员的意见，具有更高的自信心和执行力；而消极情绪会阻碍团队成员之间的交流，进而抑制创新行为的发挥。因此，本节借鉴已有研究成果，做出以下假设：

H1：团队的积极情绪能够积极推动个体创新行为；

H2：团队的消极情绪不利于实现个体创新行为。

（二）建设性争辩与创新行为的关系

团队工作中的建设性争辩是为了团队的共同利益而进行的、针对不同立场和观点展开的公开讨论，以提高团队创新绩效为目的，属于积极冲突的常见形式（谢霍坚等，2003）。Tjosvold（1985）以学生团队为研究对象，建设性争辩对团队创新的影响进行了实证研究，指出团队成员通过争辩，更有动力了解其他成员的观点和想法，有助于团队成员接纳不同的观点和意见。谢霍坚等（2003）发现团队内基于合作性目标的建设性争辩，有助于成员公开表达观点，提出质疑，加深理解，帮助提出更优的解决方案，最终促进新方案获得团队的认同与贯彻执行。根据 Bansal 和 Shirley（2002）提出的计划行为理论框架，创新行为的频率和质量取决于创新意图和对创新行为的控制感知。建设性争辩能够帮助团队成员针对创意想法及时沟通，求同存异，开放思维，明确创新意图，加强对创新行为的控制感，帮助团队成员高效地做出客观判断并及时付诸实施（Bansal & Shirley，2002）。因此，本节借鉴已有研究成果，提出以下假设：

H3：建设性争辩对团队成员创新行为会起到积极推动作用。

（三）团队情绪的调节效应

建设性争辩是指为共同利益而进行的对不同立场和观点的公开讨论，包括分析和表达、质疑和理解、整合和创新、同意和执行四个相互联系的循环过程（Bansal & Shirley，2002）。情绪在团队内部可以不断地感染和传播并加速群体认同感的建立（Barsade，2001）。团队是成员们互动最为密集的场所，是情绪、个性的碰撞地，也是建设性争辩和创新行为的发生地。Tjosvold（1985）通过大样本实证研究发现，积极情绪下更容易出现建设性争辩行为，而建设性争辩有助于团队形成相互信任的团队氛围并取得良好的团队绩效。Walter 和 Bruch（2007）指出群体内的情绪会影响到群体内的团结和协作精神。积极的团队情绪能帮助个体勇于表达创意想法，充分地展开讨论并提出质疑；在积极的团队情绪下，个体具有更富包容性的心态，更强的群体认同感，更乐于借鉴和接受他人的创意想法，也更有益于创新行为的实现。反之,消极的团队情绪不利于创意想法在团队内部的分享、认同与接纳,抹杀建设性争辩的积极作用,抑制个体创新行为的实现。因此,本节借鉴已有研究成果,做出以下假设:

H4:团队积极情绪在建设性争辩与个体创新行为之间发挥正向调节作用;

H5:团队消极情绪在建设性争辩与个体创新行为之间发挥负向调节影响。

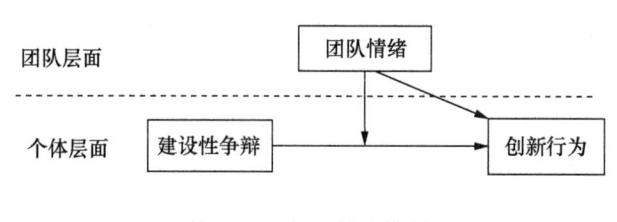

图 6-1 假设检验模型

三 研究方法

由于我校与大量企业保持了良好的合作关系,借助给企业员工培训的契机,在开展 ERP 沙盘模拟训练的过程中,对参与培训的不同企业员工组成的团队进行测评和统计分析。ERP 沙盘模拟提供了一个激烈的竞争环境和真实的工作场景,通过团队成员的体验参与和对抗,可以提高员工的合作意识和创新能力,促使受训学生不断激发创意想法并在操作中表现出创新行为。

(一)问卷设计与变量测量

对建设性争辩的测量借鉴 Tjosvold 于 2002 年开发的量表,在经过多次修改后,形成的正式题项如下:在实训过程中,团队成员直接表达自己的想法;在实训过程中,我们认真听取其他成员的意见;在实训过程中,团队成员都试图站在对方的立场思考问题;在实训过程中,我们试图采纳别人的意见;即使意见有分歧,我们依然在尊重对方的前提下进行沟通;我们在达成共识后再开始行动;即便是少数人的意见,我们也认真倾听;我们有时候会采用相反的意见来解决问题。借鉴 Scott 和 Bruce 于 1994 年开发的量表,创新包括创意的产生和完成两个部分。在经过多次修改后,形成的正式题项如下:在实训过程中,我经常会产生一些有创意的想法;在实训过程中,我会向团队成员推销自己的新想法,以获得支持与认可;

为了实现自己的创意或构想，我会想办法争取所需要的资源；我会主动制订计划来实现自己的创意想法；对团队成员的创意构想，我经常参与讨论并献计献策。对于积极情绪/消极情绪的测量，借鉴改良后的 PANAS – R 量表（邱林，2006）。为了评价积极团队情绪和消极团队情绪，首先计算个体水平的情绪构成，然后分析团队内部情绪的相似性，并进行个体资料的汇集。

（二）研究样本

目前，有关团队成员创新行为的研究一般通过问卷调查展开，由于被访者对自我的评价往往与真实情况存在差距，单纯的量表信息收集无法客观地体现被访者的真实意图，Siegfried 等（1988）就曾提出通过产生一个真实的、具有工作表现要求的环境，来测量出被测人员在真实世界中的很多能力。如果能够设计这样的真实场景，以被访者的实际行为为依托，在此基础上展开问卷调查，则更能获得客观的一手资料。我们以温州本地的36家企业的298名员工为研究对象，以 ERP 沙盘模拟为实验场景，在实训结束后及时对被试者的创新行为、情绪、建设性争辩进行问卷测评。被试者员工分别来自制造行业（53.9%）和服务行业（46.1%），其中男性占62.5%，女性占37.5%。学历分布为：本科为52.6%，大专为32.8%，大专以下为14.6%。本书选取性别、行业和学历为控制变量。在进行问卷测评时，采取现场发放问卷并当场回收的做法，共发放问卷298份，收回288份，回收率为96.6%。如果单项选择题有多个答案或者答题者连续在10题中完全选择同一答案以及遗漏题项超过5项则被视为废卷。剔除无效问卷9份，最终有效问卷是279份，有效回收率是93.6%。所有问卷采用李克特7等级量表，即从1（完全不符合）到7（完全符合）以7分制评定计分。

（三）问卷的信度与效度

本书采用 SPSS 17.0 进行探索性和验证性分析，采用 HLM5.04 进行二层线性模型的建构和分析。本书的信度检验结果见表6–1，各个问卷的 Cronbach's α 系数值均大于0.7，说明问卷具有较好的信度。利用因素分析检验量表的效度，KMO 值为0.87，Bartlett 球体检验的显著性水平为0.001，表示变量数据适合进行因素分析。验证性因素分析拟合指标均符合要求（见表6–2），表明问卷具有较好的效度。

表6-1　　　　　各变量的平均数、标准差与信度分析

因素及变量	均值	标准差	Cronbach's α 值
积极情绪	4.711	0.647	0.687
消极情绪	4.203	0.685	0.625
建设性争辩	5.516	0.548	0.873
创新行为	5.427	0.699	0.865

表6-2　　　　　验证性因素分析拟合指标（$N=279$）

问卷	χ^2/df	RMSEA	NFI	RFI	IFI	NNFI	CFI
创新行为	2.524	0.073	0.993	0.986	0.993	0.996	0.996
建设性争辩	5.118	0.104	0.996	0.987	0.997	0.994	0.995
积极情绪	4.729	0.079	0.991	0.985	0.995	0.993	0.991
消极情绪	2.802	0.105	0.992	0.982	0.993	0.992	0.993

四　研究结果

（一）各变量之间的相关分析

从相关分析中可以看出（见表6-3），建设性争辩与积极情绪正相关（$r=0.296$，$p<0.01$）并对消极情绪有一定的抑制作用（$r=-0.129$），但关系不显著；建设性争辩与创新行为显著正相关（$r=0.389$，$p<0.01$），说明建设性争辩有利于创新行为实现，H3得到初步验证；创新行为与积极情绪（$r=0.416$，$p<0.01$）显著正相关，说明积极情绪有利于创新行为的实施；创新行为与消极情绪（$r=-0.215$，$p<0.01$）显著负相关，说明消极情绪对创新行为的实施有明显阻碍作用，H1、H2得到部分验证。

表6-3　　　　　　　　各变量的相关系数

变量	1	2	3	4	5	6	7
1. 性别	—						
2. 专业	0.001	—					
3. 学历	0.001	0.001	—				
4. 建设性争辩	0.005	0.003	0.221**	—			
5. 积极情绪	0.011	0.003	0.002	0.296**	—		
6. 消极情绪	0.005	0.003	0.003	-0.129	0.103	—	
7. 创新行为	0.038	0.021	0.123	0.389**	0.416**	-0.215**	—

注：**表示 $p<0.01$（双侧检验）。

（二）团队层次变量的产生及信效度分析

本书中的情绪变量为团队层次变量，对应于每个团队，其情绪变量均可以分为积极情绪和消极情绪两个维度，但团队情绪是通过团队成员的回答来获取的，只有通过内部一致性检验的个体资料才能汇集为团队层次的资料。对个体层面的积极情绪和消极情绪分别进行内部一致性系数的计算，$r_{wg(PE)} = 0.81$，$r_{wg(NE)} = 0.79$，大于 0.70 的标准值（James, Demaree & Wolf, 1993），说明对情绪的感知在团队内具有足够的一致性，可以通过汇集方式进行处理。将每个成员情绪量表得分的平均值作为团队情绪各个条目的得分。

（三）多层线性模型分析

采用 HLM 进行中介效应检验的第一步是检验低层次结果变量能否被低层次自变量有效解释，M1a 模型为以截距为结果的变量模型，个体创新行为为结果变量，建设性争辩为解释变量，两者具有显著的正向关系（$\gamma_{01} = 0.218$），H3 得到验证。由于截距方差显著，说明排除建设性争辩对个体创新行为的解释后，团队间差异依然显著，需要进一步增加团队层面变量加以解释（见表 6-4）。

表 6-4　建设性争辩、个体创新行为与团队情绪的多层线性分析

模型		固定效应		随机效应	
被解释变量	解释变量	γ_{01}	t 检验	截距方差	X^2 检验
截距结果模型					
M1　个体创新行为	建设性争辩	0.218**	5.771**	0.283	121.15**
随机效应协方差分析					
M2a　个体创新行为	积极团队情绪	0.457**	7.663**	0.336	157.39**
M2b　个体创新行为	消极团队情绪	-0.101	0.995	0.153	25.175

注：** 表示 $p < 0.01$（双侧检验）。

第二步需要检验作为调节变量的团队情绪对个体创新行为是否关系显著，根据随机效应协方差分析的检验结果，模型 M2a 的 γ_{01} 系数为 0.457，团队积极情绪与个体创新行为显著正相关，H1 得到验证。而模型 M2b 的 γ_{01} 系数为 -0.101，但并未达到显著水平，因而 H2 没有得到验证（见表 6-4）。

第三步是检验团队情绪的调节效应,当模型中加入调节变量和解释变量的交互作用项后与结果变量的关系是否显著。表 6-5 中可以看出,模型 M3a 和 M3b 的 γ_{01} 系数分别为 0.189 和 -0.172,说明团队积极情绪在建设性争辩与个体创新行为之间发挥正向调节作用,团队消极情绪在建设性争辩与个体创新行为之间发挥负向调节影响,H4 和 H5 均得到验证。

表 6-5　　　　　　　　团队情绪的调节效应分析

模型			固定效应			随机效应	
	被解释变量	解释变量	γ_{01}	T 检验		T 检验	X^2 检验
M3a	个体创新行为	积极团队情绪×建设性争辩	0.189**	4.569**	0.465	7.632**	102.33**
M3b	个体创新行为	消极团队情绪×建设性争辩	-0.172**	3.389**	0.348	5.326**	114.73**

注:** 表示 $p<0.01$(双侧检验)。

五　结论和讨论

本书直接从创新行为具体的实施过程着手,以温州 39 家企业的员工为分析对象,借助目前高等学校普遍采用的 ERP 沙盘模拟实训为实验场景,通过实证分析,探讨了建设性争辩、团队情绪以及创新行为之间的相互关系,初步得到以下结论:首先,团队成员创新想法的产生和创新行为的实现都与团队情绪密切相关,团队积极情绪有利于发挥潜能,树立积极的创新心态,推动个体积极做出尝试,而团队消极情绪阻碍创新想法的产生和创新行为的实现。其次,建设性争辩在创新想法的产生和创新行为的实现过程中发挥了积极作用,建设性争辩可以直接促进创新想法的产生和创新行为的实现,团队积极情绪能够强化建设性争辩与创新行为的正相关趋势,建设性争辩和团队积极情绪相互促进。

上述结论可以帮助管理者正确处理建设性争辩与团队情绪之间的关系,设计提升团队创新绩效的管理策略。一方面,管理者必须关注项目参与者的情绪变化,制定更加灵活的创新激励政策,营造积极的团队情绪氛围,以更为开放的态度对待创新;正确设计、发起和引导建设性争辩,建立和维持团队的积极情绪,树立通过情绪管理来影响团队成员行动的理念,通过鼓励沟通合作,更好地发挥建设性争辩对创新的促进作用。这也对管理者的项目控制能力提出了更高的要求。另一方面,对于团队成员个体而言，应该在了解自己情绪特征的基础上，有意识地培养健康积极的情绪体验，建立科学的情绪宣泄渠道和调控方法，自觉克服和消除负面情绪的影响，保持积极态度以最大限度地发挥自身潜力，提升综合素质。上述策略的灵活运用可以帮助项目团队获得较好的创新绩效。

本书的结论进一步证实了情绪管理、冲突管理、创新管理应该成为项目管理的重要组成部分，团队创新绩效的改善既需要知识技能的培养，也需要情绪控制能力的锻炼，良好的情绪管理能力可以帮助个体更好地提升创新能力。本书依据的是某一时点不同团队成员的横向数据比较得到的结论，未来要加大样本量并进一步获得纵向数据的支持。虽然本书取得了一些探索性发现，但团队中存在情绪感染的交互过程，个体差异、团队领导特质等均会对团队情绪产生影响（Small & Verrochi，2009），需要引入其他的调节变量或中介变量来探寻情绪、建设性争辩以及创新行为之间的关系，这也是下一步的研究方向。

第二节 建设性争辩、创新氛围对团队成员创新行为影响的实验研究

一 引言

由于全球竞争日趋激烈、创新速度日益加快以及新的管理理念的不断涌现，团队成员的创新意识和创新能力直接决定了项目的创新绩效。而企业家精神，包括合作精神、创新精神、冒险精神、契约精神和学习精神等，也不再是企业家的专利，而是应该成为项目成员创新的直接动力。项目成员的创新行为不仅受到个体动机的影响，还会受到创新氛围和各种外界刺激的影响。但是，只有在项目实施过程中建立创新意识，努力尝试创新的想法并积极实施，才能够最终提升团队成员的创新绩效。

Janssen（2004）将创新行为定义为有利于提高个人、团队和组织绩效的新想法的产生、引进和实现。目前，很多国内外学者都已经证实创新氛围对于个体创新行为有着显著的正向影响（West，2002；Amabile，2004）。在个体层面上，如果项目成员能够对项目实施环境中的创新特征进行有效的主观感知，则会对创新行为的实现起到促进作用。实践表明，项目实施过程中创新氛围的建立可以通过有效的创新氛围设计来完成。然

而，项目实施过程包含很多来自内部和外部噪声的影响，这些因素对创新氛围与项目成员创新行为的影响一直被忽视。为了激发项目成员的创新潜力，争辩是项目实施过程中最为常见的一种行为现象。这种争辩是为了团队的共同利益而进行的、对不同立场和观点的公开讨论，是一种建设性争辩（谢霍坚，2005）。正确认识大学生创新行为中的建设性争辩，挖掘建设性争辩和建立创新氛围的关系，对培养团队成员的默契，激发创意思维并实施创新行为具有较强的理论意义和现实意义。本节将以 ERP 沙盘模拟实训为实验场景，以参与实训的大学生为实验对象，研究建设性争辩、创新氛围之间的作用机制以及对个体创新行为的影响，通过情景实验对所提出的相关研究假设进行实证检验。

二 理论基础与研究假设

（一）创新氛围与创新行为的关系

目前，学者们更多采用认知图示法对组织创新氛围进行定义，认为创新氛围是个体对组织环境的创新支持程度的感知（刘云、石金涛，2009）。在个体层面上，创新氛围是组织成员对组织环境是否具有创新特性的直觉与描述，是组织内部能够被成员体验并影响其创新行为的持久特性，这种直觉会影响个体的信念、态度、动机、价值观和创新行为，最终影响到整个组织的创新能力与创新绩效（Amabile，1996）。创新氛围可以利用自陈量表进行度量。由于本节旨在以大学生个体为实验对象，通过实训体验获得的心理感知与实际创新行为之间的关系进行研究，本书对实训环境中的创新氛围进行如下界定：大学生个体对运营政策、运营流程、管理行为以及其他支持创新行为的主观感知，即对实训模拟环境支持创新程度的整体感知。

对创新行为的研究已经有很多成果，West 和 Farr（1989）将创新行为定义为个人产生、引进新的想法和流程并将其应用在组织上的活动。Scott 和 Bruce（1994）则将创新行为定义为一种包含想法的产生、推动和实践的多阶段的过程，是一系列非连续活动的组合，在不同的阶段具有不同的活动和创新行为，个体可以在任意时间参与到这些行为中去。Amabile（1996）认为个体创新是指个体能够产生一些原创的、新颖的、有价值的构想、产品或程序，并且这些新想法的产生和实施有助于提高个体、团队和组织绩效（Janssen，2004）。以上关于个体创新行为的解释得到了大部分学者的认同，而对大学生创新行为的定义尚未形成明确一致的意见，由于在校大学生依然处于求学阶段，创新方法技能和创新成果物化技能是大学生创新能力的重要组成部分（陆静丹，2011）。基于此，本书对大学生创新行为进行如下界定：在一定的场景下，能够将自身的新想法付诸实施并积极推动团队绩效改进的动态过程。

近年来，越来越多的学者认同创新氛围对创新行为的积极推动作用，认为组织创新氛围可以通过对个体心理过程施加影响进而作用于其创新绩效（Isaksen，2007），创新氛围一旦被建立，便会影响个体对创新的动机，进而引导组织中的个体实施创新行为，并获得相应的创新结果（Scott，1994），组织创新氛围是推动组织成员创新行为的重要因素（Mumford & Hunter，2005）。大量研究探讨了组织创新氛围对个体创新行为的直接效应，也有一些文章探讨了这两者之间的影响机制和中介变量（刘云、石金涛，2009），但对项目团队的创新氛围与个体创新行为的关系却鲜有涉及。因此，本节借鉴已有成果，我们做出以下假设：

H1：组织创新氛围对个体创新行为会起到积极推动作用。

（二）建设性争辩与创新行为的关系

Tjosvold（1985）指出团队成员通过争辩，更有动力了解其他成员的观点和想法，有助于团队成员接纳不同的观点和意见。建设性争辩是指团队成员为共同利益而进行的、对相反立场和观点的公开讨论（谢霍坚，2005）。Tjosvold（2002）以学生团队为研究对象，对建设性争辩对团队创新的影响进行了实证研究。谢霍坚等（2005）发现团队内基于合作性目标的建设性争辩，有助于成员公开表达观点，提出质疑，加深理解，帮助提出更优的解决方案，最终促进新方案获得团队的认同与贯彻执行。根据Bansal 和 Shirley（2002）提出的计划行为理论框架，创新行为的频率和质量取决于创新意图和对创新行为的控制感知。建设性争辩能够帮助团队成员针对创意想法及时沟通，求同存异，开放思维，明确创新意图，加强对创新行为的控制感，帮助大学生高效地做出客观判断并及时付诸实施。基于此，我们做出以下假设：

H2：建设性争辩对个体创新行为会起到积极推动作用。

（三）建设性争辩的调节效应

Amabile（1996）开发的 KEYS 量表被认为是西方当前发展最为完善的测量创新氛围的工具，用以评估被试者个体对激发和抑制创造力的特定因素的感知，对这些因素在实际工作中所产生的创造力和生产力的感知评价也具有较好的信度和效度。KEYS量表包括八个工作环境维度（两个创造力阻碍维度，六个创造力促进维度）和两个标准评估维度（创造力和生产力的维度）。创造力促进维度包括创新鼓励（组织鼓励、主管鼓励、团队鼓励）、资源供应、挑战性、自由度等六个方面，创造力阻碍维度包括组织障碍和工作压力两个方面。KEYS量表能够针对个体对工作环境的全面认知进行总体评价。结合具体的实验场景和实训内容，本书认为创新氛围是受训大学生对实训模拟环境创新支持程度的感知，在参考KEYS量表的基础上，选取三个创新促进维度（成员支持、主管支持和组织支持）和一个创新阻碍维度（时间压力）对创新氛围进行评价。建设性争辩可以帮助同学之间、团队内部和组织之间进行有效沟通，但争辩可能会消耗一定的时间，占用一定的资源，给决策带来干扰，进而产生工作压力，主要表现为时间压力。因此，本节借鉴已有成果，我们做出以下假设：

H3a：建设性争辩正向调节成员支持对创新行为的影响。

H3b：建设性争辩正向调节主管支持对创新行为的影响。

H3c：建设性争辩正向调节组织支持对创新行为的影响。

H3d：建设性争辩反向调节时间压力对创新行为的影响。

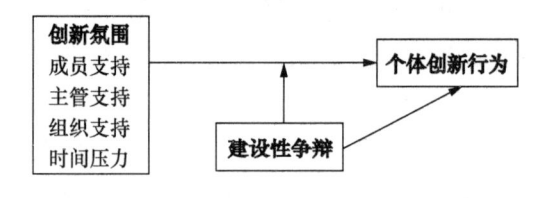

图6-2 假设检验模型

三 研究方法

本书选择了目前高校课程体系中常见的一门综合性实训课程——ERP沙盘模拟实训，作为实验的真实场景。这种体验式、参与式、对抗式的教学方式，在强化理论知识运用的同时，加强了管理实践技能的训练，能够很好地培养学生的沟通能力、团队合作能力、决策能力和经营管理能力。动态的市场环境、激烈的竞争促使受训学生不断激发创意想法并在操作中表现出创新行为。为了保证体验的真实性和完整性，在实验过程中特别强调每个小组的成员尽可能来自不同专业并定期轮岗，期望通过思维碰撞产生更多创意的火花。

(一) 问卷设计与变量测量

实训创新氛围的测量主要借鉴 KEYS 量表（Amabile, 1996），时间压力的测度量表借鉴 Zapf（1993）以及 Basadur 等（1999）的观点。在经过多次修改后，形成的正式量表如表 6-6 所示。对建设性争辩的测量借鉴 Tjosvold 于 2002 年开发的量表，在经过多次修改后，形成的正式量表如表 6-7 所示。对创新行为的测量借鉴 Scott 和 Bruce 于 1994 年开发的量表，在经过多次修改后，形成的正式量表如表 6-8 所示。

表 6-6　　　　　　　创新氛围量表维度、条目及编码

维　度	条目及编码
成员支持	TS1 在实训过程中，我和同学们相互支持和协助
	TS2 在实训过程中，我和同学们经常针对实训中的各种问题进行交流
	TS3 当我有新的创意时，同学们积极发表建议和意见
主管支持	SS1 团队 CEO 尊重和容忍下属提出不同的意见
	SS2 团队 CEO 鼓励并支持下属实现创意想法
	SS3 团队 CEO 是一个很好的创新典范
组织支持	OS1 教师倡导同学进行新的尝试，从错误中学习
	OS2 教师对个体的创新构想提供奖励
	OS3 教师崇尚自由开放与创新变革
时间压力	TP1 在实训过程中，我被要求加快操作速度
	TP2 我缺少时间用来思考新的想法
	TP3 我一直忙于完成手头工作

表 6-7　　　　　　　建设性争辩量表维度、条目及编码

维　度	条目及编码
建设性争辩	CC1 在实训过程中，团队成员直接表达自己的想法
	CC2 在实训过程中，我们认真听取其他成员的意见
	CC3 在实训过程中，团队成员都试图站在对方的立场思考问题
	CC4 在实训过程中，我们试图采纳别人的意见
	CC5 即使意见有分歧，我们依然在尊重对方的前提下进行沟通
	CC6 我们在达成共识后在开始行动
	CC7 即便是少数人的意见，我们也认真倾听
	CC8 我们有时候会采用相反的意见来解决问题

表 6-8　　　　个体创新行为量表维度、条目及编码

维度	条目及编码
个体创新行为	IB1 在实训过程中，我经常会产生一些有创意的想法
	IB2 在实训过程中，我会向团队成员推销自己的新想法，以获得支持与认可
	IB3 为了实现自己的创意或构想，我会想办法争取所需要的资源
	IB4 我会主动制订计划来实现自己的创意想法
	IB5 对团队成员的创意构想，我经常参与讨论并献计献策

（二）研究样本

本书采用问卷调查的方法，选取 XX、YY 两所高校参与 ERP 沙盘模拟实训的在校个体为实验对象，共发放问卷 168 份，回收有效问卷 152 份，有效回收率达到 90.5%。其中，男性占 56.2%，女性占 43.8%。工商管理大类专业的同学占 69.2%，非工商管理大类专业的同学占 30.8%。在实训开始之前，向其解释实训的过程安排和问卷的目的。在 6 年模拟运营结束后，要求学生在课堂上独立填写上述评价问卷并进行统计分析。所有问卷采用李克特 5 等级量表，即从 1（完全不符合）到 5（完全符合）以 5 分制评定计分。

（三）问卷的信度与效度

本书的信度检验结果见表 6-9，各个问卷的 Cronbach's α 系数值均大于 0.7，说明问卷具有较好的信度。利用因素分析检验量表的效度，KMO 值为 0.87，Bartlett 球体检验的显著性水平为 0.001，表示变量数据适合进行因素分析，因子负荷均大于 0.4（见表 6-10）。

表 6-9　　　　各变量的平均数、标准差与信度分析

因素及变量	测量项目数	均值	标准差	Cronbach's α 值
创新氛围	12	3.83	0.63	0.783
成员支持	3	3.89	0.59	0.802
主管支持	3	3.47	0.64	0.786
组织支持	3	4.03	0.56	0.825
时间压力	3	3.91	0.72	0.758
建设性争辩	8	3.62	0.41	0.852
个体创新行为	5	3.95	0.67	0.839

表 6-10　　　　　　　　因素分析结果

项目	创新氛围	建设性争辩	个体创新行为
TS1	0.801		
TS2	0.824		
TS3	0.752		
SS1	0.810		
SS2	0.785		
SS3	0.610		
OS1	0.805		
OS2	0.836		
OS3	0.791		
TP1	0.821		
TP2	0.772		
TP3	0.635		
CC1		0.664	
CC2		0.720	
CC3		0.669	
CC4		0.430	
CC5		0.587	
CC6		0.468	
CC7		0.691	
CC8		0.567	
IB1			0.715
IB2			0.820
IB3			0.622
IB4			0.847
IB5			0.690

四　研究结果

（一）各变量之间的相关分析

从相关分析中可以看出（见表 6-11），成员支持、主管支持、组织支持与创新行为均显著相关，时间压力虽然可在一定程度上增加成员、主管和组织支持力度，增加凝聚力，但对创新行为有一定的负面影响，只是这种影响并不显著。尽管如此，创新氛围整体上会促进个体实施创新行为（$r=0.412$，$p<0.01$），H1 得到验证。建设性争辩与成员支持、组织支持、创新氛围具有显著的正相关，与时间压力呈现出显著的负相关，说明建设性争辩有利于形成成员支持和组织支持的良性互动，但是与形成主管支持并无直接关联，H3a、H3c 得到部分验证，H3b 没有得到验证。虽然时间压力与创新行为的关系并不显著，但随着建设性争辩的增加，工作的有效时间会缩短，从而导致时间压力增加，当时间压力增加时，建设性争辩会减少，H3d 得到部分验证。但从整体来看，建设性争辩会对个体创新行为起到积极的推动作用（$r=0.369$，$p<0.01$），H2 得到验证。

表 6-11　　　　　　　　各变量的相关系数

变量	1	2	3	4	5	6	7	8	9
1. 性别	—								
2. 专业	0.002	—							
3. 成员支持	0.005	0.003	—						
4. 主管支持	0.011	0.001	0.480**	—					
5. 组织支持	0.007	0.002	0.485**	0.572**	—				
6. 时间压力	0.054	0.015	0.207**	0.223**	0.202**	—			
7. 创新氛围	0.040	0.013	0.592**	0.535**	0.510**	0.542**	—		
8. 建设性争辩	0.007	0.008	0.620**	0.189	0.490**	0.252**	0.268**	—	
9. 个体创新行为	0.015	0.012	0.382**	0.068	0.357**	-0.155	0.412**	0.369**	—

注：** 表示 $p<0.01$（双侧检验）。

（二）各变量之间的回归分析

为了检验建设性争辩的调节作用，本书采用层次回归的方法（见表 6-12），依次分析建设性争辩对成员支持、主管支持、组织支持、时间压力的调节作用。在表 6-12 中，M1、M2、M3、M4 分别对应把成员支持、主管支持、组织支持、时间压力引入回归模型，可以看到建设性争辩与成员支持之间的交互对个体创新行为会产生显著的正向影响（$\beta=0.152$，$p<0.01$）。建设性争辩与组织支持之间的交互对个体创新行为会产生显著的正向影响（$\beta=0.143$，$p<0.01$），说明建设性争辩越多，成员支持、组织支持对创新行为的强化效应会越明显。建设性争辩与时间压

力之间的交互对个体创新行为会产生显著的负面影响（$\beta = 0.138$，$p < 0.01$），说明建设性争辩越多，时间压力对创新行为的负面效应会越多。建设性争辩与主管支持之间的交互对个体创新行为的影响并不显著。从而假设 H3a、H3c、H3d 得到验证，H3b 没有通过验证。

表6-12　　　建设性争辩对创新氛围调节作用的回归分析

变量	创新行为			
	M1	M2	M3	M4
控制变量				
性别	0.002	0.009/0.006/ 0.010/0.009	0.013/0.014/ 0.010/0.010	0.011/0.010/ 0.014/0.012
专业	0.003	0.011/0.012/ 0.014/0.012	0.016/0.017/ 0.019/0.009	0.010/0.011/ 0.014/0..012
自变量				
S/SS/OS/TP		0.391**/0.089/ 0.361**/−0.168**	0.281**/0.102/ 0.249**/−0.152**	0.320**/0.113/ 0.341**/−0.179**
调节变量				
CC			0.174**/0.096/ 0.166**/−0.138**	0.185**/0.101/ 0.206**/−0.152**
调节作用				
TS/SS/OS/ TP × CC				0.152**/0.008/ 0.143**/0.138**
ΔR^2	0.013	0.020**/0.008/ 0.028**/0.016**	0.221**/0.012/ 0.320**/0.196**	0.196**/0.010/ 0.311**/0.182**
F	0.896	7.992**/2.285/ 6.051**/7.024**	8.623**/2.471/ 6.823**/7.875**	8.756**/2.620/ 7.468**/8.611**

注：TS 表示成员支持，SS 表示主管支持，OS 表示组织支持，TP 表示时间压力，CC 表示建设性争辩，IB 表示创新行为。** 表示 $p < 0.01$（双侧检验）。

五　结论和讨论

本书直接从真实的项目实施过程着手，以目前高等学校普遍采用的 ERP 沙盘模拟课程为实验场景，通过实证分析，探讨了影响个体创新行为的两个重要因素——创新氛围和建设性争辩之间的关系及其对创新行为的影响，初步得到如下结论：在项目团队内，创新氛围越浓厚，建设性争辩的水平越高，个体创新行为表现得越突出；建设性争辩对创新氛围中的成员支持、组织支持有正向的调节作用，对时间压力产生反向调节作用。之所以建设性争辩对组织支持没有起到正向调节作用，可能是因为团队主管（团队负责人）不具备参与式的领导风格，领导能力有待提高所致。

首先，在项目执行过程中营造创新氛围直接决定了个体创新行为的执行力度。在项目实施过程中，通过团队凝聚力的建设增强成员之间的相互信任、相互尊重；加强团队负责人的优化选拔，不仅考察其专业能力，还要考察其人际沟通技能、创新意识；教师更应该积极倡导创新的课堂氛围和学习文化，对个体的创意思维和创新行动予以鼓励并善加引导，构建和谐的创新文化。其次，建设性争辩对个体创新行为的执行也起到了推动作用。通过引导建设性争辩来鼓励个体积极投身创新实践活动，在公开、平等的创新氛围中使自己的创意想法得到团队成员的认可并得以进一步改进和实施，不仅能够增进了解、加强合作，还可以帮助团队建立共同的创新愿景，激发创新潜力。另外，研究发现建设性争辩如果发生过于频繁，产生的时间压力会对创新行为带来负面影响。此时，教师应该给予团队更多的讨论时间，建立开放的创新环境，帮助学生维持和激发创新热情。在研究中我们发现，目前项目团队核心人物的选拔和培养还较为欠缺，对营造创新氛围的潜在影响力还有待发掘。本书的结论也对项目经理的个人综合素质提出了更高的要求，加强时间进度的控制能力，结合项目成员的个人特质有效引导建设性争辩，建立积极的创新氛围，才能在项目推进的同时，培养团队成员的创新能力，鼓励其大胆进行创新尝试。

本书依据的是某一时点不同个体的横向数据比较得到的结论，因而样本有限，未来要加大样本量并进一步获得纵向数据的支持。由于所有变量的测量均来自受测者自评，可能会带来一些同源误差，但对 Harman 单因子检验结果表明有 5 个因素的特征值大于 1，且第一个因素解释的变异量不到 15%，共同方法变异并不严重，研究结果可以接受。虽然本节取得了一些探索性发现，但在时间压力与创新行为的关系上只是简单地做了线性处理，已有文献发现两者的关系呈倒 U 形分布（Zivnuska et al., 2002），如何通过情景实验设计反映真实变量的关系是下一步需深入研究的方向。

第七章　任务紧迫性下团队情绪能力与团队创新的提升策略研究

本章聚焦情绪的动力学特征，研究团队情绪能力与团队创新的影响因素，并对两者之间的关联路径进行探究。首先，从家长式领导行为切入，对情感网络中个体情绪资源整合为团队情绪管理能力的路径及策略进行探讨。借助情景实验，得到如下结论：情感网络中心性高的个体更能够推动团队情绪能力的提升，人情关系建立也能够对团队情绪能力的提升提供心理资本的支持，建立合作默契；仁慈领导在情感网络结构嵌入、关系嵌入与团队情绪能力的转化过程中起到了积极的推动作用，威权领导所起到的作用恰好相反。团队管理者既需要关注非正式情感网络中个体的角色定位，充分发挥核心成员的情感感召作用，也应该在管理实践中设计和谐、宽容的领导行为模式，提升团队情绪能力。其次，从项目团队参与创新行为的情绪状态和情绪感染过程切入，对组织结构要素、团队情绪和团队创新绩效的关系进行了实验研究，分析发现：任务紧迫性情景下团队成员之间的情绪感染会对团队情绪和团队创新绩效带来影响，而组织结构的不同维度会对情绪感染和团队情绪之间的关系起到一定的调节作用。上述研究从情绪感染的角度对组织结构进行优化，为深入理解组织结构、情绪与创新绩效的关系提供了一个新的分析视角。

第一节　个体情感网络嵌入与团队情绪能力的关联机制研究
——基于家长式领导的调节作用

一　引言

任务紧迫是项目执行过程中面临的常见问题，一般表现为对工作完成时间制定明确的时间界限，而并未充分考虑个体能否完成任务；时间限制将会引发压力感并被个体主观知觉，最终形成相应的情绪体验（Zakay，2005），任务紧迫性会加大项目执行者的感知时间压力并产生消极情绪，进而对创新行为带来不利影响（张敏，2012）。不确定竞争环境下实现项目创新既需要知识的碰撞、技能的提升，也伴随着情绪的产生和演化，特别是在任务紧迫情景下，团队对其成员情绪的觉察、理解、监控和调节能力，即团队情绪能力将成为提高团队创新绩效的重要保障（Rhee，2007）。由于团队情绪能力通过个体的关系网络嵌入并潜移默化地发生影响，无法轻易被模仿，因而被认为是组织中最难掌控也最具特质的核心竞争力，具备不断演化的动态发展特征（Huy，1999）。迄今为止，尽管团队情绪能力对创新的促进作用得到了学术界的普遍认同，但针对组织情绪能力的实证研究还较为缺乏（Lilius et al.，2011）。虽然学者们研究了团队情绪能力对项目市场响应速度和项目绩效的促进作用，并发现团队自治、外部资源整合以及项目经理掌控能力可以推动团队情绪能力的提高（Akgün et al.，2009），但已有成果还未能提炼出具有前瞻性的前因变量和控制机理，个体情感网络嵌入与团队情绪能力提升之间的关键控制策略鲜有研究涉及。本节认为，对团队情绪能力的研究首先应关注如何将个体在情感网络中的情绪资源从团队层面进行系统整合，将个体情感网络中的嵌入特征视为团队情绪能力的前因变量，建立提升团队情绪能力的理论框架。

近期研究已经证实领导行为对团队创新产生重要影响，根植于传统文化的家长式领导常常是中国管理情景下较为普遍且有效的领导模式（Cheng et al.，2014）。由于处于情感网络核心位置的个体往往可以利用他们所处的社会网络位置发挥出更大的影响力（郑伯埙等，2013），中国情景下领导者所表现出的家长式特征不仅意味着愿意照顾和体谅员工，而且还能通过树立强大的权威来强化对员工的控制，极易占据情感网络的核心位置（Bolton，2005）。家长式领导通过影响情感网络中员工对关系嵌入及结构嵌入的判断，继而引发个体情绪的感染与扩散过程，并导致团队情绪能力发生改变。在这种依托于特定网络建构的情感网络中，个体的情绪资源如何被团队有效识别和充分利用？能否借助家长式领导的力量将个体层面的心理资本聚合为组织层面的心理资本？尽管心理资本作为重要的社会资源引起了学界的关注，但令人遗憾的是，很少有学者对家长式领导与个体、组织的心理资本的关联性进行探索，家长式领导对心理资本的内在影响机理还未能揭示。如果家长式领导作为调节变量能够推动个体层面的心理资本（源于个体情感网络嵌入）向组织层面的社会心理资本（源于团队情绪能力）有效汇集，中国情景下的领导行为在推动团队情绪能力提升中的重要作用将会被进一步揭示。基于上述原因，本节试图结合领导理论与社会网络理论，通过模型构建任务紧迫时个体情感网络嵌入类型、家长式领导及团队情绪管理能力之间的关联机制，并借助情景实验进行验证。本书不仅具有较大的学术价值，而且对项目运行实践也具有显著的应用意义。

二　文献回顾及假设提出

（一）情感网络嵌入与团队情绪能力

社会网络理论认为，团队成员嵌入网络结构中，个体的情感及行为将受制于社会网络的结构特征和关系规范，继而对个体及团队的绩效产生影响。组织内的社会网络一般被分为三类：情感网络、咨询网络和情报网络（Krackhardt，1992），项目团队中最为普遍的当属情感网络，由此引发的非理性的思维逻辑将直接对团队情绪能力产生影响，而这种思维逻辑取决于网络的结构嵌入与关系嵌入特征。情绪被不断地甄别、获取、开发、扩散、利用和保留，个体也因此不同程度地嵌入情感网络中，并拥有越来越多的心理资本。情感网络的结构嵌入指的是情感网络中主体之间有无网络连带，包括连接性、中心性和层次性等网络特征，情感网络的关系嵌入指的是情感网络中个体对他人需求或目标的重视程度、相互之间的信任程度以及信息共享的程度（Krackhardt，1992）。项目团队中的情感交流有助于个体协调紧缺资源，能够有效提高员工的创新绩效，且中心性高的个体所具有的影响力和权力能够帮助其获得更多的信息和机会（Sasidharan et al.，2012）。

情绪能力阐释了一种特殊的情绪动力学特征，包含激励、自由展示、愉悦、体验、和谐以及认同六个维度，揭示了个体与他人交往中的情绪感知、评价、理解和表达过程。组织也可借助过程控制和机制设计来唤醒、引导和控制情绪并形成可分享的组织情绪（Huy，1999）。上述六个动力学维度互相影响，双向互动，共同推动了情绪能力的提升。情绪能力不仅能够促进信息和知识的交流，更有利于营造实现创新的情绪氛围。通过为员工提供情绪交流的通道，吸收和协调不同情绪来提高组织的工作效率并促进创新，帮助管理者及时、准确地评价和理解雇员的情绪，采用可行的方式来化解负面情绪并支持积极情绪（Ibarra & Deshpande，2007）。近期的研究也开始关注团队情绪能力的前因和结果变量，但从个体的社会网络特征视角来审视两者相关性的研究还较为鲜见。情感网络提供的是工作之外的成员间感情交流的通道，成员间的情感交流及双向互动，有助于个体建立良好的社会关系并累积社会资本。本书旨在探讨团队情绪能力的典型前因变量并分析情绪资源的有效管理策略，因而仅对社会网络中的情感网络及其嵌入特征（关系嵌入及结构嵌入）展开阐述。

由于情绪能力已经深深嵌入组织的各个层面，探索组织情绪能力的影响因素及其作用机理的关键在于设计能够刻画和描述嵌入关系的核心变量（Slotegraff et al.，2003）。情感网络结构嵌入可以用程度中心性和中介中心性来衡量，个体在情感网络中的影响力和非正式权力控制范围越大，则程度中心性越高；个体在情感网络中占据操纵和控制情感信息的数量越多、可能性越大则中介中心性越高。处于情感网络的中心位置可以赢得更多的友谊和信任，获得更为牢固的情感支持和心理支持，可以运用强大的情感感召力来帮助团队个体进行真实的情感表达，达成默契以形成一致的情绪契约，降低创新带来的不安全感，促使团队形成鼓励创新并容忍失败的创新氛围。一旦个体掌控更多的情感交流通道，则能够为团队成员提供情绪交流的平台和情绪感染的路径，有益于形成对团队创新价值观的一致认同。基于此，本节提出以下假设：

H1：情感网络程度中心性高的个体有助于推动团队情绪能力提高；

H2：情感网络中介中心性高的个体有助于推动团队情绪能力提高。

个体间情感交流的最终目的是建立和发展自己的人情关系网络，中国是典型的人情社会，人情是中国人维系长期良好社会关系的纽带（Cardon，2009），亲密社群的团结性也是建立在人情关系的基础之上（Lin et al.，2001）。国外学者更倾向于将人情视为关系资源，人情关系本身也构成了团队特有的资源和能力。人情是一种社会互动中的情绪反应，在某种情景下人情成为用来馈赠对方的一种资源，并逐渐形成社会网络中与他人相处的社会规范（Cardon，2009）。在社会网络中，人情交换成为情感网络构建的基本条件，情感性行动为社会资本的巩固和再生提供了支持（翟学伟，2007）。人情既是情感体验，也是一种人际交往的工具，中国人的人情交换是以情感相依而非理性计算为基础（Leung et al.，2012），实现情感相依的载体则为情感网络。人情作为社会交互的特殊资源，在某种程度上可以等同于关系的概念，对人情关系的重视程度越高意味着关系嵌入的程度越深。因此，本书中选用人情关系来度量情感网络中的关系嵌入特性。

人情关系不仅会影响创新过程中的人际交往，还将影响创新主体之间的知识结构和信任关系（Wang et al.，2008）。人情关系的建立依托于"互惠"和"同情"两个基本要素，互惠意味着即便交易关系出现问题，它仍然能够有效推动信任的发展并增强交易伙伴被平等对待的可能性，同情则更能说明交易的一方从心理上愿意对另一方提供其所需的资金或情感的支持。建立人情网络能够在团队中营造相互信任、愉悦的积极体验，成员间的高度认同以及团队中自由展示的、公平的机会都有助于团队形成和谐的工作氛围，形成一致的核心价值观，最终有益于提高团队情绪能力。基于此，本节提出以下假设：

H3：情感网络中人情关系的建立有助于推动团队情绪能力提高。

（二）家长式领导与团队情绪能力

根植于中国传统文化的家长式领导常常是普遍且有效的领导模式（Cheng et al.，2014），主要蕴含施恩、树德及立威三种领导风格（郑伯埙等，2003），分别对应仁慈领导、德行领导以及威权领导三个构面。已有研究对其中的威权领导与仁慈领导达成共识，而针对德行领导却尚未形成一致看法（王双龙、周海华，2013）。一种观点认为将德行领导并入仁慈领导范畴，另一种观点认为当今社会的道德标准还未能相对稳定和明晰。因此，本节将从威权领导与仁慈领导两方面探讨家长式领导对团队情绪的作用机理。领导需要借助移情作用，使团队成员乐于接受改变；建立畅通的信息和情感交流通道以引导和鼓励成员自发地表达情感，减少人际冲突，营造勇于尝试和容忍失败的氛围，帮助成员形成一致而明确的核心价值观。而团队情绪能力意味着组织能够清晰识别、接受并内化个体的不同情绪，将项目实施过程中对立的价值判断进行协调，情绪能力的存在促使团队在容忍个体情绪差异的同时帮助团队成员更好地理解他人的需求和情绪体验，提高团队运作效率并实现组织和谐（Rhee，2007）。可见，家长式领导在组织创新过程中能够借助团队情绪能力的提升呈现出独特的杠杆效应。尽管目前大部分的研究都聚焦于家长式领导对组织和个体创新行为的影响，但对家长式领导在情绪层面的引导和控制作用还鲜有涉及。

团队情绪能力作为组织最具特质的核心竞争力，需要借助团队规范和日常程序以提高对个体情绪的预测力。虽然普通员工没有上级正式授予的权力，却有可以调动其他员工支持或者反对正式领导的能力（Burt，1997），这种影响力在团队感悟、预测、调节成员的情绪的过程中发挥着特殊的重要作用。当领导者展现出威权行为时，下属通常表现出敬畏与服从（Cheng et al.，2014），降低员工的内部动机，尤其是表现较差的成员情绪会受到极大影响。随着文化多元化的日益渗透，领导的威权行为将日益受到挑战，降低了下属对领导者威权行为的认同感，不利于领导与成员间展开互动，提高了预测和监控团队情绪的难度，进而损害了团队情绪能力。

领导的功能在于建立组织愿景，同时赋予成员努力的方向并凝聚其力量，进而勾勒未来的发展愿景，并实现组织目标。仁慈领导对下属个人以及家庭的关怀和体谅宽容会激发团队成员的感恩与图报（Cheng et al.，2014），会提升团队成员的心理安全感，增强团队内部的交流互动。仁慈领导通过为下属提供帮助、辅导和激励来换取下属的心理资源、回报心理或互惠，有利于成员在自发或自觉的互动合作中感悟到对方真实的情绪体验；共同的愿景能够激发一致的价值观认同并建立起有序的情绪交流通道；多样化知识和技能的交互碰撞能够维持高强度的内部动机与自我激励，情感上和心理上的持续支持使得团队能够对个体情绪展开有效的识别、引导和监控，最终提升团队的情绪管理能力。由此，本节提出如下假设：

H4a：威权领导不利于推动团队情绪能力提高；

H4b：仁慈领导有助于推动团队情绪能力提高。

（三）家长式领导在情感网络嵌入与团队情绪能力间的调节作用

团队中的非正式领导者往往可以利用他们的社会网络位置发挥出更大的影响力。在社会网络视角下，非正式领导力与中心性程度有关，中心性程度越高意味着个体非正式领导力越强且越有可能扮演领导者角色（Brass，1992）。但是，威权领导强调绝对的、不容挑战的权威，对下属进行严密控制，并且要求下属毫无保留地服从，不容忍非正式领导的存在，其表现出的专权控制、形象整饬、威慑行为和贬抑下属等行为极有可能引发下属的愤怒情绪（吴宗佑等，2002）。在任务紧迫情形下，如果个体在情感网络中具有一定的影响力，或者处于情感网络的重要节点位置，一旦体验到负面情绪，其在情感网络中的中心位置将推动消极情绪加速扩散蔓延，使得整个团队的负面情绪变得难以协调和掌控。基于此，本节提出以下假设：

H5a：威权领导在情感网络程度中心性与团队情绪能力之间起到反向抑制作用；

H5b：威权领导在情感网络中介中心性与团队情绪能力之间起到反向抑制作用。

相比之下，仁慈领导对下属的关怀与激励加速了情绪感染过程，推动了核心成员的情绪示范效应。如果个体在情感网络中的影响力和非正式权力控制范围较大，所占据的操纵和控制情感信息的数量越多，任务紧迫情景下就越有能力快速协调成员的情绪并控制整个团队的情绪氛围。此外，仁慈领导能够推动身处情感网络中的个体更高效地展开情感交流互动，提高情感网络密度，而情感网络密度也被证实与创新绩效呈直接正相关关系（陈公海，2008）。基于此，本节提出以下假设：

H6a：仁慈领导在情感网络程度中心性与团队情绪能力之间起到推动作用；

H6b：仁慈领导在情感网络中介中心性与团队情绪能力之间起到推动作用。

威权领导过于强调个体的权威，不仅不利于成员间建立情感交流的通道，也无法促进人情关系的建立。不仅会破坏人际和谐，触发人际冲突，而且不利于成员对领导产生积极的情感性信任和认知性信任，无益于组织承诺的形成（郑伯埙等，2003）。威权领导在组织管理的过程中，下属只能被动执行，创造力被扼杀，人际关系紧张。因此，威权领导的推行，将进一步抑制团队合作中建立的人情关系，无法有效利用人情纽带迅速达成默契，情绪的调控能力面临"瓶颈"。

仁慈领导下的团队成员可以享有更多的沟通、协调、合作及创新机会，增加了彼此间的相互依赖性和协调性（Perry et al.，1999）。在团队成员情感交流密切的情况下，如果双方互惠程度较高，则合作双方更加愿意遵循平等、同步化的原则；当一方在行使自己的职责权限时，原来受帮助的一方会觉得自己有责任回报另一方，积极配合对方完成任务；如果双方同情程度也较高，团队在工作中遇到的各类问题都将通过互帮互助的方式迅速讨论协商并得以解决，形成成员对团队的组织承诺。因此，仁慈领导的推行,将进一步固化团队合作中建立的人情关系,推进人情关系所引致的责任和义务,使团队拥有更为突出和稳定的情绪控制能力。由此,本节提出如下假设:

H7a:威权领导在情感网络人情关系与团队情绪能力之间起到反向抑制作用;

H7b:仁慈领导在情感网络人情关系与团队情绪能力之间起到正向推动作用。

基于以上分析,本节的研究框架如图7-1所示:

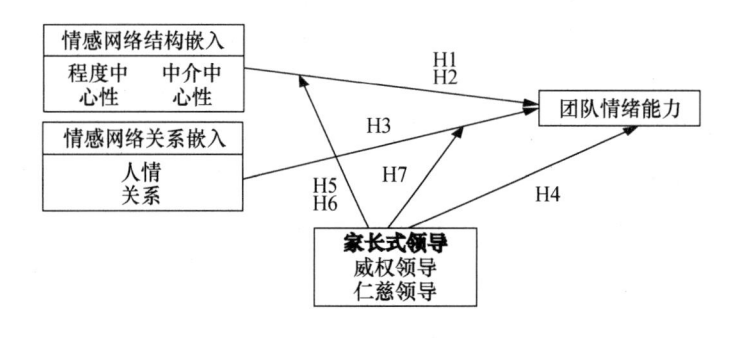

图7-1 研究框架图

三 实验设计与实施

通过文献梳理发现,个体情绪资源与团队情绪资源之间需要特定的控制策略才得以顺利转化,而家长式领导可能是实现心理资本从个体层面向组织层面聚集的突破。鉴于人情关系与各地的文化氛围直接相关且差异巨大,选择真实团队的样本数据可能会导致较为严重的社会称许性偏差;而且情绪事件理论认为,个体经历的工作事件会引发个体员工的情绪体验,进而影响员工的态度与行为(Weiss & Cropanzano,1996)。单纯的问卷调研可能无法准确获取最真实的情绪交流和情绪感悟资料。因此,本书将借助情景实验,在真实任务的实施过程中,对团队成员情感网络嵌入特征、家长式领导及团队情绪能力进行测评。

(一)实验对象和实验步骤

以在校大学生作为研究对象一直争议不断,但由于大学生样本较少受到社会偏见、地域文化的影响,能够较为真实地获取实证数据,因而也得到了一些学者的认同。本书选择浙江和湖北两所高校商学院大二和大三学生为实验对象，以 ERP 沙盘实训项目为实验内容，要求参与者按照预先设计的流程完成实训并进行关键变量的测评。具体实验步骤如下：

第一阶段：①实验参数设计。任务紧迫性是当前团队运营面临的常见情景，也是实验设计的基础条件，在实训过程中首先通过倒计时的形式提醒学生每个运营阶段还余留的允许操作时间以营造紧迫性的情景；其次，人情关系的建立需要较长时间的积累和磨合，在实验分组时，以学生所在班级为单位进行随机组合，确保组合后形成的团队中成员已经建立起一定范围的人情网络，团队组建后由成员推选出一名同学担任团队负责人；最后，为了对团队层面的情绪能力进行评估并引导团队成员间展开合作，实验采用个体独立经营、团队成员成绩汇总计入总评得分的形式来展开。②实验预测试。2012 年 12 月对 89 名学生进行了实验初试，旨在检验实验设计是否具有可操作性，并对问卷数据进行初步的探索性分析。实验中要求每位学生独立完成 3 年（12 个季度）的企业经营模拟操作，事先并未向被试者告知实验意图，但确保每位学生理解实验的评分原则，并要求所有参与者积极展开互动。在所有操作结束后，以团队为单位，分别填写情感网络、人情关系、家长式领导和团队情绪能力的量表。由于对网络中心性的测度需要成员数据填写完整，问卷填写完毕后经由教师检查无误后，以小组为单位当场回收。

第二阶段：正式实验测试。2013 年 3 月至 6 月，开展正式实验，共 216 名同学参与，随机组合为 33 个团队，每个团队成员 8 名或 9 名。实验步骤与第一阶段实验完全相同。

（二）变量测量

（1）情感网络嵌入。本书将情感网络视为对称网络，情感网络中心性的量表借鉴 Krackhardt（1992）和 Cheung 等（2008）的研究成果，共 3 个题项，问卷上罗列团队中所有成员的名单，被试者只需根据题项选择除自己以外的其他成员；人情关系程度的测量借鉴 Wang 等（2008）、Cheung 等（2008）的研究成果，提炼了 6 个题项。

（2）团队情绪能力。借鉴 Huy（1999）以及 Akgün 等（2009）学者的观点，将其界定为六个动力学维度的整合，即激励、自由展示、愉悦、体验、和谐以及认同，共 18 个题项。

（3）家长式领导。选用郑伯埙等（2003）的量表进行测量，威权领导、仁慈领导分别对应 5 个题项。

除了上述关键变量之外，本书还选取工作复杂度作为控制变量，任务复杂度对情绪的控制能力可能产生影响。对工作复杂度的衡量，主要参考 Stock（2006）等学者的研究成果，形成 5 个正式题项。上述所有问卷均采用 5 分制评定计分，1 表示"完全不符合"，5 表示"完全符合"。

（三）统计方法

本书采用 Ucinet 6.0、SPSS 17.0 和 HLM 5.04 进行模型建构和统计分析。第一阶段获得的数据借助 SPSS 软件对所有测量条目进行探索性因子分析（EFA）。第二阶段正式施测的数据首先运用 Lisrel 8.30 软件逐一对问卷中的变量进行验证性因素分析（CFA）；其次运用 Ucinet 6.0 进行情感网络中心性特征值的计算，利用 SPSS 17.0 进行初步的相关性分析；最后利用 HLM 5.04 进行二层线性模型的建构，检验任务紧迫性下个体情感网络嵌入、家长式领导和团队情绪能力之间的交互作用机理，检验家长式领导可能存在的调节效应。

四 实证结果分析

（一）信效度检验

对于第一阶段获得的数据进行探索性因子分析（EFA），KMO 值为 0.739，Bartlett 球体检验值为 2066.583，$p < 0.001$，说明样本适合做因子分析。正交旋转析出的四个因子，各因子载荷均大于 0.613，未出现交叉载荷题项，四个因子累积方差解释率达到 73.268%，分别对应人情关系、威权领导、仁慈领导和团队情绪能力，表明测量问卷具有初步研究效度。人情关系、威权领导、仁慈领导和团队情绪能力量表的 Cronbach's α 系数分别为 0.792、0.921、0.916 和 0.757，均大于最低标准值 0.7，因而量表所测变量具有较好的信度。第一阶段实验发现被试学生能够正确理解实训规则和题项内容，实验情景的控制策略可行，实验量表具有一定的信度和内容效度。

对第二阶段正式施测的样本（$N = 216$）数据进行验证性因素分析（CFA），人情关系问卷的单维度模型的各项拟合指数如下：$\chi^2/df = 2.713$，RMSEA = 0.0712，IFI = 0.935，CFI = 0.913，NFI = 0.912，NNFI = 0.931；家长式领导问卷的二维度模型的各项拟合指数如下：$\chi^2/df = 2.725$，RMSEA = 0.0725，IFI = 0.917，CFI = 0.916，NFI = 0.912，NNFI = 0.909；团队情绪问卷的六维度模型的各项拟合指数如下：$\chi^2/df = 2.703$，RMSEA = 0.0705，IFI = 0.931，CFI = 0.918，NFI = 0.926，NNFI = 0.912，说明问卷

具有较好的结构效度。人情关系、家长式领导和团队情绪能力的潜在变量的组合信度（CR）分别为 0.746、0.807 和 0.818，大于 0.7 这一临界值；三个变量的平均变异抽取量（AVE）分别为 0.589、0.682 和 0.705，大于 0.5 这一临界值，且三个变量的 AVE 大于两个因子间的相关系数的平方，因而所有问卷均具有较好的收敛效度和区别效度。Harman 单因子检验结果表明未出现主导的单因子，共同方法变异并不严重，加之对数据进行了中心化处理，能够有效避免同源偏差。通过计算各变量的方差膨胀因子（VIFs），所有变量的 VIFs 均低于 10 这一上限，说明多重共线性问题并不明显。

由于团队情绪能力以及六个维度均具有较好的信度和效度水平，所以用单一测量指标来代表多重测量指标是可行的。因此，在团队情绪能力的测量模式上，我们按照现有研究的一般做法，对团队情绪能力各维度上的题项做单一化处理，以一阶各因素的测量题项得分的均值作为该因素的值，再以一阶因素作为二阶变量的多重测量指标。此外，对团队情绪能力的考察针对每一个团队展开，而实验中是通过团队成员的回答来获取的，只有通过内部一致性检验的个体数据才能汇聚为团队层次的资料。方差分析（ANOVA）显示 33 个小组间的团队情绪能力存在显著性差异，在此基础上对个体层面的团队情绪能力进行内部一致性系数的计算，$r_{wg(EC)}$ = 0.79，大于 0.70 的标准值；ICC(1) = 0.21，小于临界值 0.5；ICC(2) = 0.75，大于临界值 0.7，说明个体对团队情绪能力的感知在团队内具有足够的一致性，因而将每个成员的量表得分的平均值作为团队情绪能力的观测值。

（二）描述性统计及相关性分析

运用 Ucinet 6.0 进行情感网络中心性特征值的计算，团队情绪能力取个体层面的数据，利用 SPSS 17.0 进行初步的相关性分析（如表 7-1 所示），团队情绪能力与情感网络程度中心性的正向相关性显著，H1 初步通过检验；团队情绪能力与仁慈领导和威权领导的相关系数分别为 0.439 和 -0.219，且关系显著。借助相关性分析，H4a 和 H4b 基本得到检验。威权领导过于显示个人权威，在执行任务时会给成员带来压力，不利于团队形成一致的情绪认知，难以推动团队情绪能力的提升；而仁慈领导表现出的对下属的理解和支持将帮助团队成员形成愉悦而和谐的情绪体验与情绪分享平台，推动团队情绪能力的提升。

表7-1 描述性统计与相关性分析结果

变量	1	2	3	4	5	6
1. 情感网络程度中心性	—					
2. 情感网络中介中心性	0.034	—				
3. 人情关系	0.065	0.082	—			
4. 仁慈领导	0.153	0.161	0.148	—		
5. 威权领导	0.151	0.136	0.153			
6. 团队情绪能力	0.235**	0.166	0.136	0.439**	-0.219**	—
M	4.113	4.127	3.842	3.676	3.267	3.985
SD	0.843	0.897	0.699	0.798	0.562	0.737

注：**表示 $p<0.01$（双侧检验）。

(三) 多层线性模型检验

利用 HLM 软件对情感网络程度中心性、情感网络中介中心性、人情关系和家长式领导对团队情绪能力的作用规律进行分析。其中，TC 代表任务复杂度，DC 和 MC 分别代表情感网络的程度中心性和中介中心性，RQ 代表人情关系，EC 代表团队情绪能力。α^2 为水平为 1 时的残差，μ_{0j} 为截距残差，μ_{1j} 和 μ_{2j} 为斜率残差，解释方差 =（原始残差 - 条件残差）/ 原始残差。在表 7-2 中，将任务复杂度作为关键控制变量纳入多层线性模型分析，在模型 M2 中，任务复杂度对团队情绪能力具有显著的负面作用（$\gamma_{10} = -0.29$，$p<0.01$），控制变量解释方差为 0.16；在模型 M3 中，同时纳入情感网络程度中心性和任务复杂度后，任务复杂度对团队情绪能力依然具有显著的负面作用（$\gamma_{20} = -0.23$，$p<0.01$），情感网络程度中心性对团队情绪能力产生显著的促进作用（$\gamma_{10} = 0.36$，$p<0.01$），情感网络程度中心性解释的方差为 0.20，H1 得到检验。类似地，在模型 M4、模型 M5、模型 M6 和模型 M7 中依次纳入情感网络中介中心性、人情关系以及仁慈领导、威权领导等变量之后，发现上述前三个变量对团队情绪能力均具有较为显著的促进作用，对应的 γ_{10} 分别为 0.31、0.39 和 0.42，能够解释的方差分别为 0.23、0.22 和 0.26；而威权领导对团队情绪能力具有较为显著的抑制作用，对应的 γ_{10} 为 -0.31，能够解释的方差为 0.32，说明在控制任务复杂度之后，情感网络中介中心性、人情关系以及仁慈领导对团队情绪能力产生积极影响，而威权领导对团队情绪能力产生消极影

响。H2、H3、H4a 和 H4b 得到检验。在表 7-3 中，仁慈领导在情感网络程度中心性、情感网络中介中心性、人情关系三个变量与团队情绪能力的关系中均起到正向调节作用，γ_{11} 分别为 0.36、0.38 和 0.45（$p<0.01$），威权领导在情感网络程度中心性、情感网络中介中心性、人情关系三个变量与团队情绪能力的关系中均起到负向调节作用，γ_{11} 分别为 -0.39、-0.42 和 -0.48（$p<0.01$）（如表 7-4 所示），H5a、H5b、H6a、H6b、H7a、H7b 均得到检验。借助相关性分析和多层线性模型分析，研究假设基本得到证实。处于团队情感网络中心的个体在团队情绪能力的建设过程中将发挥重要作用，个体在情感网络中的程度中心性与中介中心性越高越有助于推动团队情绪能力提升，团队内部人情关系的建立也能够推动团队情绪能力的提升。然而，家长式领导的介入在团队情绪能力构建的过程中起到了"双刃剑"的作用，一方面，威权领导不利于推动团队情绪能力提升，在情感网络中心性与团队情绪能力之间起到反向抑制作用；另一方面，仁慈领导有助于推动团队情绪能力提升，在情感网络中心性与团队情绪能力之间起到正向推动作用。此外，威权领导不利于同理心的表达，难以逾越信任危机，而仁慈领导更能够营造团队情绪演化过程中的积极氛围。

五　结论与启示

本书从社会网络的视角，对情感网络中个体情绪资源整合为团队情绪管理能力的路径及基本策略进行了探讨。借助情景实验，模拟了任务紧迫性下情感网络中个体情绪的识别和利用策略，特别是归纳出家长式领导对团队在感悟、理解、监控、调节和利用个体情绪中的重要作用，得到了如下结论：①在情感网络中中心性高的个体更能够推动团队情绪能力的提升，因为其拥有更高的情绪感召力并能够为情绪感染传递积极的正能量；②情感网络中的人情关系建立也能够对团队情绪能力的提升提供心理资本的支持以及合作的默契；③家长式领导中的仁慈领导则成为个体层面心理资本聚合为组织层面心理资本的基本实施策略，而威权领导则为团队情绪注入负能量，影响了团队整体的情绪调控能力。作为一种动态的领导行为，家长式领导的不同维度在情感网络结构嵌入、关系嵌入与团队情绪能力的转化过程中起到了截然不同的作用。

表7-2 情感网络嵌入、分布式领导与团队情绪能力的关系检验

因变量	模型	参数估计							解释方差
		γ_{00}	γ_{10}	γ_{20}	α^2	μ_{0j}	μ_{1j}	μ_{2j}	
团队情绪能力	M1:零模型: $L_1: EC_{ij} = B_{0j} + r_{ij}$; $L_2: B_{0j} = \gamma_{00} + \mu_{0j}$	1.89**			0.77	0.26**			
	M2:任务复杂度→团队情绪能力 $L_1: EC_{1j} = B_{0j} + B_{1j}(TC_{1j}) + r_{ij}$ $L_2: B_{0j} = \gamma_{00} + \mu_{0j}$; $B_{1j} = \gamma_{10} + \mu_{1j}$	1.89**	−0.29**		0.65	0.27**	0.16**		0.16
	M3:程度中心性、任务复杂度→团队情绪能力 $L_1: EC_{1j} = B_{0j} + B_{1j}(DC_{1j}) + B_{2j}(TC_{2j}) + r_{ij}$ $L_2: B_{0j} = \gamma_{00} + \mu_{0j}$; $B_{1j} = \gamma_{10} + \mu_{1j}$; $B_{2j} = \gamma_{20} + \mu_{2j}$	1.89**	0.36**	−0.23**	0.52	0.21**	0.07**	0.11**	0.20
	M4:中介中心性、任务复杂度→团队情绪能力 $L_1: EC_{1j} = B_{0j} + B_{1j}(MC_{1j}) + B_{2j}(TC_{2j}) + r_{ij}$ $L_2: B_{0j} = \gamma_{00} + \mu_{0j}$; $B_{1j} = \gamma_{10} + \mu_{1j}$; $B_{2j} = \gamma_{20} + \mu_{2j}$	1.89**	0.31**	−0.20**	0.50	0.23**	0.09**	0.12**	0.23
	M5:人情关系、任务复杂度→团队情绪能力 $L_1: EC_{1j} = B_{0j} + B_{1j}(RQ_{1j}) + B_{2j}(TC_{2j}) + r_{ij}$ $L_2: B_{0j} = \gamma_{00} + \mu_{0j}$; $B_{1j} = \gamma_{10} + \mu_{1j}$; $B_{2j} = \gamma_{20} + \mu_{2j}$	1.89**	0.39**	−0.18**	0.51	0.25**	0.08**	0.13**	0.22
	M6:仁慈领导、任务复杂度→团队情绪能力 $L_1: EC_{1j} = B_{0j} + B_{1j}(EC_{1j}) + B_{2j}(TC_{2j}) + r_{ij}$ $L_2: B_{0j} = \gamma_{00} + \mu_{0j}$; $B_{1j} = \gamma_{10} + \mu_{1j}$; $B_{2j} = \gamma_{20} + \mu_{2j}$	1.89**	0.42**	−0.16**	0.48	0.22**	0.07**	0.15**	0.26
	M6:威权领导、任务复杂度→团队情绪能力 $L_1: EC_{1j} = B_{0j} + B_{1j}(EC_{1j}) + B_{2j}(TC_{2j}) + r_{ij}$ $L_2: B_{0j} = \gamma_{00} + \mu_{0j}$; $B_{1j} = \gamma_{10} + \mu_{1j}$; $B_{2j} = \gamma_{20} + \mu_{2j}$	1.89**	−0.31**	−0.21**	0.45	0.27**	0.08**	0.17**	0.32

注:*表示 $p<0.05$(双侧检验),**表示 $p<0.01$(双侧检验)。

表7-3　　　　　仁慈领导对团队情绪能力的调节作用模型

模型	参数估计							
	γ_{00}	γ_{01}	γ_{10}	γ_{11}	α^2	μ_{0j}	μ_{1j}	μ_{2j}
M1: $L_1: EC_{ij} = B_{0j} + B_{1j}(DC_{1ij}) + r_{ij}$ $L_2: B_{0j} = \gamma_{00} + \gamma_{01}(DL_{ij}) + \mu_{0j}; B_{1j} = \gamma_{10} + \gamma_{11}(DL_{ij}) + \mu_{1j}$	2.58*	0.09	0.23	0.36**	0.40	0.31**	0.18**	0.08**
M2: $L_1: EC_{ij} = B_{0j} + B_{1j}(MC_{1ij}) + r_{ij}$ $L_2: B_{0j} = \gamma_{00} + \gamma_{01}(DL_{ij}) + \mu_{0j}; B_{1j} = \gamma_{10} + \gamma_{11}(DL_{ij}) + \mu_{1j}$	2.37*	0.07	0.19	0.38**	0.42	0.37**	0.12**	0.11**
M3: $L_1: EC_{ij} = B_{0j} + B_{1j}(RQ_{1ij}) + r_{ij}$ $L_2: B_{0j} = \gamma_{00} + \gamma_{01}(DL_{ij}) + \mu_{0j}; B_{1j} = \gamma_{10} + \gamma_{11}(DL_{ij}) + \mu_{1j}$	3.31*	0.112	0.21	0.45**	0.53	0.38**	0.21**	0.15**

注：*表示$p<0.05$（双侧检验），**表示$p<0.01$（双侧检验）。

表7-4　　　　　威权领导对团队情绪能力的调节作用模型

模型	参数估计							
	γ_{00}	γ_{01}	γ_{10}	γ_{11}	α^2	μ_{0j}	μ_{1j}	μ_{2j}
M1: $L_1: EC_{ij} = B_{0j} + B_{1j}(DC_{1ij}) + r_{ij}$ $L_2: B_{0j} = \gamma_{00} + \gamma_{01}(DL_{ij}) + \mu_{0j}; B_{1j} = \gamma_{10} + \gamma_{11}(DL_{ij}) + \mu_{1j}$	1.87*	0.10	0.25	-0.39**	0.38	0.35**	0.17**	0.06**
M2: $L_1: EC_{ij} = B_{0j} + B_{1j}(MC_{1ij}) + r_{ij}$ $L_2: B_{0j} = \gamma_{00} + \gamma_{01}(DL_{ij}) + \mu_{0j}; B_{1j} = \gamma_{10} + \gamma_{11}(DL_{ij}) + \mu_{1j}$	1.96*	0.08	0.22	-0.42**	0.41	0.38**	0.15**	0.09**
M3: $L_1: EC_{ij} = B_{0j} + B_{1j}(RQ_{1ij}) + r_{ij}$ $L_2: B_{0j} = \gamma_{00} + \gamma_{01}(DL_{ij}) + \mu_{0j}; B_{1j} = \gamma_{10} + \gamma_{11}(DL_{ij}) + \mu_{1j}$	2.19*	0.09	0.22	-0.48**	0.46	0.41**	0.23**	0.12**

注：*表示$p<0.05$（双侧检验），**表示$p<0.01$（双侧检验）。

本书致力于构建个体情绪资本向团队情绪资本汇聚整合的管理策略并探讨个体层面心理资本与团队层面心理资本转化互动的基本条件，对项目管理实践具有深刻的启示：

（1）任务紧迫已经成为企业运营的一般情景，团队情绪管理能力的提升与团队成员的情感感召力以及团队组织结构中的领导行为紧密相关，团队情绪管理能力逐渐成为不确定竞争环境下企业核心竞争能力的重要来源，而充分发挥情感网络核心成员的情绪感染作用并适时实施仁慈管理、容错管理将成为提高团队情绪管理能力的基本策略。

（2）作为情感网络中个体间关系嵌入的基本表现形式，人情关系的搭建在提升团队情绪管理能力方面发挥了重要作用，互惠原则和同理心促使成员能够在体验、协同、激励等方面快速达成一致认同，仁慈领导则为互惠原则的实施和同理心的升华提供了开放的渠道和平台，威权领导在情绪资源激发和传递过程中的负面作用也再次验证当今多元化融合背景下的专权管理行为已经成为组织发展的桎梏。

（3）领导行为与情感网络优化将成为提升团队情绪能力的基本举措。作为团队管理者，既需要关注非正式的情感网络中个体的角色定位，充分发挥核心成员的情感感召作用，也应该在管理实践中体现宽容、和谐的领导艺术，尤其要重视契约型管理制度的有序推进形式，使之与情感网络中的社会规范深度融合。借助关系与契约的对话，有效识别团队情感网络中的核心节点，判断核心节点的情绪动力学特征，挖掘核心成员在团队情绪构建过程中的潜在推动作用，通过领导行为与情感网络结构的设计来提升团队情绪能力，为组织创新绩效的改善提供心理资本的重要保障。

鉴于实验研究方法和样本数量的局限性，本书未能获得更具说服力的面板数据以实现对团队情绪能力与家长式领导的动态测度。后续研究将进一步挖掘可能存在的潜在控制变量和影响因素，完善实验情景的设计方法，获得更为真实的样本数据，挖掘更具说服力的研究结论。

第二节 组织结构、团队情绪与团队创新绩效的关系研究——基于情绪感染的视角

一 引言

创新团队是大学生创新活动的主要组织形式。组织对资源的配置方式，即组织结构，就成为动态环境下兼顾创新与效率的重要手段。有学者认为，不可预测的复杂环境下需要非一体化的有机组织结构，而可预测的环境需要刚性的官僚式组织（笛德，2004），也有学者认为从上至下的创新适宜采用正规化和集权化程度高的刚性组织结构，而从下至上的创新适宜采用柔性的组织结构（Rogers，1983）。尽管学者们对组织结构与创新绩效的关系展开了大量研究，但针对如何选择和设计一个恰当的组织结构以提高创新效率的研究还远远不够（张宁辉，2011）。

在创新项目实施过程中，团队成员沟通密切，交流频繁，团队成员的表情、动作、语言等比较容易被其他成员接受，从而形成情绪感染。在任务较为紧迫的情景下，参与其中的团队成员对其他个体的表情和言行会更加关注和敏感，因而加重了情绪感染的程度。既然项目运营过程中团队成员之间的情绪感染会对团队情绪和行为带来影响，那么，资源的配置方式能否对团队情绪和项目创新行为之间的关系起到一定的调节作用？如何设计适当的组织结构和工作方式，才能既保证项目决策快速高效又能够营造真实的创新氛围？基于组织结构作为组织管理环境的基础架构，我们不仅要关注由集权向分权的转变，还应该考虑作为情绪传递通道的组织结构可能给组织创新绩效带来的影响。基于此，本书从团队参与创新行为的情绪状态出发，对组织结构要素和情景因素进行研究，期望通过情景实验，模拟关键链项目管理的执行环境，对任务紧迫性下团队成员情绪感染与项目创新行为之间的关系进行分析，在此基础上探求组织结构不同维度可能给这一过程带来的影响，为任务紧迫性下项目管理的组织结构优化提供依据。

二 理论推演与假设提出

（一）时间压力与关键链项目管理

任务紧迫性主要表现为对工作完成时间进行限制，Weiss 和 Cropanzano 以及 Cropanzano 和 Benson（1997）认为时间限制是指在不考虑个体能否完成任务的情形下给决策过程制定的明确的时间界限，时间压力指的是由时间限制所引发的压力感。Zakay（2005）提出客观的时间限制要通过个体主观知觉到，并产生相应的情绪体验才能感受到时间压力的存在。学者们普遍认同时间压力是在时间限制下个体的一种心理状态或情绪体验这一观点。关键链项目管理技术是基于约束理论的项目进度计划和控制方法，从工序的时间估算、缓冲的使用以及资源冲突的消除等方面对传统项目调度方法加以改进，能够在一定程度上降低资源冲突和行为的不确定程度，有效控制不确定因素对整个项目工期造成的影响（Goldratt，1997）。缓冲区是保证项目进度计划如期进行的有效措施，Goldratt 建议对任务工期进行50%的削减，再通过项目缓冲保护计划稳健性（Goldratt，1997）。之后有很多学者对缓冲的设置方法进行了改良，考虑了更多与项目属性、资源特性相关的评价指标，并对缓冲设置过程进行优化（Ashtiani et al.，2007），以更好地提高资源利用效率并有效约束参与者的行为。缓冲机制的引入会直接带来任务工期的削减，任务紧迫性和时间压力的产生在所难免。项目创新性是项目绩效评价的重要指标，由于项目进度计划的实施者并非绝对理性的个体，对缓冲设置的优化一直忽视了个体对方案的接纳程度及其情绪和行为反应。只有充分考虑任务紧迫性导致的时间压力对个体情绪及创新行为的影响，设计与之匹配的资源配置方式，才有可能达到关键链项目管理的预期目标。

（二）组织结构与团队创新

郭霖等学者（2005）对组织结构进行了如下的界定：组织中对工作角色的正式安排和对包括跨组织活动在内的工作进行管理和整合的机制。作为实现组织目标的手段，组织结构能够影响团队成员的士气、内在动机、满意度和绩效（Brass，1981）；Nerkar 和 Paruchuri（2005）分析了组织结构与创新绩效间的关系和影响机制；Damanpour（1991）指出组织结构变量是创新的基本决定因素，组织结构的影响因素分为组织复杂性和官僚控制两类。罗宾斯认为组织结构是针对工作任务进行的分工、分组和协调合作，可以预测组织内成员的行为。组织结构设计必须考虑六个关键因素：工作专门化、部门化、命令链、控制跨度、集权与分权、正规化等（罗宾斯，2008）。Kwak（2004）证实组织结构通过影响资源配置、信息传递，进而影响创新绩效。尽管很多学者分别从环境、战略、技术、规模、关键人员、知识等方面探讨了组织结构的影响因素（李刚，2007），但还未有研究从个体情绪的角度切入来探讨组织结构对团队创新绩效的作用。

（三）情绪感染与团队创新

情绪本质上是一种在短期内产生的、与具体情景相关的、具有不稳定性的心理状态（George & Zhou，2002）。一般地，情绪被分为积极情绪和消极情绪两个维度（Hullett，2005）。团队情绪不同于个体情绪，是个体情绪分享后的产物（Elliot et al.，2007），团队成员把个体的情绪体验带入团队，通过与其他成员的情绪体验互动，形成特定的团队情绪规范，最终整合为团队情绪（Zurcher，1992）。Amabile 等（2005）认为任何与情感相关的事件或环境特征都可能影响个体创新行为，并验证了积极情绪有利于组织创新并且两者呈线性关系，但也有学者发现消极情绪同样有利于创新行为的实现（Eisenberg & Brodersen，2004）。近年来，学者们意识到团队创新也必须考虑情绪状态的影响（Hatfield & Cacioppo，2003）。随着情绪研究从个体层面上升到群体层面，情绪感染理论被认为是团队情绪产生的理论基础。Hatfield、Cacioppo 和 Rapson（2003）认为人们在交互过程中会有意识或无意识地模仿他人的面部表情、姿势、语言和行为，捕捉其他个体的情感，个体情绪可以通过多人交互产生并逐渐聚集。情绪感染不仅发生在双方的交互过程中，对情绪输出或接受过程予以关注的第三方也可能通过间接方式产生情绪感染的体验，因而在情绪输出者与团队成员之间形成交互作用的"情绪循环"（Smith，Sege & Mackie，2007），最终改变团队态度、信念和行为。Barsade（2004）发现积极的团队情绪可以促进个体更好地合作，减少冲突，Walter 和 Bruch（2008）指出情绪感染所激发的群体情绪可能对群体的整体绩效带来影响，积极情绪可以促进协作、激发成员更多的创新潜质，而消极情绪可能对群体成员之间的和谐关系带来影响。Rhee（2007）认为积极的团队情绪分享能够减少冲突、增加合作，提高团队创造力并促进团队创新。Knight（2011）发现越是对项目工期和绩效有着严格规定的项目，团队的积极情绪越能在创新行为的实施过程中起到关键作用。

综合上述分析，本节提出以下假设：

H1a：任务紧迫性情形下，消极情绪展示通过情绪感染产生消极的团队情绪并对团队创新绩效产生负面影响；

H1b：任务紧迫性情形下，积极情绪展示通过情绪感染产生积极的团队情绪并对团队创新绩效产生正面影响。

（四）组织结构在情绪展示与团队情绪间的调节作用

组织中主要存在两种不同的信息，一种是帮助决策者做出决策的信息，另一种是诸如帮助形成文化愿景和人际关系的情感交流信息，即非决策信息（林泉等，2012）。从系统论的角度来看，适宜创新的组织结构应该将"焦虑不安抑制水平"这一变量涵盖进来（杰克逊，2005），Senge（1990）则认为改善心智模式，建立共同愿景是构建学习型组织的重要基本技术。组织结构不仅仅是信息、知识传递的通道，也是心智、情绪展示和相互感染的载体，不断调节身心状态是实现创新的基本要求。虽然扁平化、网络化的组织结构形式在项目运作中广泛采用，但依然缺乏对复杂环境中组织结构动态适应的深入描述。由于情绪不受正式的考核体系的约束，任务紧迫性下群体的情绪感染可能对组织结构中的资源配置形式提出更为复杂的、多层次的要求。

组织结构界定了资源流转的渠道，渠道的设计直接影响到组织中信息传递的方向、速度和信息传递的效率，并逐渐形成组织规范。个体的情绪表达也嵌入其中并提炼为一种规则，由此形成的情绪调节控制机制会演化为情绪规范，并对组织绩效产生影响（Hochschild，1983）。不管是外在的还是内敛的情绪表达，都需要与组织规范相吻合（Kelly & Barsade，2001），这已然成为情绪劳动的基本要求和情感文化的一部分（Barsade & O'Neill，2004）。组织结构提供了团队成员之间联系的通道，这种网状联系已经被证明能够推动整个团队情绪的聚敛，另外，这种网状联系的密度和规模又将影响个体工作中的感受，进而影响他们的工作绩效（Totterdell et al.，2004）。既然组织规范是对资源配置过程的规定和约定，依托于组织结构、组织规范发生的情绪感染过程就可能会受到组织结构的影响，进而对组织绩效发挥作用。

分权的组织意味着高层管理者加大授权的广度和深度，团队成员可以更自由地参与决策制定，更好地对信息进行交流和反馈，权利的公正公平促进团队成员更好地达成共识。在吸收新的知识的同时，也会在更广的范围内感受到不同成员的语言、手势，接触到更多的情感体验和情绪规范。任务紧迫性下，积极的情绪被展示后，成员积极情绪的敏感度越高，积极情绪会在更多的成员之间快速扩散，并在团队内扩散。反之，由于团队成员自治与情绪忧伤呈显著的负相关（Parker & Wall，1998），消极的情绪被展示后，成员消极情绪的敏感度越高，消极情绪越会在团队内快速扩散。综合上述分析，本节提出以下假设：

H2a：任务紧迫性下，在实施积极的情绪展示时，分权程度将调节积极情绪敏感度与团队情绪的关系，分权程度越高，积极情绪敏感度对团队情绪的正面影响越大；

H2b：任务紧迫性下，在实施消极的情绪展示时，分权程度将调节消极情绪敏感度与团队情绪的关系，分权程度越高，消极情绪敏感度对团队情绪的负面影响越大。

组织正规化意味着组织契约完备，正规化的组织有着明确的发展战略和实施策略，部门权责划分清晰，作业流程完整，这就在某种程度上限制了跨部门团队之间以及团队成员之间的沟通与互动；正规化程度高的组织中遵循程序化的工作规范，重复性地处理常规事务，团队成员情绪敏感性较低（Lars – Olov，2008），情绪唤醒和传递只能在有限的通道中扩散，且扩散的强度和速度都会受到一定影响。任务紧迫性下，积极的情绪被展示后，即便成员积极情绪的敏感度较高，标准化的流程和组织规范还是会限制积极情绪在团队之间的扩散。消极情绪展示后也会发生类似的情况。综合上述分析，本节提出以下假设：

H3a：任务紧迫性下，在实施积极的情绪展示时，正规化程度将调节积极情绪敏感度与团队情绪的关系，正规化程度越高，积极情绪敏感度对团队情绪的正面影响越弱；

H3b：任务紧迫性下，在实施消极的情绪展示时，正规化程度将调节消极情绪敏感度与团队情绪的关系，正规化程度越高，消极情绪敏感度对团队情绪的负面影响越弱。

整合程度高的组织能够创造更多的团队之间以及团队成员之间交流的机会，部门之间协调性好，团队成员能够较为容易地接收情绪发送者的信息，发生情绪感染的次数较多，有利于在团队成员之间形成情绪聚敛；团队成员对企业经营战略认同度高，容易形成一致的情绪规范；整合程度高还意味着团队成员及主管对外部环境变化能快速做出反应，有效整合资源，稳定团队情绪以适应不断变化的外部环境。任务紧迫性下，积极的情绪被展示后，成员积极情绪的敏感度越高，积极情绪被发送和接收的速度越快，积极情绪会更快地在团队内扩散。类似地，消极情绪展示后也会发生类似的情况。综合上述分析，本节提出以下假设：

H4a：任务紧迫性下，在实施积极的情绪展示时，整合程度将调节积极情绪敏感度与团队情绪的关系，整合程度越高，积极情绪敏感度对团队情绪的正面影响越强；

H4b：任务紧迫性下，在实施消极的情绪展示时，整合程度将调节消极情绪敏感度与团队情绪的关系，整合程度越高，消极情绪敏感度对团队情绪的负面影响越强。

反馈速度慢意味着团队内部信息传递通路不畅或层级过多，个体情绪在信息传递过程中容易受到干扰和弱化；由于无法有效接收到情绪发出者的情绪体验，情绪的聚敛过程耗时较长，不易形成一致的情绪规范。任务紧迫性下，积极的情绪被展示后，如果反馈速度快，成员积极情绪的敏感度越高，则积极情绪越易于聚敛。类似地，消极的情绪被展示后，如果反馈速度快，成员消极情绪的敏感度越高，则消极情绪越易于聚敛。综合上述分析，本节提出以下假设：

H5a：任务紧迫性下，在实施积极的情绪展示时，反馈速度将调节积极情绪敏感度与团队情绪的关系，反馈速度越快，积极情绪敏感度对团队情绪的正面影响越强；

H5b：任务紧迫性下，在实施消极的情绪展示时，反馈速度将调节消极情绪敏感度与团队情绪的关系，反馈速度越快，消极情绪敏感度对团队情绪的负面影响越强。

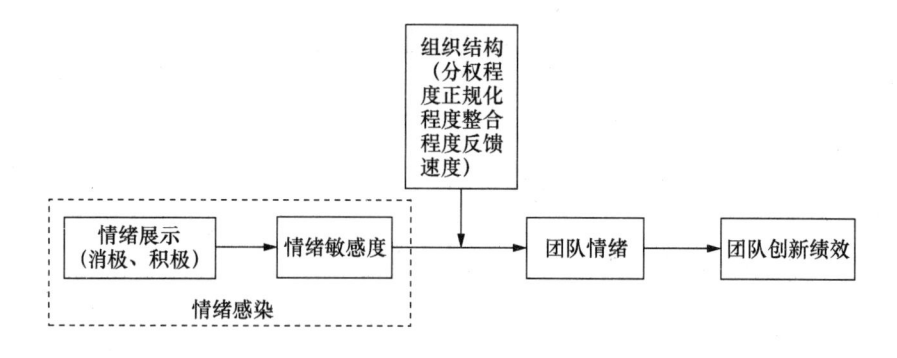

图7-2 任务紧迫性下情绪展示、组织结构、团队情绪与团队创新绩效的概念模型

三 研究方法

(一) 实验设计

Henning 等学者（2006）指出，针对情绪的研究范式中，唯有真实场景才能充分调动被试者的真实情绪。Merkx、Truong 和 Neerincx（2007）使用一种射击游戏作为情绪诱发的手段，发现这种方式可以将被试者的注意力集中在虚拟世界，能够诱发出相对自然的情绪状态，从而有效提高实验室情绪诱发的可靠性。另外，尽管学术界对采用大学生群体作为被试者群体依然存在争议，但由于在校大学生的角色特征决定了其较少受到行业规则和其他噪声的影响，能够保证研究结论的一般性，因而以大学本科生作为情景实验的被试者对象得到了广泛使用（Ploott，1982）。本书以浙江和湖北两所高校工商管理大类的大学三年级学生为实验对象，以真实的 ERP 沙盘实训为实验场景，在整个实训项目的计划和实施过程中，借鉴关键链项目管理的理念，对关键任务进行时间削减并以项目缓冲的形式放置于整个实训项目结束之前。在实验中通过设计不同的情绪展示场景，对组织结构、团队情绪与团队创新绩效进行问卷测评。

由于时间压力还没有一个准确的工具进行测量，为了降低个体差异和任务内容可能对时间压力感受程度带来的差异性，我们选择的是相同专业相同年级的学生参与实验，为了保证每位同学承担任务的数量和难度尽可能一致，对其承担的角色及工作内容进行了重新组合。为了使时间压力的控制更具可操作性，借鉴 Weening 的观点，把无时间限制条件下被试者决策时间分布的中位数或平均数的 50% 作为时间压力条件下的决策时间（Weening，2002）。另外，由于群体规模和群体关系质量会对情绪感染过程带来影响（Walter & Bruch，2002），我们统一将参与实验的学生六人分为一组且来自同一班级，尽可能保持其熟悉度比较一致，后文将对熟悉度的差异性进一步检验。

实验在 2011 年 1 月至 2012 年 6 月分为两个阶段进行，先后有 648 名学生参加。第一阶段收集的数据主要用作探索性研究，第二阶段收集的数据主要用于验证性研究。2011 年 1 月至 6 月为第一阶段，共 216 名学生（36 个团队）参加，旨在对不同情绪展示下被试者情绪和团队创新绩效之间的相关性进行探索性分析并修正问卷。2011 年 9 月至 2012 年 6 月为第二阶段，共 432 名（72 个团队）学生参加，旨在构建模型完成假设检验。实验中被试者产生的真实体验确保了变量测度的准确性，也确保了检验模型的合理性。

具体实验步骤如下：

1. 编制关键链项目计划

根据过去开展该实训项目的教学经验，将整个项目分解为八个任务，每个任务的期望完成时间均为4课时，利用4天的时间连续完成所有实训任务。任务5、任务6、任务7、任务8为关键任务。为了帮助被试者更好地掌握实训规则，任务1、任务2、任务3、任务4的计划完成时间保持4课时不变，将任务5、任务6、任务7、任务8的计划工期减半为2课时，这一时间可以认为是时间压力下的决策和行动时间（Weening，2002）。削减总工期的一半即4课时作为项目缓冲置于整个实训项目结束之前，根据项目缓冲的消耗情况对实训进度人为施加一定控制。整个实训计划事先不告知被试学生，以保证被试者在执行计划时维持一定的情绪强度。

2. 对情绪展现者进行培训

在每个小组中事先选择了一名情绪展现者，这部分同学一般在班级或学院担当管理工作，性格外向，有较好的人缘和亲和力。实验开始前对他们进行培训，明确其职责是在展开任务5的操作前对自己的积极或消极情绪进行公开展示，诱发团队成员产生类似的情绪。我们对实验中的情绪展示指导语和相应的语音、语调、手势、面部表情进行了详细规定，尽可能保证实验中能够产生类似的情绪展示强度。

3. 展开第一阶段实验

将参与实验的36个团队随机分为两类，其中的18个团队进行积极情绪展示，另外的18个团队进行消极情绪展示。开始实训前，所有被试者对与自己团队成员的熟悉程度进行5分制打分，分值越高则熟悉度越高。在实训规则讲解时，仅仅突出基本运营规则的介绍，如筹码的摆放、市场竞争规则的理解等，鼓励各个团队探寻最适合和最有效的团队管理办法。在团队开始任务5的操作前，情绪展示者进行积极或消极的情绪展示，随即对所有被试者进行积极或消极情绪敏感度量表测试，对情绪感染程度进行分析；全部实训任务结束后，所有被试者展开PANAS – R量表测量，对个体情绪进行测评，每个小组的CEO即管理者对组织结构和团队创新绩效展开测评。

4. 进行第二阶段实验

将参与实验的72个团队随机分为两个部分，其中的36个团队进行积极情绪展示，另外的 36 个团队进行消极情绪展示。其余实验步骤与第一阶段实验步骤相同。

（二）变量测量

Doherty（1997）开发的 ECS 自陈式量表从喜爱、高兴、愤怒、害怕和悲伤五个维度针对个体对他人展示信息进行捕捉的敏感程度进行测度。Lundqvist（2006）设计的多维度情绪感染量表具有较好的效度，被认为能够更好地满足多元化的研究需要。本书在前人的基础上结合实验场景对量表进行了修正，主要针对积极和消极两个维度展开测评，对个体情绪敏感度的测量包括以下六个题项：和情绪失落的人在一起我也会感到失落；当别人谈及令人不悦的事情，我会感到紧张；听到任何不利于公司运营的消息都会让我感到紧张；当我感到失落的时候和一个兴奋的人在一起会让我也兴奋起来；如果有人对我真诚地微笑，我也会报以微笑并感到温暖；和心情愉快的人在一起时，我也充满愉悦。

对情绪的测量借鉴修正后的 PANAS-R 量表（邱林，2006），分为积极情感（PA）和消极情感（NA）两个分量表。量表包括 18 个情感形容词，要求被试者针对实训过程中体验到各词汇所描述的情感的频率做出评价。

对组织结构各个维度的测量借鉴台湾学者吴万益的成果，结合实验情景进行适当修改，量表将组织结构划分为分权程度、反馈速度、正规化程度、部门整合程度四个维度（吴万益等，1999），共设问项 11 个。分权程度的测量题项如下：CEO 对部门经理授权的程度；公司制定重大决策时，主管参与协商的程度；CEO 对各部门执行过程的监控程度。正规化程度的测量题项如下：公司各部门权责划分的明确程度；公司是否有明确的发展战略和执行计划；公司作业流程的明确程度。整合程度的测量题项如下：公司各部门之间的协调性；公司成员对企业经营战略的认同度；公司各级主管对于外部环境变化的应变能力。反馈速度的测量题项如下：公司执行某项策略或指令后绩效的反馈速度；部门经理的意见或建议得到反馈的速度。

团队创新绩效量表借鉴陈公海（2008）和 Lovelace（2001）的成果，结合实验情景进行适当修改，具体题项包含团队产生了很多新的想法或创意；团队会依据市场需求信息和竞争者动态进行战略调整；团队经常采用一些能改善作业流程以及提高运作效率的方法。

所有量表均采取 Likert 五点计分（1 = 从来没有，2 = 偶尔，3 = 有时，4 = 经常，5 = 几乎所有时候）。

四 研究结果

（一）量表的信度和效度检验

对参与第一阶段被试者互评的熟悉程度进行分析，均值为 4.62，方差为 0.12，对积极情绪展示组和消极情绪展示组的成员熟悉程度进行卡方检验，$p = 0.043 < 0.05$，说明被试者在熟悉程度方面不存在显著差异。第一阶段实验结束后，对收集到的问卷数据进行信度和效度检验，如表 7-5、表 7-6 所示。

表 7-5　　　　　　　　问卷的 Cronbach's α 系数

变量		题项数	KMO 值	Cronbach's α 系数
情绪敏感度	积极情绪敏感度	3	0.741	0.725
	消极情绪敏感度	3	0.786	0.762
情绪状态	积极情绪	9	0.825	0.736
	消极情绪	9	0.817	0.748
组织结构	分权程度	3	0.733	0.719
	正规化程度	3	0.775	0.746
	整合程度	3	0.768	0.738
	反馈速度	3	0.755	0.781
团队创新绩效		3	0.823	0.793

表 7-6　　　　　问卷验证性因素分析拟合指标（$N = 216$）

问卷变量	χ^2/df	RMSEA	NFI	RFI	IFI	NNFI	CFI
积极情绪敏感度	2.112	0.073	0.932	0.965	0.962	0.975	0.987
消极情绪敏感度	2.081	0.101	0.965	0.978	0.978	0.982	0.986
积极情绪	2.416	0.082	0.971	0.972	0.964	0.986	0.987
消极情绪	3.89	0.074	0.952	0.962	0.973	0.979	0.989
分权程度	2.912	0.071	0.932	0.952	0.954	0.974	0.985
正规化程度	2.659	0.101	0.951	0.945	0.965	0.971	0.986
整合程度	2.418	0.075	0.921	0.956	0.963	0.974	0.987
反馈速度	2.331	0.076	0.953	0.964	0.958	0.974	0.984
团队创新绩效	2.402	0.083	0.951	0.971	0.962	0.981	0.982

表7-5中各个问卷的Cronbach's α 系数值和KMO值均大于0.7，Bartlett球体检验的显著性水平为0.001，且各个题项的因子负荷均大于0.4，说明问卷具有较好的信度。表7-6中各个变量的拟合度指标均符合要求，说明问卷结构效度可以接受。

（二）假设检验

对参与第二阶段被试者互评的熟悉程度进行分析，均值为4.58，方差为0.11，对积极情绪展示组和消极情绪展示组的成员熟悉程度进行卡方检验，$p=0.036<0.05$，说明被试者在熟悉程度方面不存在显著差异。

由于积极/消极情绪敏感度和情绪状态均采用团队成员独立评价的方式进行，需要通过计算组内相关系数ICC（1）、团队均值信度ICC（2）、R_{wg}、F统计量来辨别个体数据是否可以汇聚到团队层面（见表7-7）。

表7-7　　　　　　　　　变量数据汇聚检验

变量	ICC（1）	ICC（2）	R_{wg}	F统计量
积极情绪敏感度	0.221	0.623	0.752	3.57***
消极情绪敏感度	0.269	0.753	0.854	4.68***
积极情绪	0.217	0.661	0.767	3.66***
消极情绪	0.278	0.719	0.820	4.12***

注：***表示$p<0.001$（双侧检验）。

文献表明，$R_{wg} \geq 0.70$，ICC(1)≥ 0.20，ICC(2)≥ 0.50，且F统计量大于1为汇聚检验通过的基本标准，表7-7中内部一致性系数R_{wg}均超过临界值0.70，ICC(1)、ICC(2)、F统计量均达到经验标准，说明个体变量满足一致性要求。由此推断，个体水平的上述四个变量可以汇总为团队水平进行假设检验。后续分析将取汇聚后的数据。

以实施积极情绪展示和消极情绪展示的团队为样本，对主要研究变量进行相关性分析（见表7-8、表7-9）。任务紧迫导致的工作紧张是一种典型的消极情绪体验，个体在充满压力的组织环境中，会产生消极的情绪。通过相关分析，可以初步观察在一种易产生消极情绪的氛围中，积极或消极的情绪展示在组织结构的支撑下会对团队情绪和团队创新绩效分别带来哪些不同的影响。

表7-8　　　　积极情绪展示下主要研究变量相关性分析

变量	平均值	标准差	1	2	3	4	5	6	7
1. 积极情绪敏感度	2.92	0.43	—						
2. 分权程度	3.82	0.58	0.19**	—					
3. 正规化程度	3.46	0.52	0.11	0.08	—				
4. 整合程度	3.74	0.53	0.12	0.07	-0.09	—			
5. 反馈速度	3.21	0.49	0.15	0.11	0.13	0.19**	—		
6. 积极团队情绪	3.37	0.56	0.16	0.24**	0.12	0.11	0.12	—	
7. 消极团队情绪	3.16	0.45	-0.13	0.10	0.10	0.10	-0.09	0.01	—
8. 团队创新绩效	3.93	0.62	0.21**	0.28**	0.15	0.16	0.13	0.24**	-0.16

注：**表示 $p<0.01$（双侧检验）。

表7-9　　　　消极情绪展示下主要研究变量相关性分析

变量	平均值	标准差	1	2	3	4	5	6	7
1. 消极情绪敏感度	3.56	0.55	—						
2. 分权程度	3.71	0.54	-0.14	—					
3. 正规化程度	3.52	0.57	-0.12	0.08	—				
4. 整合程度	3.49	0.48	-0.13	0.07	0.06	—			
5. 反馈速度	3.13	0.42	-0.15	0.11	-0.10	0.16	—		
6. 积极团队情绪	3.12	0.46	-0.14	-0.13	0.07	0.05	0.09	—	
7. 消极团队情绪	3.79	0.59	0.19**	0.11	-0.10	0.21**	0.14	0.01	—
8. 团队创新绩效	3.21	0.45	-0.28**	0.15	0.13	0.16	0.10	0.09	-0.22**

注：**表示 $p<0.01$（双侧检验）。

从表7-8中看到，分权程度与积极情绪敏感度显著正相关（$\beta=0.19$，$p<0.01$），积极情绪敏感度与积极团队情绪关系不显著，但与团队创新绩效显著正相关（$\beta=0.21$，$p<0.01$），可能是由于分权程度可以较好地激发积极的团队情绪聚敛，使得积极情绪敏感度与团队创新绩效显著正相关。假设H1b没有得到完全验证，但揭示了积极情绪敏感度与团队创新绩效之间存在正相关性，并且两者之间可能存在中介变量或调节变量。

对比表7-8和表7-9发现，任务紧迫性下消极情绪展示相对积极情绪展示对情绪变量的影响力度更大，消极情绪比积极情绪在任务紧迫性环境下更易被个体和团队感悟、传递和接受。消极情绪敏感度与消极团队情绪呈显著的正相关（$\beta = 0.19$，$p < 0.01$），与团队创新绩效呈显著的负相关（$\beta = -0.28$，$p < 0.01$）。消极团队情绪与团队创新绩效显著负相关（$\beta = -0.22$，$p < 0.01$），整合程度与消极团队情绪显著正相关（$\beta = 0.21$，$p < 0.01$），整合程度加速了消极情绪的蔓延速度。任务紧迫性情景下，消极情绪展示通过情绪感染产生消极的团队情绪并对团队创新绩效产生负面影响，并且整合程度可以推动这种作用，不仅假设H1a得到验证，同时也说明组织结构的某些变量会在情绪感染过程中发挥作用。

本书采用层级回归的方法进行假设检验，由于团队规模和熟悉程度对因变量的影响已经得到控制，仅仅选择团队中成员的性别为控制变量（Becker，2007）。表7-10、表7-11中的数据均进行了中心化处理，以避免共线性问题。从表7-10中可以发现，积极情绪敏感度与积极团队情绪显著正相关（$\beta = 0.24$，$p < 0.01$），加入分权程度与积极情绪敏感度的交互项后对团队积极情绪有显著影响（$\beta = 0.20$，$p < 0.01$），H2a得到检验；而正规化程度、整合程度、反馈速度与积极情绪敏感度的交互项对团队积极情绪的影响均没有达到显著水平，H3a、H4a、H5a均未能通过检验。

表7-10　　　　　　积极情绪展示下组织结构的调节效应

预测变量	消极团队情绪			
	M1	M2	M3	M4
控制变量				
性别比例	0.09	0.08	0.08	0.07
自变量				
积极情绪敏感度		0.24**	0.23**	0.22**
调节变量				
分权程度			0.26**	0.23**
正规化程度			0.14	0.12
整合程度			0.15	0.14
反馈速度			0.12	0.10
交互项				

续表

预测变量	消极团队情绪			
	M1	M2	M3	M4
积极情绪敏感度×分权程度				0.20**
积极情绪敏感度×正规化程度				-0.09
积极情绪敏感度×整合程度				0.11
积极情绪敏感度×反馈速度				0.12
R^2	0.41	0.43	0.45	0.49
F	2.57**	2.41**	2.27**	2.59**
ΔR^2	0.41	0.02	0.02	0.04

注：**表示$p<0.01$（双侧检验）。

表7-11　消极情绪展示下组织结构的调节效应

预测变量	消极团队情绪			
	M1	M2	M3	M4
控制变量				
性别比例	0.09	0.09	0.08	0.08
自变量				
消极情绪敏感度		0.32**	0.31**	0.31**
调节变量				
分权程度			0.11	0.11
正规化程度			-0.15	-0.13
整合程度			0.31**	0.29**
反馈速度			0.17	0.15
交互项				
消极情绪敏感度×分权程度				0.10
消极情绪敏感度×正规化程度				-0.09
消极情绪敏感度×整合程度				0.21**
消极情绪敏感度×反馈速度				0.12
R^2	0.38	0.40	0.42	0.45
F	2.38**	2.31**	2.25**	2.41**
ΔR^2	0.38	0.02	0.02	0.03

注：**表示$p<0.01$（双侧检验）。

从表 7-11 中可以发现，消极情绪敏感度与消极团队情绪显著正相关（$\beta = 0.32$，$p < 0.01$），加入整合程度与消极情绪敏感度的交互项后对团队消极情绪有显著影响（$\beta = 0.21$，$p < 0.01$），H4b 得到检验；而正规化程度、分权程度、反馈速度与消极情绪敏感度的交互项对团队消极情绪的影响均没有达到显著水平，H2b、H3b、H5b 均未能通过检验。

五 研究结论

（一）管理启示

本节从团队成员参与创新行为的情绪状态出发，引入组织结构要素和情景因素，通过模拟关键链项目管理的执行环境，对任务紧迫性下团队成员情绪感染与团队创新绩效之间的关系进行分析，得到了以下基本结论：任务紧迫性情景下项目运营过程中团队成员之间的情绪感染会对团队情绪和团队创新绩效带来影响，而资源的配置方式即组织结构会对情绪敏感度和团队情绪之间的关系起到一定的调节作用。

相关性分析与层次回归分析发现，任务紧迫性情景下，消极情绪展示通过情绪感染产生消极的团队情绪并对团队创新绩效产生负面影响；而积极情绪展示在情绪感染过程中对团队积极情绪的聚敛作用并不明显。造成这种现象的原因可能是因为人们处理负面情绪线索的速度快于处理正面情绪的速度所致（Becker，2007），在任务紧迫性情景下，人们对负面情绪会更加敏感。在积极情绪展示下，组织结构的四个维度中，只有分权程度对积极情绪敏感度与团队情绪的关系起到正向调节作用，分权程度越高，积极情绪敏感度对团队情绪的正面影响越大；而在消极情绪展示下，整合程度将正向调节消极情绪敏感度与消极团队情绪的关系，整合程度越高，消极情绪敏感度对团队情绪的负面影响越强。这也说明，情绪感染过程与情绪接受者的情绪敏感度以及组织结构存在关联。

在面临易产生消极情绪的任务紧迫性情景下，在不同情绪展示中，组织结构的不同维度对情绪敏感度和团队情绪的关系起到了不同的调节作用。在消极情绪展示下，整合程度这一维度会加剧消极情绪的蔓延，整合程度高的团队中更易形成消极的团队情绪氛围，而组织结构中的正规化维度可以在一定程度上遏制团队消极情绪的传递。我们发现项目资源的整合能力和应变能力是一把"双刃剑"，既能帮助团队在不确定环境中快速整合资源提高应变能力，也促使情绪感染过程中消极情绪的加速聚敛。整合程度高的组织虽有利于形成一致的情绪规范，但对于消极情绪的形成缺乏免疫力，团队必须进一步推进制度分权和正规化建设，保持反馈渠道的畅通，建立多元化的反馈沟通机制，才能够在一定程度上缓解团队中消极情绪的生成。在积极情绪展示下，团队若形成一种群策群力的工作氛围，即便项目面临较高的紧迫性、强制性，积极的情感体验依然会随着积极情绪的展示有效聚敛，从而形成积极奋进的情绪规范和情绪文化。其他几项组织结构维度虽然没有明显的促进关系，但也能够对积极团队情绪的形成起到一定推动作用。比如，团队多开展互动式的讨论，对负面情绪及时化解，建立和谐的氛围，能够在一定程度上减少负面情绪展示带来的不利影响。

由于项目具有严格的时间限制，因而本节的实验研究尽管依托关键链项目管理展开，但是对于一般项目管理过程均具有借鉴意义。项目管理者必须重视团队成员的情绪管理，项目管理者不仅应该做好项目的计划和执行监控，还应该是一名成功的情绪调动者和引导者。面对任务紧迫带来的时间压力，项目管理者除了要善于利用资源、整合资源、加强沟通互动，更应该善于进行积极的情绪展示，有效聚敛积极的团队情绪，鼓励团队成员积极实施创新行为。如果团队中消极情绪的形成在所难免，可以通过明确团队及成员的权责界限，或者适时通过正规或非正规的渠道进行积极情绪展示等途径来弱化，逐渐形成积极的情绪氛围。对于团队成员而言，也应该通过各种途径提高自身的积极情绪的识别能力和消极情绪的克制能力，通过情绪控制能力的改善调节团队的凝聚力，创造良好的情绪氛围。

（二）本书的贡献

鉴于积极情绪、消极情绪与创新绩效之间的关系还未达成共识，研究结论的不一致可能源自不同的前因变量所致。本书在分析团队积极情绪、团队消极情绪与团队创新绩效关系的过程中，设置了关键链项目管理这一分析背景，将时间压力、情绪展示和组织结构纳入分析框架，为探寻情绪与创新绩效的关系提供了新的证据。由于从大学生情绪的角度切入来探讨组织结构对团队创新绩效影响的研究还很缺乏，本书在一定程度上也拓宽了组织结构的研究领域，为任务紧迫性下项目管理的组织结构优化提供了依据。另外，本书也证实了组织创新，尤其是组织结构的创新、协调方式的创新是实现团队创新的重要环境变量，因而，本书也为如何提高团队创新绩效提供了一种新的思路。特别需要指出的是，由于以往的研究要么探寻情绪与创新的关系，要么分析组织结构与创新之间的关联，本书则首次将上述三个变量加以整合，从情绪感染的角度探寻相互之间的作用机理，丰富了相关领域的研究内涵，提供了新的分析视角。

（三）研究展望

本书为学界深入理解组织结构、情绪与创新绩效的关系提供了一个新的分析视角，但依然不可避免地存在一些局限性：虽然已有文献证实将游戏作为情绪诱发的手段具有较高信度，本书采用的对抗性 ERP 实训这一情绪诱发手段是否具有足够的信度还需要进一步检验；另外，本书研究针对学生团队样本展开并得到一些结论，结论的适用性还需要真实的团队来加以验证。除此之外，未来的研究可以进一步对本节提出的概念模型进行拓展，为探寻相关变量之间的影响机制提供有价值的研究脉络。

第八章 任务紧迫性下基于效率与创新协同的项目过程控制策略研究

本章旨在探求任务紧迫性下项目创新速度的推动策略及创新激励策略，首先，通过情景实验，对建设性争辩、团队情绪与团队成员创新行为之间的互动影响和调节效应进行了实验研究。HLM 研究结果显示：团队积极情绪有利于个体创新而团队消极情绪对创新行为影响并不显著；建设性争辩在创新想法的产生和创新行为的实现过程中发挥了积极作用；团队积极情绪在建设性争辩与个体创新行为之间发挥正向调节作用，团队消极情绪在建设性争辩与个体创新行为之间产生负向调节影响。营造积极的团队情绪氛围，培养良好的情绪体验，引导和发挥建设性争辩的积极作用，能够将情商培养与创新引导有机融合，提高创新能力。其次，以关键链项目管理为依托，构建基于效率与创新协同控制的两阶段创新激励机制模型，通过设计包含学习期权的激励路径来保证在提高效率的同时完成项目的创新绩效。通过建立两阶段委托—代理模型，归纳出解析解并提出具体的实施方案及模型改进方法；在此基础上设计情景实验加以验证，初步得到以下结论：对早期创新风险的补偿能够帮助项目执行者在保证工作效率的同时更好地利用学习期权，引导员工积极实施创新行为。

第一节 基于过程控制的项目创新速度实验研究

一 引言

在全球化、技术日新月异的高速变革时代，创新是组织获得和维持竞争优势的重要战略手段，时间已经超过成本、质量成为影响竞争力的主要因素（Stalk & Hout，1990），速度成为在质量、价格之后下一个竞争优势来源（Willis & Jurkus，2001），而创新速度则成为复杂多变动态环境中赢得竞争优势的重要战略优势。由于团队成为企业应对不确定环境的有效工作单元，项目创新速度的研究主要针对产品开发过程的各个要素展开，专业的团队、有效的领导、高层的支持、清晰的进度计划、并行工程等已被认为是提高项目创新速度的关键（孙卫等，2010）。尽管大学生尚处于求学阶段，其创新能力的提升也会直接作用于创新速度的加快，即便是一些校内创新项目，延误、创新速度低下的现象仍然频频发生。如何识别有效的预测变量以更好地对创新速度进行监控？如何从创新过程的不同阶段着手对创新速度展开阶段性控制？这些问题不仅直接决定项目创新速度的提高能否达成，也已经成为决定创新教育可持续发展的"瓶颈"。本书将从个体、任务、环境三个层面，选取创新自我效能感、工作特征（任务复杂度和工作自主性）以及管理者和合作者的支持为前因变量，揭示其对创新过程三个阶段的不同预测作用，从过程控制的视角寻求影响创新速度的关键因素。

二 文献回顾及假设提出

（一）创新过程与创新速度

West 和 Farr（1989）认为创新是个体产生、引进新的想法和流程并将其应用在组织上的活动，包括产生一些原创的、新颖的、有价值的构想、产品或程序，并且这些新想法的产生和实施有助于提高个体、团队和组织绩效（Amabile et al.，1996）。创新概念中包含四个关键词：运用、有意识的、外部利益、相对创新性，这四个关键词也反映出创新是一个涵盖个体、团队和组织的多维度复杂过程（Anderson et al.，2004）。Scott 和 Bruce（1994）以及 Janssen（2004）都认为创新过程包含想法的产生、推动和实现等阶段，个体在不同的阶段具有不同的活动行为特征，并可以在任意时间参与到这些行为中去。Kleysen 和 Street（2001）尝试将创新过程划分为发现机会、产生想法、调查取证、寻求支持以及实施应用五个维度。Janssen（2000）将创新行为分为创意产生（创造力），创意构想推进和创意实施三个相对独立的阶段并得到广泛认同。其中创意产生即提出有新意和潜在价值的想法和概念；创意构想推进旨在推销创意构想并寻求潜在支持者；创意构想执行指在工作中直接将创意构想付诸实施。卢小君、张国梁发现在中国目前情景下，个人创新行为可归纳为两个阶段：产生创新构想的行为和执行创新构想的行为（卢小君，2007）。

对创新速度的定义一般都是从创新过程的角度进行的，Kessler

(1996)把创新速度界定为从初次发现市场可能,到实现商品化的时间跨度,获得了较为广泛的认同。Emmanuelides(1991)认为商业环境、项目本身的性质以及团队三方面会影响创新速度。Zirger 和 Hartley(1996)提出的创新速度影响因素涉及团队组织、研发过程、产品战略等诸多方面。由于创新是一项高风险的行为,加快创新速度意味着企业将拥有更多尝试创新的机会,进而增加创新的成功概率(Markman et al., 2005)。

由于现有文献在研究内容上较为分散,过程上相对割裂,尚未从系统角度构建创新全过程的创新速度影响因素分析框架,在研究创新过程时都没有考虑创新不同阶段对整体创新速度的提高带来的影响,本书借鉴 Janssen(2004)的观点,将创新过程分为创意构想产生、创意构想推动和创意构想执行三个独立的阶段,每个阶段对创新时间和速度的良好控制都会有益于整体创新速度的提高。基于此,本节做出以下假设:

H1a:创意产生过程的有效推进能够加快创新速度;

H1b:创意构想推进过程的有效推进能够加快创新速度;

H1c:创意实施过程的有效推进能够加快创新速度。

(二)个体创新及其前因变量

很多学者探讨个体创新行为的前因变量,既涵盖了外部影响因素如组织文化、组织氛围、领导风格、组织结构,又涉及内部影响因素,如个性、技能、自我效能感、内在动机、工作特征等(杨英,2011),得到了很多有价值的结论。Hammond 等(2011)通过元分析对个体层面创新的相关变量做了归纳,所有因素被归为四类,即工作特征、动机、个体差异和工作环境。工作特征主要包括工作复杂度、工作自主权;动机包括内在动机和外在动机;个体差异主要指教育背景、职位、个性特征等变量;工作环境则包括工作氛围、上级对创新的支持等因素。Hackman 和 Oldham(1976)指出工作特征的五个维度,即技能多样性、任务复杂性、任务重要性、自主性和反馈度,都与创新行为显著相关。由于本书从个体层面探寻不同前因变量对创新不同阶段及创新速度的影响,借鉴 Hammond 等(2011)的观点,分别从个体因素、任务因素和环境因素三个层面展开分析。个体因素选择的变量为创新效能感,因为该变量可以较好地反映个体对待创新的真实状态;任务因素选择两个重要的工作特征变量,即任务复杂性和任务自主性展开;环境因素则侧重分析管理者支持和合作者支持两个变量。

Tierney 和 Farmer（2004）提出创新效能感是个人对于他在工作上能否有创造性表现和获取创造性成果的信念，包括有创意地克服困难与挑战，有信心、创造性地完成工作任务、达到工作目标等。创新自我效能感实质上不仅是指对于获取创新成果的信念，还包括对工作过程中采取创造性方法的信念。根据学者们对效能感与创新行为的研究成果，创新自我效能感的提升，使创新个体对创新行为产生了较为积极的态度，从而形成积极的心理暗示，使个体产生自身已具备创新能力的知觉或者信念，进而激发个体形成创意构想并积极分享创意构想，拥有更多的动力和信心执着地投入创新过程。基于此，本节做出以下假设：

H2a：创新效能感与创意产生呈正相关；

H2b：创新效能感与创意构想推进呈正相关；

H2c：创新效能感与创意构想执行呈正相关。

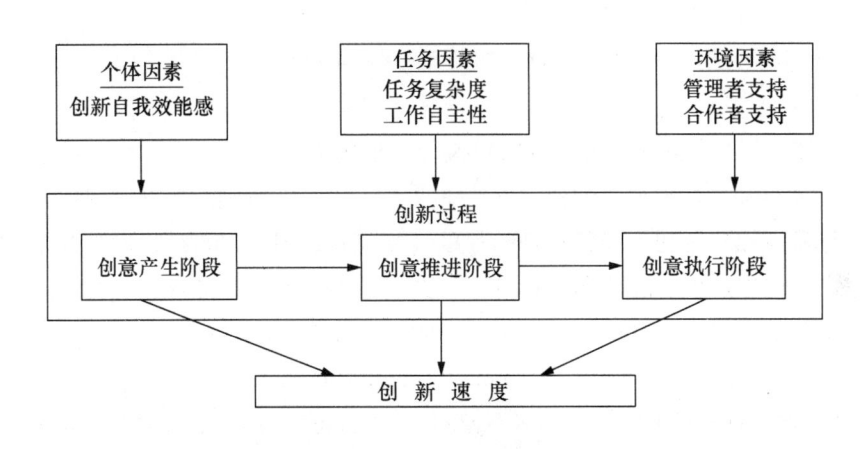

图 8-1　研究架构

任务复杂度和任务自主性作为重要的工作设计变量对个体决策产生影响。Stock（2006）、Joshi（2009）等学者认为工作复杂度主要用来描述工作内容的可重复性、可分解性以及影响任务绩效的可能路径等方面。任务复杂度高意味着创意概念的产生需要投入更多努力去分析问题和解决问题，创意概念产生的难度加大；在推广创意概念的时候，由于其复杂性、前瞻性，创意需求不易被不同个体和管理者接受和认可，在执行过程中也难以拥有一致的执行力。基于此，本节做出以下假设：

H3a：任务复杂度与创意构想产生呈负相关；

H3b：任务复杂度与创意构想推进呈负相关；

H3c：任务复杂度与创意构想执行呈负相关。

Hackman 和 Oldham（1976）将工作自主权定义为个体拥有的安排自己工作顺序、节奏和完成工作的方式的权利，一般表现为工作内容允许个体独立地安排工作进度和具体操作方式的程度（Karasek，1990）。工作自主权不同于工作自由度，工作自由度是指个体在工作中做出判断和选择需要完成任务的机会。Ford 和 Kleiner（1987）研究发现对于探索创意构想而言，个体需要拥有决定如何分配工作时间以及如何进行工作的自主权。Oldham 和 Cummings（1996）以及 Shalley 等（2004）的研究结果也显示出工作自主性有助于提高个体的创造性产出。工作自主性高的个体能够在自由的环境中产生和实施创意概念（Ohly et al.，2006），激发积极的情绪，并不断推动工作流程进行新的整合（Hammond et al.，2011）。基于此，本节做出以下假设：

H4a：工作自主性与创意构想产生呈正相关；

H4b：工作自主性与创意构想推进呈正相关；

H4c：工作自主性与创意构想执行呈正相关。

合作者与管理者对创新的支持不仅说明了在推行创意概念过程中来自合作者与管理者的帮助和鼓励的程度（Madjar et al.，2002），而且为个体在创意构想产生、交流和执行过程中提供了指令性和情绪性的支持（Oldham & Cummings，1996）。个体获得的支持越多，获得网络资源的可能性越大（Oldham & Cummings，1996；Scott & Bruce，1994），获得社会认同和回报的可能性也更大（Baer & Oldham，2006）。DiLiello 和 Houghton 就认为当个体感受到强烈的管理者和合作者支持时，其创新意识更容易转化为创新行动（DiLiello & Houghton，2008）。基于此，本节做出以下假设：

H5a：合作者支持与创意构想产生呈正相关；

H5b：合作者支持与创意构想推进呈正相关；

H5c：合作者支持与创意构想执行呈正相关。

H6a：管理者支持与创意构想产生呈正相关；

H6b：管理者支持与创意构想推进呈正相关；

H6c：管理者支持与创意构想执行呈正相关。

三 实验设计与实施

（一）实验对象和实验步骤

由于在校大学生的角色特征决定了其较少受到行业规则和其他噪声的影响，能够保证研究结论的一般性（Ploott，1982），所以本实验研究选取湖北和浙江两所高校工商管理类的大学三年级学生为实验对象。但是由于单纯的量表信息收集无法客观地的体现被访者的真实意图，Streufert（1988）就曾提出通过产生一个真实的、具有工作表现要求的环境，来测量出被测人员在真实世界中的很多能力，因此，本实验研究依托目前高校常见的 ERP 沙盘实训项目展开。ERP 沙盘模拟是高校课程体系中常见的一门实训课程，借助 ERP 沙盘模拟实训，不仅可以营造一个较为真实的创新环境，还可以使大学生的创意意识得到培养，引导学生不同程度地表现出创新行为。以被试者的实际行为为依托，在此基础上展开问卷调查，则更能获得客观的一手资料。根据过去开展 ERP 沙盘实训项目的教学经验，将整个项目分解为八个任务，每个任务的期望完成时间均为 4 课时，利用 4 天的时间连续完成所有实训任务，共计 32 课时。实验于 2011 年 10 月至 2012 年 6 月开展，共 262 名同学参加。在完成一半任务之后，即项目第二天结束时，我们要求被试大学生完成创新自我效能感、任务复杂度、工作自主性、合作者支持和管理者支持等预测变量的问卷测评，在所有任务完成后，即项目第四天结束时完成创意构想产生、创意构想推进、创意构想执行和创新速度的问卷测评。

（二）问卷设计

1. 创新自我效能感

对创新自我效能感的衡量，借鉴 Yang 和 Cheng（2009），Carmeli 和 Schaubroec（2007），Chen、Gully 和 Eden（2001）的观点，形成 8 个正式题项，代表题项如下：我可以创造性地完成设定的大多数目标；面对困难任务，我确信自己可以创造性地完成；通常我认为自己可以创造性地完成重要的任务等。

2. 任务复杂度

对研发任务复杂度的衡量，主要参考 Stock（2006）、Joshi（2009）等的研究成果，从可重复性、可分解性、影响任务绩效的可能路径等方面，形成 5 个正式题项，代表题项如下：我的工作包含着许多变化；我的主要工作是解决复杂问题；我的工作难以常规化等。

3. 工作自主性

对工作自主性的衡量，主要借鉴 Semmer 等（1999）的观点，用来测量个体在多大程度上影响工作的顺序、进度安排、工作方法和工作手段，形成5个正式题项，代表题项如下：你能够在多大程度上影响自己完成任务的方式；你在安排任务的进度上有多大的决策权等。

4. 管理者支持

对管理者支持的衡量，主要来自 Amabile（1996）开发的 KEY 量表，经过修改后形成3个正式题项：团队 CEO 尊重和容忍下属提出不同的意见；团队 CEO 鼓励并支持下属实现创意构想；团队 CEO 同我讨论创意构想以更好地提高绩效。

5. 合作者支持

对合作者支持的衡量，同样来自 Amabile（1996）开发的 KEY 量表，经过修改后形成3个正式题项：在实训过程中，我和同学们相互支持和协助；在实训过程中，我和同学们经常针对实训中的各种问题进行交流；当我有新的创意时，同学们积极发表意见和建议。

6. 创意构想产生

对创意构想产生阶段的衡量，主要借助 Holman 等（2005）的创新行为量表，加入自编题项加以完善，经过修改后形成5个正式题项：我产生过新的想法；我拥有一些改变工作的新想法；我发现一些完成任务的新途径；我产生过一些改进工作的新办法；我有一些新想法能让团队受益。

7. 创意构想推进

对创意构想推进阶段的衡量，依然借助 Holman 等（2005）的创新行为量表，经过修改后形成3个正式题项：我把自己的新想法向他人介绍；我期望以不同的方式开展工作；我向大家提出了改进工作的建议。

8. 创意构想执行

对创意构想执行阶段的衡量，主要借助 Holman 等（2005）的创新行为量表，加入自编题项加以完善，经过修改后形成5个正式题项：我的创意构想被接受；我的创意构想被实施；我提议的不同的工作方式被采纳；我成功地实施了自己的创意构想；我提出的使团队受益的方案被执行。

9. 创新速度

对创新速度的衡量，主要借助 Akgun 和 Lynn（2002）的观点，从时间效果、时间效率和相对于惯例所用时间三个方面测量，经过修改后形成

3个正式题项：我参与的项目投入比计划时间早；我参与的项目结束比计划时间早；我参与的项目完成时间比其他团队完成时间要早。

上述所有问卷均采用5分制评定计分，从1（完全不符合）到5（完全符合）。

四 实验分析与结果

（一）量表的信度和效度检验

本书所采用的量表较为成熟，能够保证一定的内容效度。由于所有问卷均由同一人填写，我们采用Harman的单因子检测方法对同源偏差进行检验，将问卷所有条目一起做因子分析，在未旋转时得到的第一个主成分占到的载荷量是18.62%，说明同源偏差并不严重。所有问卷在实验现场及时回收，保证问卷的回收率和真实性（如表8-1所示）。

表8-1中各个问卷的Cronbach's α系数值和KMO值均大于0.7，Bartlett球体检验的显著性水平为0.001，且各个题项的因子负荷均大于0.4，说明问卷具有较好的信度。表8-2中各个变量的拟合度指标均符合要求，说明问卷结构效度可以接受。

表8-1　　　　　　　　问卷的Cronbach's α系数

变量	KMO值	Cronbach's α系数
创新自我效能感	0.812	0.825
任务复杂度	0.806	0.798
工作自主性	0.802	0.786
管理者支持	0.816	0.826
合作者支持	0.812	0.822
创意构想产生	0.806	0.822
创意构想推进	0.798	0.824
创意构想执行	0.815	0.881
创新速度	0.782	0.788

表8-2　　　　　　　　问卷验证性因素分析拟合指标

问卷变量	χ^2/df	RMSEA	NFI	RFI	IF5I	NNFI	CFI
创新自我效能感	2.112	0.078	0.958	0.962	0.963	0.974	0.967
任务复杂度	2.275	0.106	0.935	0.948	0.945	0.922	0.936
工作自主性	2.728	0.084	0.971	0.972	0.958	0.956	0.943
管理者支持	3.839	0.078	0.962	0.962	0.964	0.953	0.964

续表

问卷变量	χ^2/df	RMSEA	NFI	RFI	IF5I	NNFI	CFI
合作者支持	3.722	0.074	0.957	0.952	0.956	0.965	0.959
创意构想产生	2.459	0.108	0.948	0.955	0.965	0.961	0.9826
创意构想推进	2.618	0.076	0.935	0.957	0.962	0.964	0.984
创意构想执行	2.738	0.072	0.964	0.963	0.959	0.972	0.946
创新速度	2.208	0.087	0.921	0.952	0.964	0.931	0.932

（二）描述性统计

以年龄和性别为控制变量，对实验结果进行描述性统计分析，Pearson 相关系数如表 8-3 所示。分析时将性别中的女性设为 0，男性设为 1；年龄小于 20 的设为 0，大于 20 的设为 1。

表 8-3　　　　　　　　　　描述性分析

变量	1	2	3	4	5	6	7	8	9	10	11
1. 年龄	—										
2. 性别	0.01	—									
3. 创新自我效能感	0.02	0.05	—								
4. 任务复杂度	0.04	-0.05	0.08	—							
5. 工作自主性	0.01	0.02	0.16	0.11	—						
6. 管理者支持	0.02	0.01	0.14	0.13	0.12	—					
7. 合作者支持	0.02	0.01	0.13	0.15	0.09	0.10	—				
8. 创意构想产生	0.02	0.02	0.44**	-0.15	0.32**	0.25**	0.16	—			
9. 创意构想推进	0.02	0.02	0.32**	0.11	0.15	0.27**	0.32**	0.52**	—		
10. 创意构想执行	0.02	0.01	0.16	-0.11	0.17	0.29**	0.48**	0.56**	0.62**	—	
11. 创新速度	0.01	0.01	0.37**	-0.12	0.22**	0.32**	0.25**	0.31**	0.26**	0.43**	—
M	0.72	0.58	3.19	4.23	3.98	4.13	4.19	3.22	3.15	3.08	2.96
SD	0.49	0.53	0.68	0.85	0.61	0.82	0.88	0.66	0.85	0.90	0.57

注：**表示 $p<0.01$（双侧检验）。

分析发现，创新自我效能感与创意构想产生、推进以及创新速度显著正相关，相关系数分别为 0.44、0.32 和 0.37；工作自主性与创意构想产生和创新速度显著正相关，相关系数分别为 0.32 和 0.22；管理者支持与创意构想产生、推进、执行以及创新速度显著正相关，相关系数分别为 0.25、0.27、0.29 和 0.32；合作者支持与创意构想推进、执行以及创新速度显著正相关，相关系数分别为 0.32、0.48 和 0.25；创意构想产生、推进、执行两两之间显著正相关，且均对创新速度起到积极推动作用，H1a、H1b、H1c 得到初步验证。

（三）假设检验

层次回归分析显示（见表 8-4），将创意构想产生作为因变量，创新自我效能感、工作自主性和管理者支持对创意构想产生起到显著的正向促进作用，相关系数分别为 0.36、0.28 和 0.22，H2a、H4a 和 H6a 得到验证，H5a、H3a 未通过检验；将创意构想推进作为因变量，创新自我效能感、管理者支持、合作者支持对创意构想推进起到显著的正向促进作用，相关系数分别为 0.22、0.23 和 0.28，H2b、H5b 和 H6b 得到验证，H3b、H4b 未通过检验；将创意构想执行作为因变量，管理者支持、合作者支持对创意构想执行起到显著的正向促进作用，相关系数分别为 0.25 和 0.40，H5c、H6c 得到验证，H2c、H3c、H4c 未通过检验；将创新速度作为因变量，创新自我效能感、工作自主性、管理者支持和合作者支持对创新速度提高均起到显著的正向促进作用，相关系数分别为 0.28、0.21、0.31 和 0.23，任务复杂度对创新速度的提高影响并不显著。

表 8-4　　　　　　　　　　层次回归分析

变量	创意构想产生		创意构想推进		创意构想执行		创新速度	
	Step1	Step2	Step1	Step2	Step1	Step2	Step1	Step2
年龄	0.02	0.03	0.02	0.01	0.02	0.03	0.01	0.02
性别	0.01	0.04	0.02	0.01	0.02	0.01	0.01	0.02
创新自我效能感		0.36**		0.22**		0.15		0.28**
任务复杂度		-0.14		0.05		-0.12		-0.11
工作自主性		0.28**		0.15		0.14		0.21**
管理者支持		0.22**		0.23**		0.25**		0.31**
合作者支持		0.15		0.28**		0.40**		0.23**
F	0.81	3.62**	0.26	1.65**	0.47	2.83**	0.33	1.95**
R^2	0.03	0.24	0.02	0.18	0.02	0.21	0.04	0.19
ΔF		5.43**		2.41**		3.79**		3.21**
ΔR^2		0.21		0.16		0.19		0.15

注：** 表示 $p < 0.01$（双侧检验）。

五 研究结论

(一) 管理启示

本书将创新过程分解为相互独立且密切联系的三个阶段,通过情景实验获取面板数据,从个体、任务、环境三个层面,对创新过程各个阶段的典型前因变量进行了分析和验证,进而归纳出提高创新速度的有效预测变量。其中,自我效能感通过推动创意构想产生和推进提高创新速度;工作自主性通过推动创意构想产生来提高创新速度;管理者支持对创意构想产生、推进和执行均有显著推动作用,并最终有效提高创新速度;合作者支持主要在创新后期,即推进和执行阶段发挥作用,进而实现创新速度的提高;工作复杂度同创新过程和创新速度的关系并不明显,但过于复杂的任务不利于创意构想的产生和执行。

上述结论说明,不同变量在创新过程的各个阶段将起到不同的作用。在创意构想的产生阶段,个体的自我效能感、工作自主性和管理者支持帮助个体在创意构想产生阶段既感受到成功创造的信心,又可以充分体会领导的扶持和工作决策的能动性,保证个体在该阶段拥有足够的内外在动机去进行开拓性思考并积极尝试;任务复杂度虽然与创意构想产生负相关,但并未达到显著水平,复杂任务对创意构想的提出增加了难度,但只要具有强烈的自我效能感,复杂任务也许会成为创新的潜在动力。在创意构想的推进阶段,自我效能感能够帮助个体获得自信,管理者和合作者的支持则营造了一个相对安全、和谐的创新氛围,只有在这种情景下个体才会主动推广自己的创意构想,无障碍的开放沟通能够帮助个体在团队中快速获得理解和支持,而工作自主性和任务复杂度在获得团队认可方面均无实质性作用。在创意构想的执行阶段,由于前期已经做好创新计划,此时充足的资源和情感上的支持能够帮助个体克服创新过程中的困难,管理者和合作者的支持直接决定了创新能否顺利执行;过高的工作自主性产生的操作成本可能不利于创新的执行,因而与创新构想执行的关系不显著;创新自我效能感与执行创新构想的行为关系相对较弱,这与顾远东、彭纪生观点一致(顾远东、彭纪生,2010)。最后,在创新自我效能感、任务复杂度、工作自主性、管理者支持、合作者支持这五个变量中,除了任务复杂度之外,其余均与创新速度的提高直接正相关。创新执行离不开环境的扶持和内在的激励,来自管理者、合作者的积极评价、对创新的价值感知以及个体体会到的创新安全感对创新速度的提高非常重要。当然,如果管理者通过各种目标管理等途径降低任务的复杂程度，帮助个体增加信心，则能够在一定程度上消除任务复杂度对创新速度的负面影响。

(二) 本书的贡献与展望

本书选取创新自我效能感、工作特征（任务复杂度和工作自主性）以及组织和合作者的支持为前因变量，揭示其对创新过程三个阶段的不同预测作用，识别不同阶段的关键资源，从过程控制的视角寻求影响创新速度的实施策略。虽然以大学生为样本，但由于实验情景真实，上述基本结论依然能够为团队创新过程实践提供决策参考。由于管理者的支持与干预在提高创新速度过程中发挥重要影响，而只有对创新充满自信和执着的个体才能应对创新过程中的挫折。因此，项目管理者不仅要对个体创新充分予以支持，授予其一定的工作权限，还有责任对个体的创新自我效能感进行培养和干预，通过激励、目标期望、角色认同等方式激发个体创新意识和潜力，不断尝试创新，提高创新速度。

虽然高度挑战性和适当的工作压力有利于创新构想的开拓和创新风险的承担，但 Carbonell 和 Rodriguez（2006）发现新产品的复杂性与创新速度之间呈现一种倒 U 形关系，时间压力与创新行为之间也有类似关系出现（Rodell & Judge, 2009）。下一步我们将以任务复杂性和时间压力为突破，引入更多的情景因素来探讨重要前因变量与创新速度之间可能存在的非线性关系，更好地理解工作特征和人格特质，帮助教育管理者更有效地实施创新过程引导和干预。

第二节 基于效率与创新协同控制的两阶段激励契约设计

一 引言

培养创新型人才是历史赋予高校的特殊历史使命，制定大学生创新行为的激励政策也是提高大学生创新绩效的重要举措。创新建立在效率的基础之上，本书借助关键链项目管理的基本思想，依托委托—代理理论，从创新过程的视角设计基于效率与创新协同的两阶段激励契约，通过设计包含学习期权的激励路径来保证在提高效率的同时提高项目的创新绩效。

二 文献综述

（一）项目管理中的创新

Harty（2008）认为传统的项目管理三目标（时间、成本、质量）已经不适应企业持续发展的要求，应该把创新作为项目管理的重要目标之一，只有新方法、新工艺、新技术、新原料的采用，最终能够帮助企业获得持续发展动力。在项目管理中，创新性指的是创新想法所反映出的新颖性和独创性的程度，不仅包括产品功能上的创新，还包括在创意想法产生过程中提炼出新的或改进的工作方式和方法（Salavou，2004；Hilmi et al.，2010）。Kavanagh 和 Naughton（2009）发现项目管理水平与项目创新之间存在一种倒 U 形的关系，项目管理水平的提高最初与创新程度的提高呈正相关，但到达一定程度之后，项目管理水平与创新呈负相关。因此有些学者认为，传统的项目管理方法虽有利于促进现有知识的开发，但却阻碍了新知识的利用。Amaro dos Santos 等（2008）揭示了成功的创新过程需要有效的项目管理方法作为支撑，创新实施是创新过程的关键阶段，而缺乏有效的管理方法使得创新过程面临较大的风险。Shenhar 和 Dvir（2007）提出了涵盖项目创新、技术不确定性和创新速度的权变模型，Keegan 和 Turner（2002）发现项目创新管理包括三个维度：对创新的支持、充足的资源和创新意识。由于项目创新依赖于产品创新、过程创新、组织创新、用户创新等来实现，传统的项目管理方法一般致力于精准的资源优化，而创新是一个充满不确定性的价值创造过程，项目管理过程中激励机制的设计则为项目创新提供了重要保障。

（二）关键链项目管理与项目创新

关键链项目管理以约束理论为依托，对工序时间估算、缓冲设置等方面对传统的项目进度计划和控制方法进行改进，能够在一定程度上降低行为的不确定程度，提高资源利用率并有效压缩工期（Goldratt，1997）。缓冲区是保证项目进度计划如期进行的有效措施，Goldratt（1997）建议对估计的工序工期进行 50% 的削减，通过缓冲机制保护计划的稳健性。之后有很多学者从项目属性、资源特性等角度对关键链缓冲机制加以优化（Ashtiani et al.，2007），期望能够提高资源利用效率并有效约束项目实施者的行为。由于项目创新性是项目绩效评价的重要指标，而项目执行者并非绝对理性的个体，在提高项目工作强度的同时一直忽视个体对方案的接纳程度及其行为反应，缓冲设置方案对个体创新行为的影响更是鲜有涉及。关键链项目管理虽然可以有效抑制个体的行为惰性，但如果忽视对项目创新氛围的营造，数量模型的优化也无益于项目创新目标的实现。

由于个体的工作压力感知直接决定了项目创新氛围，而个体采用常规方法和采用创新方法开展工作在工作压力感知上存在明显差异（March & Olsen，1991），早期的最优契约研究几乎没有考虑对创新行为的驱动。虽然大多数创新行为无法预测，但个体通常能够最先识别创新机会，如果个体能够主动实施创新，则能够为组织创新提供持续动力。在关键链项目管理中，由于工序时间的缩减，项目执行者面临更大的时间压力；同时，项目的独特性对项目执行者的创新行为也提出了较高的要求。在这种情形下，项目执行者出于对风险的规避，可能不愿意主动进行创新活动，加之信息不对称和监控成本的存在，项目执行者在创新活动中出现机会主义行为也在所难免，由此产生项目创新动力不足。因此，在强调效率与创新协同的项目管理过程中，需要进一步转换管理理念，借助更为完善的激励机制来提高项目创新效率。

三　基于效率与创新协同的激励机制设计思路

在项目管理过程中，项目经理或投资方（委托人）会授予参与项目实施的个人或组织一定的权限，并委托其根据项目的具体要求推动实施。由于双方信息不对称以及利益目标函数的不一致，项目执行者（代理人）可能因追求自身利益最大化而做出损害投资方利益的行为。委托—代理关系的存在，使得项目经理或投资方期望通过机制设计来激励项目执行者积极推动和实施项目创新。项目经理作为激励契约的制定者将参与博弈的先行决策，通过对项目执行者的最优反应策略的合理预估，进而决定契约的形式和具体细节。虽然项目经理一般能够获取任务的实际完成时间和完工成本的信息，但项目执行者的实际努力程度，包括工作速率和创新程度都是内隐变量，无法被项目经理准确识别。一旦开始执行任务，执行者会根据项目经理制定的激励契约形式决定其在工作中表现出的平均工作速率和创新程度。

由于创新过程面临太多不确定性，忽视个体个性、能力和工作环境差异进行的资源分配无疑是对创造力最大的抹杀。近年来出现的一些文献开始对鼓励创新的激励机制设计展开研究，Manso（2011）通过实验对最佳激励机制进行了分析，发现常规的激励机制不适用于创新环境，并提出最优契约需要容忍短期失败并侧重于激励长期工作绩效。Hellmann 和 Thiele

(2008)、Manso (2008) 认为对失败的容忍态度能够激发组织创新，标准的绩效激励制度无法达到预期目标。Tian 和 Wang (2010) 以及 Azoulay、Graff 和 Manso (2010) 都发现容忍早期失败并建立长期评价制度可以激发创新。Hellman 和 Thiele (2011) 设计了一个多任务模型，描述了个体在常规行为和创新行为之间的博弈过程，分析了工人在执行标准化工作和展开创意工作之间的均衡状态。研究发现，如果属于渐进性创新，公司应该降低常规工作绩效来激励创新；如果是开拓性创新，则可以通过容忍失败、加大创新投资、股权补偿等方法来实现创新激励的目的。Dulaimi 等 (2003) 以及 Caldwell 等 (2009) 指出只有针对创新过程设计的激励契约才能提高项目的创新绩效，在强调工作效率和创新绩效之间需要采用某种折中策略。

由于创新面临较大的不确定性，Sauermann 和 Cohen 通过大样本调查证实智力挑战、金钱与个体创新绩效显著正相关；Errais (2008)、Miller (2010) 认为通过学习所获得的新知识或信息可以内化和降低不确定程度并由此产生学习期权。同时，也只有降低或消除不确定性才会影响项目实施者对新技术、新方法价值的判断，从而影响其后续的实际决策。基于此，本书认为激励契约中可以引入受挫补偿机制，在创新受挫的情况下及时调整并引导个体创新动机的重新定位，保证个体创新动机的持续。结合已有的缓冲设计机制，借鉴任务时间的确定方法和缓冲使用的监控方法，可以将关键任务的执行时间分为两个阶段；在压缩工期提高工作效率的同时，对各个阶段结束后任务的实际完成情况进行检测，评价个体的创新努力程度及其对创新绩效的贡献，建立基于效率和创新协同的两阶段激励机制，通过契约机制的设计在引导个体提高工作效率的同时积极尝试创新行为。

四 模型构建及结果分析

（一）基本模型构建

Zhang (2012) 认为项目截止时间的限制能够有效降低团队成员道德风险，降低项目成本，阶段性控制能够促使执行者积极开展工作。本书借鉴关键链项目管理中缓冲设计的思路，把任务的实施过程划分为两个阶段，第一阶段时间为原工序工作时间的50%，第二阶段时间为项目缓冲中允许消耗的时间。上述两阶段的设计一方面是为了设计创新可能引发的学习期权；另一方面也是希望本书能够和已有的关键链项目管理研究成果有效衔接。

将每个阶段中项目执行者即代理人的行为集表示为 I，$I=\{$创新，不创新$\}$，行为 i 满足 $i\in I$，行为实施后绩效存在两种可能：成功（S）和失败（F），其发生的概率分别为：p_i 和 $1-p_i$。但是由于项目的不确定程度高，执行者无法预知 p_i 的大小，但可以通过不断学习对 p_i 进行修正。用 $E[p_i]$ 表示执行者对 p_i 的无条件期望值，$E[p_i|S,j]$ 表示行为 j 成功时对 p_i 的期望，$E[p_i|F,j]$ 表示行为 j 失败时对 p_i 的期望。则当 $i\in I$ 时，$E[p_i]=E[p_i|S,j]=E[p_i|F,j]$，$j\neq i$。

执行者通过学习和摸索，逐渐获取了创新和常规两种工作方式的成本、可能面临的压力以及其他相关信息，在第二阶段将面临两种不同选择：

选择1：采用常规的工作方式，获得准确的成功概率信息，即
$p_1=E[p_1]=E[p_1|S,1]=E[p_1|F,1]$

选择2：采用创新的工作方式，成功概率 p_i 未知，即
$E[p_2|F,2]<E[p_2]<E[p_2|S,2]$

当执行者在第一阶段采用创新工作方式并获得成功，个体会对 p_2 的估计进行修正。即

$$E[p_2]<p_1<E[p_2|S,2] \tag{8-1}$$

由于假设项目执行者为风险中性，会选择行动方案 $\langle i_k^j \rangle$ 使得自身预期收益最大。即

$$\begin{aligned}R(\langle i_k^j \rangle)=&\{E[p_i]\cdot S+(1-E[p_i]\cdot F)\}+E[p_i]\{E[p_j|S,i]\cdot S\\&+(1-E[p_j|S,i])\cdot F\}+(1-E[p_i])\{E[p_k|F,i]\cdot S\\&+(1-E[p_k|F,i])\cdot F\}\end{aligned} \tag{8-2}$$

（8-2）式中 $i\in I$ 是第一阶段的行动，$j\in I$ 是第一阶段成功后在第二阶段的行动，$k\in I$ 是第一阶段失败后在第二阶段的行动。$\langle 1_1^1 \rangle$ 意味着一直采用常规方法，$\langle 2_1^2 \rangle$ 表示当第一阶段取得成功时在下一阶段依然采用新方法，当第一阶段失败则转向常规方法。若采用 $\langle 2_1^2 \rangle$ 时的收益 $R(\langle 2_1^2 \rangle)$ 高于 $\langle 1_1^1 \rangle$ 时的收益 $R(\langle 1_1^1 \rangle)$，代入（8-2）式，即可得到

$$E[p_2]\geqslant p_1-\frac{p_1(E[p_2|S,2]-p_1)}{1+(E[p_2|S,2]-p_1)} \tag{8-3}$$

通过学习所获得的新知识或信息可以内化和降低不确定程度并由此产生学习期权，当项目执行者尝试新方法时，需要获得 p_2 的信息，这对第

二阶段的决策非常有益,因为只有降低或消除不确定性才会影响项目实施者对新技术、新方法价值的判断。首先,如果创新无益于任务的执行,项目执行者会及时调整策略;其次,如果项目执行者存在不同阶段的多种选择,在第一阶段可能会选择创新,在获得具体信息之后做出后续决策。当代理人采取行为1,即常规方法,产生的私人成本为 c_1,且 $c_1 \geq 0$;当代理人采用行为2,即创新行为,产生的私人成本为 c_2,且 $c_2 \geq 0$。若 $c_2 > c_1$,说明项目经理需要投入更多努力搜集资料和执行新的想法;若 $c_1 > c_2$,说明项目经理不喜欢常规方法而倾向于学习采用新方法获得更多收益。

假设项目执行者的具体行为无法识别,但项目经理在开始行动前需要提供一个基本的薪酬方案 $\vec{w} = \{w_F, w_S, w_{SF}, w_{SS}, w_{FF}, w_{FS}\}$,且 $\vec{w} > 0$。假设项目经理和项目执行者均为风险中性,且折现系数为1。当项目经理采用方案 $\vec{w}$ 时,项目执行者采取行动集 $\langle i_k^j \rangle$ 获得的预期支付为

$$W(\vec{w}, \langle i_k^j \rangle) = \{E[p_i] \cdot w_S + (1 - E[p_i]) \cdot w_F\} + E[p_i]\{E[p_j | S, i] \cdot w_{SS} + (1 - E[p_j | S, i]) \cdot w_{SF}\} + (1 - E[p_i])\{E[p_k | F, i] \cdot w_{FS} + (1 - E[p_k | F, i]) \cdot w_{FF}\} \quad (8-4)$$

当代理人采取行动集 $\langle i_k^j \rangle$ 时,总预期成本为

$$C(\langle i_k^j \rangle) = c_i + E[p_i] \cdot c_j + (1 - E[p_i]) \cdot c_k \quad (8-5)$$

激励契约设计模型为

$$\max \Pi(\langle i_k^j \rangle) = \max[R(\langle i_k^j \rangle) - W(\vec{w}(\langle i_k^j \rangle), \langle i_k^j \rangle)] \quad (8-6)$$

s. t.

$$R(\langle i_k^j \rangle) = \{E[p_i] \cdot S + (1 - E[p_i]) \cdot F)\} + E[p_i]\{E[p_j | S, i] \cdot S + (1 - E[p_j | S, i]) \cdot F\} + (1 - E[p_i])\{E[p_k | F, i] \cdot S + (1 - E[p_k | F, i]) \cdot F\} \geq \theta > 0 \quad (8-7)$$

$$W(\vec{w}, \langle i_k^j \rangle) - C(\langle i_k^j \rangle) \geq W(\vec{w}, \langle i_n^m \rangle) - C(\langle i_n^m \rangle) \quad (8-8)$$

(8-8) 式中,$i, j, k, m, n \in I$,$R(\langle i_k^j \rangle)$ 表示项目执行者采取 $\langle i_k^j \rangle$ 时的总预期收益;$W(\vec{w}(\langle i_k^j \rangle), \langle i_k^j \rangle)$ 为当项目执行者在执行 $\langle i_k^j \rangle$ 时的最优激励契约,(8-6) 式为目标函数,表示项目预期收益最大;(8-7) 式为项目执行者的理性约束,表示项目执行者接受契约的条件是预期收益大于等于 θ;(8-8) 式为激励相容约束,保证项目执行者的预期收益最大;由于上述模型包含众多自变量,为了简化分析,进一步令 $\langle i_k^j \rangle$ 为

$\langle 2_1^2 \rangle$，则上述模型最终可转化为

$$(E[p_2] \cdot E[p_2 \mid S, 2] - p_1^2) \cdot w_{SS} + (p_1 - E[p_2]) \cdot w_F + (p_1 - E[p_2]) \cdot p_1 w_{FS} \geqslant (1 + E[p_2])(C_2 - C_1) \quad (8-9)$$

(8-9) 式为引导项目执行者在第一阶段就开展创新行为的最优激励契约形式。

（二）对模型结果的分析

在 (8-9) 式中，$w_F \neq 0$，说明对第一阶段的失败进行激励可以向项目执行者传递积极的创新补偿信号。为了保证项目执行者在第一阶段和第二阶段均不会放弃，$w_{SS} \neq 0$、$w_{FS} \neq 0$，说明尽管前期创新效果不佳，后期的成功依然是值得肯定的。但是，项目经理为确保 (8-7) 式的实现，应对 w_F、w_{SS} 的大小进行取舍。w_F、w_{SS} 的大小取决于创新程度，如果是开拓性创新，则更侧重 w_F 产生的激励效应；如果是渐进性创新，则可适当降低 w_F，强调 w_{SS} 的激励效应。

为了使最优激励契约获得长期的创新激励效应，应该采用对创新失败的保护策略，如果 $w_F + w_{FS} > w_S + w_{SS}$，说明项目执行者先期的失败依然可以获得比短期成功更高的补偿。将任务执行过程分为两阶段后，项目执行者愿意在第一阶段采用创新方法，即承担一定风险，因为前一阶段获得信息后有益于后期任务更好地执行，在每个阶段设计不同的输出可以产生期权价值改变最终结果。项目经理可以通过设计合理的 $\vec{w}$，对早期的创新失败进行奖励来分辨项目执行者是否尝试创新行为。尽管早期创新成功的概率较低，对 w_S 的激励效应也不容忽视。

（三）对基本模型的完善

上述模型借助了关键链项目管理中压缩工期的基本策略，对于常规的项目管理方法，可以借鉴上述模型加以改进。由于 $C(\langle t_k^j \rangle) = c_i + E[p_i] \cdot c_j + (1 - E[p_i]) \cdot c_k$，假设项目经理和执行者具有相同的折现率 α，任务完工时间 T 是以 λ 为参数的指数函数，则 $E\{e^{-\alpha T}\} = \lambda / (\alpha + \lambda)$；进一步假设项目执行者在每个时刻付出的成本为 λ^2，则任务在 T 时刻所对应的成本 C 满足 $C = \lambda^2 \int_0^T e^{-\alpha T} dt$，且 $E(C) = \lambda^2 (1 - E\{e^{-\alpha T}\}) / \alpha = \lambda^2 / (\alpha + \lambda)$，因而可在激励契约模型中加入数量约束：

$$c_i + \max(c_j, c_k) \leqslant \lambda^2 / (\alpha + \lambda) \quad (8-10)$$

λ 为保证项目执行者在积极实施创新前提下对应的最优工作速率。对

上述模型的求解可以进一步精确地确定兼顾效率 λ 和引导项目执行者实施创新行为的最优薪酬方案 $\vec{w}$。

五 情景实验

本部分期望通过情景实验和激励契约设计，将项目管理中常见的基于时间的线性激励与本书中提出的基于效率与创新协同的两阶段激励进行实验对照。

（一）实验对象和主要实验参数设计

在校大学生较少受到行业规范和外界噪声的影响，本书采用大学生群体作为实验对象。为了有效获取参与者对实验变量的真实感知，借助 ERP 沙盘综合实训设计了一个真实的、具有工作表现要求的情景实验。ERP 沙盘综合实训是高校课程体系中常见的一门创新类综合实训项目，要求学生以团队的形式参与连续 6 年的企业运营，以企业财务指标和创新指标综合度量经营业绩。通过亲身操作和感悟，能够保证在此基础上展开的问卷测评具有较高的信度和效度。为了保证样本的信度，本书以参与 KAB 创业教育的 136 名三年级学生为实验对象，这些学生具有一定的创新意愿，比较容易表现出创新行为，保证了样本的一致性、有效性以及观测的便利性。在整个实训项目的计划和实施过程中，借鉴关键链项目管理的理念，对关键任务进行 50% 时间削减并设计项目缓冲用于对整个实训进度进行控制。根据过去的项目操作经验，关键任务原定完成时间为 4 课时，实施关键链项目管理方法之后，任务完成时间由两部分组成：第一部分为削减后的完成时间即 2 课时，小组在 2 课时中完成任务的概率为 50%；第二部分为项目缓冲中允许消耗的时间，本实验中设为 1 课时，根据过去检验，3 课时内小组完成任务的概率可以达到 75% 左右。为了避免累积学习效应对创新行为的选择带来偏差，选择最容易激发创意思维的实训模块进行操作，将学生随机分组并在该模块执行过程中设计不同的奖励契约，所获奖励直接体现在学生实训课程的综合评分中。为了获得参与测试同学的认同，正式实验开始之前，我们对上述五种不同情景进行描述，要求所有参与同学提出能够接受的分值奖励额度，取其均值作为情景实验中激励契约的设计值。由于指导老师现场督促问卷填写，及时回收，保证了问卷的完整性和有效性。

契约 1：按照学生完成该模块全部内容所消耗的时间进行排序，所有在第一阶段 2 课时之内完成全部操作的给予最终总评成绩中 10 分的额外奖励,超出2课时但在第二阶段1课时之内完成全部操作的给予最终总评成绩中5分的额外奖励。

契约2:根据学生在第一阶段2课时和第二阶段1课时之后的任务完成情况和创新程度在最终绩效成绩中给予不同程度的额外奖励。在各个阶段结束后观察其沙盘盘面并分析其运营报表,对每个阶段表现出的行为进行分析和监控。用F表示第一阶段由于采用创新战略而没有及时完成操作任务;S表示第一阶段没有任何创新但很快完成操作任务;SS表示第一阶段中没有实施创新行为并完成提交运营报表,在第二阶段对下期的运营制订出创新计划;FF表示第一阶段和第二阶段中都表现出不同程度创新行为但没有在规定期限前完成操作任务;FS表示第一阶段由于采用创新战略而没有及时完成操作任务,但在第二阶段转向常规方法并及时完成任务,不存在SF这种情况。即

$$\vec{w} = \{w_F, w_S, w_{SF}, w_{SS}, w_{FF}, w_{FS}\} = \{8, 2, 0, 6, 1, 2\}$$

契约3:契约2在实施时要消耗大量的监控成本,为了简化操作,不考虑S和FF这两种情形,仅仅对F、SS和FS三种行为路径进行考核,关注于第一阶段是否采用创新行为以及是否在指定时间内完成整个任务,即

$$\vec{w} = \{w_F, w_S, w_{SF}, w_{SS}, w_{FF}, w_{FS}\} = \{8, 0, 0, 8, 0, 2\}$$

上述激励契约中的数值均来自实验前的访谈问卷,参与实验者根据不同情景提出自己在不同情景下能够接纳的奖励额度,取其均值作为激励契约中的设计值。

(二) 实验数据分析

在上述实验结束后,及时对参与学生分发创新行为问卷进行自评。为了保证量表的测量信度与效度,借鉴Scott和Bruce于1994年开发的量表,在经过多次修改后,形成的代表题项如下:在实训过程中,我经常会产生一些有创意的想法;在实训过程中,我会向团队成员推销自己的新想法,以获得支持与认可;我会主动地制订计划来实现自己的创意想法。问卷衡量方式上采用李克特7等级量表测试,量表中7表示完全符合,4表示一般,1表示完全不符合。收回有效问卷127份,Cronbach's α 值为0.923,问卷信度较高。验证性因子分析显示:GFI = 0.883、AGFI = 0.857、CFI = 0.916、RMSEA = 0.076,问卷具有较高的信度。

对机制1及机制2两种情景下的创新行为自评分值进行两独立样本的

Mann—Whitey 非参数检验,当 $\alpha = 0.05$ 时,Sig. (2 – tailed) = 0.030,检验的显著性水平小于 0.05,两个样本存在显著性差异,机制 2 中创新行为分值明显超出机制 1 中的分值。对机制 1 及机制 3 两种情景下的创新行为自评分值进行两独立样本的 Mann—Whitey 非参数检验,当 $\alpha = 0.05$ 时,Sig. (2 – tailed) = 0.035,检验的显著性水平小于 0.05,两个样本存在显著性差异,机制 3 中创新行为分值明显超出机制 1 中的分值。对机制 2 及机制 3 两种情景下的创新行为自评分值进行两独立样本的 Mann—Whitey 非参数检验,当 $\alpha = 0.05$ 时,Sig. (2 – tailed) = 0.325,检验的显著性水平大于 0.05,因而两个样本不存在显著性差异,即机制 2 和机制 3 对创新行为的激励效用无显著差别。

为了更为全面地考察不同激励机制对于个体创新行为的影响,采用协方差分析法(ANCOVA),把控制变量作为协变量引入模型,和自变量(不同激励机制)一起分析对因变量(个体创新行为)的影响,见表 8-5。结果表明,不同激励机制对个体创新行为均有显著影响。

表 8-5　　　　　　　　控制变量的协方差分析结果

控制变量与自变量		个体创新行为
		F 值
控制变量	团队规模	0.216
	个体性别	1.227
	所学专业	2.561
	担任职务	5.362**
自变量	激励机制	9.057***
R^2		0.093
Adjusted R^2		0.075
N		127

注：** 表示 $p < 0.01$（双侧检验），*** 表示 $p < 0.001$（双侧检验）。

上述结果说明,项目执行者出于风险规避或自身利益维护的原因,可能倾向于尽快完成任务而避免高风险的创新活动。常规的基于时间的线性激励在实现创新与效率的兼顾方面存在一定缺陷,无法有效促进个体主动实施创新行为。而基于效率与创新协同的两阶段激励机制可以创造一种能够被执行者识别的学习期权,并引导个体主动尝试高风险的创新行为,从而推动项目创新绩效的实现。由于创新监控成本的存在会对激励机制的实际绩效产生影响,实践操作中激励契约的设计可以适当简化,比如,关注早期的创新行为和任务的整体工作时限可以对项目执行者产生明显的引导作用。

六 结语

关键链项目管理能够显著压缩项目工期,提高资源利用率,本节以关键链项目管理为依托,构建了针对创新过程的基于效率与创新协同控制的两阶段激励机制模型,通过设计包含学习期权的激励路径在提高效率的同时实现项目的创新绩效。本节在建立两阶段委托—代理模型的基础上,得到了解析解并归纳出具体的实施方案及模型改进方法,通过情景实验验证了两阶段激励机制的可行性,说明对早期创新风险的补偿在理论上和实践中能够帮助项目执行者更好地利用学习期权,引导个体积极实施创新行为。这一研究结论虽然通过情景实验获得,但同样得到了大规模面板数据的佐证。Azoulay 等(2011)通过对数百位科学家长达 30 年学术生涯中获得的创新成果对比研究发现:容忍早期失败、侧重长期成果的激励、给予研究者更多自由度并提供充分反馈的机制较之于侧重严格短期绩效考核的机制,更能够提供高层次的突破性创新。

然而,由于本书提出的方案存在收益的延迟,在一定程度上增加了未来的不确定性,而个体在对不确定性感知、认知和行为等方面均存在差异,对基于效率与创新协同的两阶段激励机制的反应也会存在差别。Luhmann(2011)发现对不确定性忍耐度低的个体会倾向于选择更及时但在数量上更少、风险更大的回报,以避免在不确定情景中等待带来的焦虑。在策略实施过程中,我们需要在团队中建立起一种互信共赢的伙伴关系,更好发挥信任、合作、交流在应对不确定性问题上的重要作用,实现效率和创新的平衡与兼顾。下一步研究可以在模型中引入个体特质变量,并通过实证研究探寻模型的实际绩效;也可以进一步从学习期权优化的角度对委托—代理模型进行扩展,同时设计更为严密的实验参数对激励契约进行大样本检验。

另外,学术界对于激励与创造力的关系还存在争议,但已有学者证实激励对创造力的影响取决于个体认知风格、动机水平、情绪状态等多种因素,并且有针对性地开展创新培训与物质奖励的交互作用能够有效促进个体的创新行为实施。因此，本节得出的基本结论在实施时还要结合任务的特点和个体的差异，在激励的形式、内容和强度等方面进行调整，以最大限度发挥激励对创新行为的促进作用。下一步，我们还应通过设计情景实验，将创新项目管理中常见的基于时间的线性激励与本书中提出的基于效率与创新协同的两阶段激励进行实验对照，比较不同激励机制对创新绩效的实际效果，进而归纳出更为可行的激励契约设计方案。

第九章　结语

　　本书旨在系统梳理与提炼任务紧迫情景下项目管理中创新与效率的平衡策略，对于团队创新氛围构建策略以及个体在任务紧迫性下的行为应对策略进行了探究，证实了情绪氛围、网络结构、个体特质、典型行为特征对个体创新绩效的实施存在显著的促进作用。本书对任务紧迫性下的项目管理创新绩效进行了重新审视，对项目运营中的社会资本、心理资本以及创新氛围等关键问题进行了理论探究与实证检验，为中国情景下的项目管理实践提供了理论支持与实践指引。

　　本书借鉴认知心理学、行为经济学等学科的经典理论，综合运用情景实验、问卷调研、案例研究等方法收集数据，灵活使用多元回归模型、结构方程模型、社会网络分析等实证检验方法展开研究。演绎归纳与实证调查的充分结合，理论推演与情景实验的相互验证，在体现多学科交叉与综合性研究的同时，保证了研究方案的科学性和严谨性，能够实现项目关键问题的突破。

　　本书的基本内容如下：

　　①以关键链项目管理为管理背景，构建了针对创新过程的、基于效率与创新协同控制的两阶段激励机制模型并得到最优解，通过情景实验验证了两阶段激励机制的可行性，证实对早期创新风险的补偿在理论上和实践中能够帮助项目执行者更好地利用学习期权，引导员工积极实施创新行为。

　　②以创新自我效能感、工作特征（任务复杂度和工作自主性）以及组织和合作者的支持为前因变量，揭示其对创新过程三个阶段的不同预测作用，识别不同阶段的关键资源，从过程控制的视角寻求影响创新速度的实施策略。

　　③开创性地将任务紧迫性下个体对不确定环境的认知与行为上的拖延从理论上进行了整合，对个体创新行为执行过程中可能出现的消极情绪规

避和拖延现象重新加以审视，发现积极拖延和情感网络的建立有利于个体实施创新行为，个体的无法忍受不确定特质会对创新行为带来负面影响；个体的自我领导能力可以调节积极拖延与团队创新绩效之间的关系。

④从项目团队参与创新行为的情绪感染过程与情绪状态出发，对任务紧迫性下组织结构要素与团队情绪的关系进行了实验研究，发现组织结构的不同维度在情绪敏感度和团队情绪的关系间起到了不同的调节作用。通过情景实验，分析个体情绪劳动、情感网络中心性和创新行为之间的作用机理，将心理资源的消耗与心理资源的补偿视为相互衔接的协同过程，为充分发挥情感网络的心理资本优势、更好地实施情绪劳动并有效引导创新行为提供了理论依据和实践指导。

⑤通过情景实验，分别模拟了时间限制下项目执行者的感知时间压力、情绪与创新行为交互作用的主要过程以及项目执行者的感知时间压力、面子观与创新行为交互作用的主要过程。证实时间限制会加大项目执行者的感知时间压力并产生消极情绪，想要面子的观念直接对创新行为产生积极作用。项目管理者应该结合任务的创新特征综合确定缓冲设置方案，重视压力管理、面子管理和积极情绪的诱导，通过创新氛围的构建诱导员工积极投身创新活动。

本书从时间与空间、静态与动态两个角度，从个体、团队、网络三个层面对创新行为和创新绩效的影响机理展开探究，系统提出了中国式项目管理中，创新与效率兼顾的管理策略，生动刻画了中国管理情景下的个体和团队的创新路径。本书资料翔实，数据真实可靠，研究视角新颖，研究成果为当前中国推动实现创新驱动发展战略提供了新的思路，具有重要现实意义和启示作用。

参考文献

[1] Abraham R., "The Impact of Emotional Dissonance on Organizational Commitment and Intention to Turnover", The Journal of Psychology, 133 (4): 441 –455.

[2] Ajzen I., "The Theory of Planned Behavior", Organizational Behavior and Human Decision Processes, 1991, 50 (6): 179 –211.

[3] Ajzen I., Thomas J. M., Prediction of Goal – directed Behavior: Attitudes, Intentions and Perceived Behavioral Control [J]. Journal of Experimental Social Psychology, 1986, 22 (5): 453 –474.

[4] Akgün A. E., Lynn G., Antecedents and Consequences of Team Stability on New Product Development Performance [J]. Journal of Engineering and Technology Management, 2002, 19: 263 –286.

[5] Akgün A. E., Keskin H., Byrne J. Organizational Emotional Capability, Product and Process Innovation, and Firm Performance: An Empirical Analysis [J]. Journal of Engineering and Technology Management, 2009, 26 (3): 103 –130.

[6] Akinsola M. K., Tella A. & Tella A., Correlates of Academic Procrastination and Mathematics Achievement of University Undergraduate Students, Eurasia Journal of Mathematics [J]. Science & Technology Education, 2007, 3 (4): 364.

[7] Amabile T. M., Confi R., Coon H. et al. Assessing the Work Environment for Creativity [J]. Academy of Management Journal, 1996, 39: 1154 –1184.

[8] Amabile T. M., Leader Behaviors and the Work Environment for Creativity: Perceived Leader Support [J]. The Leadership Quarterly, 2004, 15: 5 –32.

[9] Amabile T. M., Barsade S. G., Mueller J. S. & Staw B. M. Affect and

Creativity at Work [J]. Administrative Science Quarterly, 2005, 50 (3): 367-403.

[10] Amaro Dos Santos J., Ohlhausen P and Bucher M. Aligning Innovation and Project Management by the Value Index [J]. International Journal of Technology Intelligence and Planning, 2008, 4 (4): 413-430.

[11] Anbari F R. Innovation, Project Management, and Six Sigma [J]. Current Topics in Management, 2005, 10: 101-116.

[12] Anderson N. R., De Dreu C. K. W. & Nijstad B. A., The Routinization of Innovation Research: A Constructively Critical Review of the State-of-the science [J]. Journal of Organizational Behavior, 2005, 25 (2): 147-173.

[13] Andersson U., Forsgren M, Holm U. The Strategic Impact of External Networks: Subsidiary Performance and Competence Development in the Multinational Corporation [J]. Strategic Management Journal, 2002, 23: 979-96.

[14] Angela H., Chun C., Jin N. C., Rethinking Procrastination Positive Effects of Active Procrastination Behavior on Attitudes and Performance [J]. The Journal of Social Psychology, 2005, 145: 245-265.

[15] Ariely D. & Zakay D., A Timely Account of the Role of Duration in Decision-making. Acta Psychologica, 2001, 108: 187-207.

[16] Ashtiani B, Jalali G R, Aryanezhad M B, Makui A, A New Approach for Buffer Sizing in Critical Chain Scheduling: Industrial Engineering and Engineering Management, December 2-4, 2007 [C]. Singapore. 1037-1041.

[17] Aubert B. A. & Kelsey B L, Further Understanding of Trust and Performance in Virtual Teams [J]. Small Group Research, 2003, 34: 575-618.

[18] Azoulay P. J., Graff Z & Manso G. Incentives and Creativity: Evidence From the Academic Life Sciences, Working Paper, MIT Sloan School of Management. 2010.

[19] Azoulay P., Joshua S., Graff Z. and Manso G., Incentives and Creativity: Evidence from the Academic Life Sciences [J]. RAND Journal of Economics, 2011, 42 (3): 527-554.

[20] Baer M., Oldham G. R., The Curvilinear Relation Between Experienced Creative Time Pressure and Creative Time Pressure and Creativity: Moderating Effects of Openness to Experience and Support for Creativity [J]. Journal of Applied Psychology, 2006 (91): 963–970.

[21] Baer M., Oldham G. R. & Cummings A. Rewarding Creativity: When does it Really Matter? [J]. Leadership Quarterly, 2003, 14: 569–586.

[22] Baer M. & Oldham G. R., The Curvilinear Relation Between Experienced Creative Time Pressure and Creative Time Pressure and Creativity: Moderating Effects of Openness to Experience and Support for Creativity [J]. Journal of Applied Psychology, 2006, 91: 963–970.

[23] Baer M. The Strength – of – Weak – Ties Perspective on Creativity: A Comprehensive Examination and Extension [J]. Journal of Applied Psychology, 2010, 95 (3): 592–601.

[24] Balkis M., Duru E. Prevalence of Academic Procrastination Behavior Among Pre – Service Teachers, and its Relationship with Demographics and Individual Preferences [J]. Journal of Theory and Practice in Education, 2009, 5 (1): 18–32.

[25] Bansal H. S., Shirley F. T., Investigating Interactive Effects in the Theory of Planned Behavior in a Service – switching Context [J]. Psychology & Marketing, 2002, 19 (5): 407–425.

[26] Barsade S., G. & O' Neill O A, Affective Organizational Culture [M]. Academy of Management Presentation. New Orleans, LA, 2004.

[27] Barsade S., The Ripple Effect Emotional Contagion in Groups [R]. Unpublished Working Paper. Yale University, 2001.

[28] Basadur M., Taggar S. & Pringle P. Improving the Measurement of Divergent Thinking Attitudes in Organizations, Journal of Creative Behavior, 1999, 33: 75–111.

[29] Bayiz M., Corbett C. J., Coordination and Incentive Contracts in Project Management under Asymmetric Information, Working Paper, UCLA Anderson School, 2005.

[30] Becker D. V., Kenrick D. T., Neuberg S. L., Blacewell K. C. & Smith D. M., The Confounded Nature of Angry Men and Happy Women [J].

Journal of Personality and Social Psychology, 2007, 92 (2): 179 – 190.

[31] Birrell J., Meares K., Wilkinson A. & Freeston M. H., Toward a Definition of Intolerance of Uncertainty: a Review of Factor Analytical Studies of the Intolerance of Uncertainty Scale [J]. Clinical Psychology Review, 2011, 31: 1198 – 1208.

[32] Bliese P. D., Within – group Agreement, non – independence, and reliability: Implications for Data Aggregation and Analysis [C] //In K J Klein & S W Kozlowski (Eds.). Multilevel Theory, Research and Methods in Organizations: Foundations, Extensions and New Directions. San Francisco: Jossey – Bass, 2000.

[33] Bock G. W., Zmud R. W., Kim Y. G., Behavioral Intention Formation in Knowledge Sharing: Examining the roles of Extrinsic Motivators, Social – psychological forces, and Organizational Climate [J]. MIS Quarterly, 2005, 29 (1): 87 – 111.

[34] Bolton S. C. Emotion Management in the Workplace [M]. Palgrave, 2005.

[35] Borgatti S. P., Mehra A., Brass D. J. & Labianca G. Network Analysis in the Social Sciences [J]. Science, 2009, 323: 892 – 95.

[36] Borkovec T. D., Alcaine O., Behar E. Avoidance Theory of Worry and Generalized Anxiety Disorder [M]. In: Heimberg R. G., Turk C. L., Mennin D. S., Generalized Anxiety Disorder in Research and Practice. New York, NY: Guildford Press, 2004: 77 – 108.

[37] Brass D. J., Structural Relationships, Job Characteristics, and Worker Satisfaction and Performance [J]. Administrative Science Quarterly, 1981, 26 (3): 331 – 348.

[38] Brass D. J. Power in Organizations: A Social Network Perspective [J]. Research in Politics and Society, 1992, 4 (1): 295 – 323.

[39] Brotheridge C E M, Grandey A A.. Emotional Labor and Burnout: Comparing Two Perspectives of "People Work" [J]. Journal of Vocational Behavior, 2002, 60: 17 – 39.

[40] Brown P. & evinson S. C., Politeness: Some Universals in Language Usage [M]. New York: Cambridge University Press, 1987.

[41] Bruck C. S. & Allen T. D. The Relationship between Big Five Personality traits, Negative Affectivity type - A behaviour and Work Family Conflict [J]. Journal of Vocational Behavior, 63: 457 -472.

[42] Buhr K. & Dugas M. J., The Intolerance of Uncertainty Scale: Psychometric Properties of the English Version [J]. Behaviour Research and Therapy, 2002, 40: 931 -945.

[43] Burroughs J. E., Dahl D. W., Moreau C. P., Chattopadhyay A & Gorn G J. Facilitating and Rewarding Creativity during New Product Development [J]. Journal of Marketing, 2011, 75: 53 -67.

[44] Burt R. S. The Contingent Value of Social Capital [J]. Administrative Science Quarterly, 1997, 42: 339 -365.

[45] Caldwell N., Roehrich J., Davies A. Procuring Complex Performance in Construction: London Heathrow Terminal and a Private Finance Initiative hospital [J]. Journal of Purchasing & Supply Management, 2009, 15 (3): 178 -186.

[46] Cardon P. W. A Model of Face Practices in Chinese Business Culture: Implications for Western Businesspersons [J]. Thunderbird International Business Review, 2009, 51: 9 -37.

[47] Carleton R. N., Mulvogue M., Thibodeau M. A., McCabe R. E., Antony M. M. & Asmundson G. J. G., Increasingly Certain about Uncertainty: Intolerance of Uncertainty across Anxiety and Depression [J]. Journal of Anxiety Disorders, 2012, 26: 468 -479.

[48] Carleton R. N. Norton P. J. & Asmundson G. J. G.. Fearing the Unknown. A short Version of the Intolerance of Uncertainty Scale [J]. Journal of Anxiety Disorders, 2007, 21: 105 -117.

[49] Carleton R. N., Kelsey C. C., Gordon J. G., "It's not just the judgements - It's that I don't know": Intolerance of uncertainty as a predictor of social anxiety [J]. Journal of Anxiety Disorders, 2010, 24: 189 -195.

[50] Carleton R. N., Mulvogue M., Thibodeau M. A., McCabe R. E., Antony M. M., Asmundson G. J. G. Increasingly Certain about Uncertainty: Intolerance of Uncertainty across Anxiety and Depression [J]. Journal of Anxiety Disorders, 2012, 26 (3): 468 -479.

[51] Carmeli A., Schaubroeck J., The Influence of Leaders and Other Referents Normative Expectation on Individual Involvement in Creative Work [J]. The Leadership Quarterly, 2007 (18): 35 – 48.

[52] Carter S. M. & West M. A., Reflexivity, Effectiveness, and Mental Health in BBC – TV Production Teams [J], Small GroupResearch, 1998, 29 (5): 583 – 601.

[53] Carver C. S. & Scheier M. F., On the self – regulation of Behavior [M]. New York: Cambridge University Press, 1998.

[54] Carver C. S. & Scheier M. F. & Wegraub J. K., Assessing Coping Strategies: a Theoretically based Approach [J]. Journal of Personality, and Social Psychology, 1989, 56: 267 – 283.

[55] Chang M. K., Predicting Unethical Behavior: a comparison of the theory of reasoned action and the theory of planned behavior [J]. Journal of Business Ethics, 1998, 17 (6): 1825 – 1834.

[56] Chen G., Gully S. M. & Eden D., Validation of a new general self – efficacy scale [J]. Organizational Research Methods, 2001 (4): 62 – 83.

[57] Cheng B. S., Boer D., Chou L. F., et al. Paternalistic Leadership in Four East Asian Societies Generalizability and Cultural Differences of the Triad Model [J]. Journal of Cross – Cultural Psychology, 2014, 45 (1): 82 – 90.

[58] Cheung F., Fan W., The Chinese Personality Assessment Inventory as a Culturally Relevant Personality Measure in Applied Settings [J]. Social and Personality Psychology Compass, 2008, 2: 74 – 89.

[59] Christopher E. P., Face, Harmony and Social Structure: An Analysis of Organizational Behavior [M]. New York: Oxford University Press, 1997.

[60] Chu A. H. & Choi J. N., Rethinking Procrastination: Positive Effects of "active" Procrastination Behavior on Attitudes and Performance [J]. The Journal of Social Psychology, 2005, 145 (3): 245 – 264.

[61] Chu K. H. L. & Murrmann S. K., Development and Validation of the Hospitality Emotional Labor Scale [J]. Tourism Management, 2006, 27 (6): 1181 – 1191.

[62] Chua Roy Y. J. Paul I. and Morris M. from The Head and The Heart: Locating Cognition – And Affect – Based Trust in Manager's Professional Networks [J]. Academy of Management Journal, 2008, 51: 436 – 452.

[63] Cohen I. , Mandelbaum A. , Shtub A. . Multi – project Scheduling and Control: a Project – based Comparative Study of the Critical Chain Methodology and Some Alternatives [J] . Project Management Journal, 2004, 35 (2): 39 – 50.

[64] Cohen – Meitar R. , Carmeli A. , & Waldman D. A. , Linking Meaningfulness in the Workplace to Employee Creativity: The Intervening Role of Organizational Identification and Positive Psychological Experiences [J]. Creativity Research Journal, 2009, 21: 361 – 375.

[65] Cooper R. G. , Kleinschmidt E. J. , Determinants of Timeliness in Product Development [J]. Journal of Product Innovation Management, 1994 (11): 381 – 396.

[66] Davis G. A. , Review: test for Creative thinking – drawing Production [J]. Gifted and Talented International. 1995 (10): 90 – 91.

[67] Davis M. A. , Understanding the Relationship Between Mood and Creativity: A meta – analysis [J]. Organizational Behavior and Human Decision Processes, 2009, 108: 25 – 38.

[68] De Jong G. , Woolthuis K. , The Institutional Arrangements of Innovation: Antecedents and Performance Effects of Trust in High – tech Alliance [J]. Industry and Innovation, 2008, 15: 45 – 67.

[69] DeBono A. , Shmueli D. & Muraven M. Rude and Inappropriate: The Role of self – control in Following Social Norms [J]. Personality and Social Psychology Bulletin, 2011, 37 (1): 136 – 146.

[70] Diefendorff J. M. , Croyle M. H. & Gosserand R. H. The Dimensionality and Antecedents of Emotional Labor Strategies [J]. Journal of Vocational Behavior, 2005, 66 (2): 339 – 357.

[71] Diliello T. C. , Houghton J. D. , Maximizing Organizational Leadership Capacity for the Future: Toward a model of self – leadership, Innovation and Creativity [J]. Journal of Managerial Psychology, 2006, 21 (4): 319 – 337.

[72] DiLiello T. C. & Houghton J. , Creative Potential and Practised Creativity: Identifying Untapped Creativity in Organizations [J]. Creativity & Innovation Management, 2008, 17 (1): 37 -46.

[73] Dirks K. T. & Skarlicki D. P. , Trust in Leaders: Existing Research and Emerging Issues [M]. In R. M. Kramer & Kscook InR M Kramer & K S Cook [eds.], Trust and Distrust across Organizational Contexts: Dilemmas and Approaches: 21 -41. New York: Russellsag.

[74] Doherty R. W. , The Emotional Contagion Scale: A Measure of Individual Differences. J Nonv Behav 1997, 21 (2): 131 -154.

[75] Dugas M. J. , Buhr K. , Ladouceur R. , The Role of Intolerance of Uncertainty in Etiology and Maintenance [M]. In: R. G. Heimberg, C. L. Turk, & D. S. Mennin (Eds.), Generalized anxiety disorder: Advances in Research and Practice (142 - 163) . New York, NY: Guilford Press, 2004.

[76] Dugas M. J. , Hedayati M. , Karavidas A. , Buhr K. , Francis K. & Phillips N. A. , Intolerance of Uncertainty and Information Processing: Evidence of biased recall and Interpretations [J]. Cognitive Therapy and Research, 2005, 29: 57 -70.

[77] Dulaimi M. F. , Ling F. Y. , Bajracharya A. , Organizational Motivation and Inter -organizational Interaction in Construction Innovation in Singapore [J]. Construction Management and Economics, 2003, 21 (3), 307 -318.

[78] Edwards J. R. & Lambert L. S. , Methods for Integrating Moderation and Mediation: A General Analytical Framework Using Moderated Path Analysis [J]. Psychological Methods, 2007, 12: 1 -22.

[79] Eisenberg J. K. & Brodersen M. Workplace Affect and Workplace Creativity: a Review and Preliminary model. Human Performance, 2004 (17): 169 -194.

[80] ELLIOT A. J. , PEKRUN R. S. , PAUL A. , PEKRUN R, Emotion in the Hierarchical Model of Approach -avoidance Achievement Motivation. Educational Psychology Series [M]. San Diego, CA, US: Elsevier Academic Press, 2007.

[81] Emmanuelides A. P. , Determinants of Product Development Time: A Framework for Analysis [J]. Academy of Management Best Paper Proceedings, 1991: 342 – 346.

[82] Errais S. E. Valuing Pilot Projects in a Learning by Investing Framework: An Approximate Dynamic Programming Approach [J] . Computers & Operations Research, 2008 (35): 90 – 110.

[83] Ettlie J. E. , Kevin S. G. , & Charles M. V. , The Role of Thinking Style and Innovative Intentions for Optimal Creativity and Innovation in Organizations, Proceedings of the 44th Hawaii International Conference on System Sciences, 2011.

[84] Ferrari J. R. , Still procrastinating? The no – regrets guide to getting it done. Hoboken, NJ: John Wiley & Sons, Inc. , 2010.

[85] Fleck J. I. , Weisberg R W. The Use of verbal Protocols as Data: An Analysis of Insight in the Candle Problem [J]. Memory and Cognition, 2004, 32 (9): 990 – 1006.

[86] Ford B. , Kleiner B. , H. , Managing Engineers Effectively [J]. Business, 1987, 37 (1): 49 – 52.

[87] Fornell C. , Larcker D. F. , Evaluating Structural Equation Models with Unobservable Variables and Measurement Error [J]. Journal of Marketing Research, 1981, 18 (1): 39 – 50.

[88] Fredickson B. L. , Branigan C. , Positive Emotions Broaden the Scope of Attention and thought – action Repertoires [J]. Cognition and Emotion, 2005, 19 (3): 313 – 332.

[89] Freeston M. , Rheaume J. , Letarte H. , Dugas M. J. & Ladouceur R. , Why do people worry? [J] . Personality and Individual Differences, 1994, 17: 791 – 802.

[90] George J. M. & Zhou J. , Understanding when Bad Moods Foster Creativity and good ones don't: The Role of Context and Clarity of Feelings [J]. Journal of Applied Psychology, 2002, 87 (4): 687 – 697.

[91] George J. M. & Zhou J. , Dual Tuning in a Supportive Context: Joint Contributions of Positive Mood, Negative Mood, and Supervisory Behaviors to Employee. Academy of Management Journal, 2007, 50 (3): 605 – 622.

[92] Glomb T. M, Tews M. J., Emotional labor: A Conceptualization and Scale Development [J]. Journal of Vocational Behavior, 2004, 64: 1 – 23.

[93] Goldratt E M. Critical chain [M]. North River Press, 1997.

[94] Gonzalez F. J. M., Palacios T. M. B., The Effect of New Product Development Techniques on New Product Success in Spanish Firms [J]. Industrial Marketing Management, 2002 (31): 261 – 271.

[95] Gorge M. L：《创新引擎——有效提升企业创新执行力》，中国财政经济出版社 2007 年版。

[96] Grandey A. A., Emotional Regulation in the Workplace: A New Way to Conceptualize Emotional Labor [J]. Journal of Occupational Health Psychology, 2000 (5): 95 – 110.

[97] Grandey A. A., When the Show must go on: Surface Acting and Deep Acting as Determinants of Emotional Exhaustion and peer – rated Service Delivery [J]. Academy of Management Journal, 2003, 46 (1): 86 – 96.

[98] Granovetter M S., The Strength of Weak Ties [J]. American Journal of Sociology, 1973, 6: 1360 – 1380.

[99] Griffin A., Modeling and Measuring Product Development Cycle Time Across Industries [J]. Journal of Engineering and Technology Management, 1997, 14: 1 – 24.

[100] Gulati R., Sytch M., Dependence Asymmetry and Joint Dependence in Interorganizational Relationships: Effects of Embeddedness on a Manufacturer's Performance in Procurement Relationships [D]. Administrative Science Quarterly, 2007 (52): 32 – 69.

[101] Hackman J. R., Oldham G. R., Motivation Through the Design of work: test of a theory [J]. Organizational Behavior and Human Performance, 1976, 16: 250 – 279.

[102] Hagger M. S., Chatzisarantis N. L. D., First and Higher – order models of attitudes, Normative Influence, and Perceived Behavioral control in the Theory of Planned Behaviour [J]. The British Journal of Social Psychology, 2005 (44): 513 – 536.

[103] Hammond M. M., Neff N. L., Farr J. L., Schwall A. R. & Zhao X.,

Predictors of individual – level Innovation at Work: A meta – analysis [J]. Psychology of Aesthetics, Creativity, and the Arts, 2011, 5 (1): 90 – 105.

[104] Harty C. Implementing Innovation in Construction: Contexts, Relative boundedness and Actor – network Theory [J]. Construction Management and Economics, 2008, 26 (10): 1029 – 1041.

[105] Hatfield E., Cacioppo J. L. & Rapson R. L. Emotional contagion [J]. Current Directions in Psychological Sciences, 2003, 2: 96 – 99.

[106] Hellman T and Thiele V.. Incentives and Innovation: A Multi – Tasking Approach [J]. Economic Journal: Microeconomics, 2011, 3: 78 – 128.

[107] Henning Thurau, Markus Groth, Michael Paul, & Gremler D. D. Are all Smiles Created Equal? How Emotioanl Contagion and Emotional Labor Affect Service Relationships [J]. Journal of Marketing, 2006, 70 (7): 58 – 73.

[108] Hilmi M. F, Ramayah T., Mustapha Y., Pawanchik, S., Product and Process Innovativeness: Evidence from Malaysian SMEs. European Journal of Social Sciences, 2010, 16 (4): 556 – 565.

[109] Ho D. Y. F., On the Concept of face [J]. The American journal of sociology, 1976, 81 (4): 867 – 884.

[110] Hochschild A R. The Managed Heart: Commercialization of Human Feeling [M]. Berkeley, CA: University of California Press, 1983.

[111] Hoegl M. & Parboteeah K., Team reflexivity in innovative projects [J]. R & D Management, 2006, 36 (2): 113 – 125.

[112] Holman D., Totterdell P., Axtell C., Stride C. & Port R., Individual Innovation Behaviours: The Development of a Measure and Examination of Antecedents. XII European Congress of Organizational and Work Psychology, May 2005, Istanbul.

[113] Holman D., Totterdell P., Axtell C., Stride C., Port R., Svensson R. & Zibarras L., Job Design and the Employee Innovation Process: The Mediating Role of Learning Strategies [J]. J Bus Psychol, 2012, 27: 177 – 191.

[114] Houghton J. D., Bonham T. W., Neck C P, Singh K., The Relation-

ship between Self – leadership and Personality: A Comparison of Hierarchical Factor Structures [J]. Journal of Managerial Psychology, 2004, 19 (4): 427 – 441.

[115] Hullett C. R., The Impact of Mood on Persuasion: A meta – analysis. Communication Research, 2005, 32 (4): 423 – 442.

[116] Amabile T. M., Barsade S. G., Mueller J. S., & Staw B. M. Affect and creativity at work [J]. Administrative Science Quarterly, 2005, 50 (3): 367 – 403.

[117] Huy Q. N. Emotional Capability, Emotional Intelligence, and Radical Change [J]. Academy of Management Review, 1999, 24 (2): 325 – 345.

[118] Ibarra H., Deshpande P. H. Networks and Identities: Reciprocal Influences on Career Processes and Outcomes [J]. Handbook of career studies, 2007, 8 (5): 268 – 282.

[119] Ilies R. I., Wagner D. T. & Morgeson F. P., Explaining Affective Linkages in Teams: Individual Difference in Susceptibility to Contagion and Individualism – collectivism [J]. Journal of Applied Psychology, 2007, 92 (4): 1140 – 1148.

[120] Isaksen S G. The Climate for Transformation: Lessons for Leaders [J]. Creativity and Innovation Management, 2007, 16 (1): 3 – 15.

[121] J. 笛德:《创新管理》,清华大学出版社2004年版。

[122] James L. R., Demaree R. & Wolf G., An Assessment of Within – Group Inter – Rater Agreement [J]. Journal of Applied Psychology, 1993, 78 (2): 306 – 309.

[123] Janssen O., How Fairness Perceptions Make Innovative Behavior More or Less Stressful [J]. Journal of Organizational Behavior, 2004, 25 (2): 201 – 216.

[124] Janssen O., Job Demands, Perceptions of Effort – reward Fairness and Innovative Work Behaviour [J]. Journal of Occupational and Organizational Psychology, 2000, 73: 287 – 302.

[125] Jin Nam Choi:《个性与组织》,郭旭力、鲜红霞译,中国人民大学出版社2007年版。

[126] Joshi A., Pandey N., Han G. H., Bracketing Team Boundary Spanning: An Examination of task – based, team – level, and contextual antecedents [J]. Journal of Organizational Behavior, 2009, 30 (6): 731 – 759.

[127] Juanjuan Zhang, Deadlines in Product Development, 2012, Working Paper.

[128] Kahneman D., Krueger A., Schkade D., Schwarz, N., & Stone A., A Survey Method for Characterizing Daily Life Experience: The Day Reconstruction Method (DRM). Science, 2004, 11 (3): 1776 – 1780.

[129] Karasek R., & Theorell T., Healthy work. Stress, Productivity and the Reconstruction of Working Life. New York: Basic Books, 1990.

[130] Kavanagh D and Naughton E. Innovation & Project Management – exploring the Links [J]. PM World Today, 2009, 11 (4): 1 – 7.

[131] Keegan A and Turner J R. The Management of Innovation in Project – based Firms [J]. Long Range Planning, 2002, 35 (4): 367 – 388.

[132] Keith B., Howard B. Intolerance of Uncertainty and Perceived Threat [J]. Behavior Research and Therapy, 2008, 46 (1): 28 – 38.

[133] Kelly J. & Barsade S. Mood and Emotions in Small Groups and Work teams [J]. Organizational Behavior and Human Decision Processes, 2001, 86 (1): 99 – 130.

[134] Kessler E. H., Chakrabarti A. K., Innovation Speed: A Conceptual model of Context, Antecedents and Outcomes [J]. Academy of Management Review, 1996, 21: 1143 – 1491.

[135] Kim H., Eva Van den B., Johan W. S. V., Liesbet G. Confirmatory Factor Analysis of the Dutch Intolerance of Uncertainty Scale: Comparison of the Full and Short Version [J]. Journal of Behavior Therapy and Experimental Psychiatry, 2013, 44 (1): 21 – 29.

[136] Kleysen F. R., Street C. T., Toward a Multi – dimensional Measure of Individual Innovative Behavior [J]. Journal of Intellectual Capital, 2001, 3 (2): 284 – 296.

[137] Knight A P. Mood at the midpoint: How Team Positive Mood Shapes Team Development and Performance. In L. A. Toombs (Ed.), Pro-

ceedings of the 71st Annual Meeting of the Academy of Management, San Antonio, TX. 2011, August.

[138] Krackhardt D. The Strength of Strong Ties: The Importance of Philos in Organizations [J]. Networks and Organizations: Structure, form, and action, 1992, 216: 239.

[139] Kraft P., Jostein R., Stephen S., and Espen R., Perceived Difficulty in the Theory of Planned Behavior: Perceived Behavioral Control or Affective Attitude [J]. British Journal of Social Psychology, 2005, 44 (3): 479 -496.

[140] Kwak M. Maximizing Innovation in Alliances [J]. MIT Sloan Management Review, 2004, Fall, 46 (1): 5 -6.

[141] Langerak F, Jan Hultink, E., The Impact of Product Innovativeness on the Link between Development Speed and New Product Profitability [J]. The Journal of Product Innovation Management, 2006, 23 (3): 203 - 214.

[142] Langfred C. Too Much of a good thing? Negative Effects of High Trust and Individual Autonomy in Self - managing Teams [J]. Academy of Management Journal, 2004, 47: 385 -99.

[143] Lars - Olov Lundqvist, The Relationship Between the Biosocial Model of Personality and Susceptibility to Emotional Contagion: A Structural Equation Modeling Approach [J]. Personality and Individual Differences, 2008, 45: 89 -95.

[144] Leung K., Chen Z., Zhou F., et al. The Role of Relational Orientation as Measured by Face and Renqing in Innovative Behavior in China: An Indigenous Analysis [J]. Asia Pacific Journal of Management, 2012: 1 -22.

[145] Lilienfeld S. O., Wood J M & Garb H N. The Scientific Status of Projective Techniques [J]. Psychological Science in the Public Interest, 2000, 1 (2): 27 -66.

[146] Lilius J. M., Worline M. C., Dutton J. E., et al. Understanding Compassion Capability [J]. Human Relations, 2011, 64 (7): 873 -899.

[147] Lin N., Cook K. S., Burt R. S. Social Capital: Theory and Research

[M]. Aldine de Gruyter, 2001.

[148] Lovelace K., Shapiro D. L., Weingart L. R., Maximizing Cross Functional New Product Teams Innovativeness and Constraint Adherence: A Conflict Communications Perspective [J]. Academy of Management Journal, 2001, 44 (4): 779-793.

[149] Luhmann C. C., Ishida K. and Hajcak G. Intolerance of Uncertainty and Decisions about Delayed, Probabilistic Rewards [J]. Behav. Ther. 2011, 42: 378-389.

[150] Luhmann C. C., Chun M. M., Yi D., Lee D. & Wang X., Neural Dissociation of Delay and Uncertainty in Intertemporal Choice. Journal of Neuroscience, 2008, 28 (14): 459-466.

[151] Lundqvist L. O. A Swedish Adaptation of the Emotional Contagion Scale: Factor Structure and Psychometric Properties [J]. Scandinavian Journal of Psychology, 2006, 47: 263-272.

[152] Luria G, Torjman A. Resources and Coping with Stressful Events [J]. Journal of Organizational Behavior, 2009, 30 (6): 685-707.

[153] Madjar N. Emotional and Informational Support from Different Sources and Employee Creativity [J]. Journal of Occupational and Organizational Psychology, 2008, 81: 83-100.

[154] Madjar N. A., Oldham G. R. & Pratt M. G. There's no Place like Home? The Contributions of Work and Nonwork Creativity Support to Employees' Creative Performance [J]. Academy of Management Journal, 2002 (45): 757-767.

[155] Madjar N., Oldham G. R., Task Rotation and Polychronicity: Effects on Individuals' Creativity [J]. Human Performance, 2006, 19 (2): 117-131.

[156] Maner J. K., Richey J. A., Cromer K., Mallott M., Lejuez C., Joiner T. E. & Schmidt N. B., Dispositional anxiety and risk-avoidant decision making [J]. Personality and Individual Differences, 2007, 42: 665-675.

[157] Manso G. Motivating Innovation [J]. The Journal of Finance, 2011, 66 (5): 1823-1860.

[158] Manz C. C., Neck C. P., Mastering Self – leadership: Empowering yourself for Personal Excellence [M]. London: Prentice Hall, 2004.

[159] Manz C. C., Sims H P., The New Super Leadership: Leading Others to Lead Themselves [M]. San Francisco, CA: Berrett Koehler Publishers, 2001.

[160] March J, Olsen J. Exploration and Exploitation in Organizational Learning [J]. Organizational Science, 1991, 2 (1): 71 – 78.

[161] McDonough III E. F., Investigating of Factors Contributing to the Success of Cross – functional Teams [J]. Journal of Product Innovation Management, 2000, 17: 211 – 235

[162] McEvily B, Marcus A. Embedded Ties and the Acquisition of Competitive Capabilities [J]. Strategic Management Journal, 2005, 26: 1033 – 1055.

[163] Merkx P. P., Truong K. P. & Neerincx M. A. Inducing and Measuring Emotion through a Multiplayer first – person Shooter Computer Game [J]. Computer Games Workshop, 2007: 231 – 242.

[164] Miller L T. A License Valuation: A Bayesian Learning Real Options Approach [J]. Review of Financial Economics, 2010, 19 (1): 28 – 37.

[165] Miner A. G. & Glomb T. M., State Mood, task Performance, and Behavior at work: A Within – persons Approach [J]. Organizational Behavior and Human Decision Processes, 2010 (112): 43 – 57.

[166] Mingo & Chen D. Collaborative Brokerage, Generative Creativity, and Creative Success [J]. Administrative Science Quarterly, 2007, 52: 443 – 475.

[167] Moonseo P, Feniosky P Mora. Reliability Buffering for Concurrent Projects [J]. Journal of Construction Engineering and Management, 2004, 130 (5): 626 – 637.

[168] Morris J. A., Feldman D C. The Dimensions, Antecedents, and Consequences of Emotional labor [J]. Academy of Management Review, 1996, 21 (4): 986 – 1010.

[169] Muller D., Judd C. M. & Yzerbyt Y. V., When Moderation is Mediated and Mediation is Moderated [J]. Journal of Personality and Social Psychology, 2008, 89: 852 – 863.

[170] Mumford M. D. and Hunter S. T., Innovation in Organizations: A Multi-level Perspective on Creativity [J]. Research in Multi-Level Issues, 2005, 4: 9-13.

[171] Neck C. P., Houghton J. D., Two Decades of Self-leadership Theory and Research [J]. Journal of Managerial Psychology, 2006, 21 (4): 270-295.

[172] Nerkar A., Paruchuri S. Evolution of R&D Capabilities: the Role of Knowledge Networks Within a Firm [J]. Management Science. Linthicum, 2005, 51 (5): 771-786.

[173] Ng Kok-Yee and Chua Roy Y J. Do I Contribute More When I Trust More? Differential Effects of Cognition- and Affect Based Trust [J]. Management and Organization Review, 2006, 2 (1): 43-66.

[174] Nicolas M., Sophie B., Olivier Le B., Jacques J., Marine D., Procrastination, Participation, and Performance in Online Iearning Environments [J]. Computers & Education, 2011, 56: 243-252.

[175] Norman P. and Sarah H., The Theory of Planned Behavior and Breast Self-examination: Distinguishing Between Perceived Control and Self-efficacy [J]. Journal of Applied Social Psychology, 2004, 34 (4): 94-708.

[176] Norton P. J., Sexton K. A., Walker J. R. & Norton G. R., Hierarchical Model of Vulnerabilities for Anxiety: Replication and Extension With a Clinical Sample [J]. Cognitive Behaviour Therapy, 2005, 34: 50-63.

[177] Oh H, Labianca G & Chung M H. A Multilevel Model of Group Social Capital [J]. Academy of Management Review, 2006, 31: 569-582.

[178] Ohly S., Sonnentag S. & Pluntke F., Routinization, Work Characteristics and Their Relationships with Creative and Proactive Behaviors [J]. Journal of Organizational Behavior, 2006, 27: 257-279.

[179] Oldham G. R., Cummings A., Employee Creativity: Personal and Contextual Factors at Work [J]. Academy of Management Journal, 1996, 39 (3): 607-634.

[180] Ordonez I. D. & Benson I., Decision Making Under Time Pressure:

How Time Constraint Affects Risky Decision Making [J]. Organizational Behavior and Human Decision Processes, 1997, 71: 121 – 140.

[181] Parker S. , Wall T. Job and Work Design: Organizing Work to Promote Well – being and Effectiveness [M]. Thousand Oaks: Sage Publications, 1998: 12 – 32.

[182] Perry M. L. , Pearce C. L. , Sims Jr. H. P. Empowered Selling Teams: How Shared Leadership Can Contribute to Celling Team Outcomes [J]. Journal of Personal Selling and Sales Management, 1999, 19 (3): 31 – 35.

[183] Perry – Smith J E. Social Yet Creative: The Role of Social Relationships in Facilitating Individual Creativity [J]. Academy of Management Journal. 2006, 49: 85 – 101.

[184] Ploott C . R. , Industrial Organization Theory and Experimental Economics[J]. Journal of Economic Literature, 1982, 20(4): 1485 – 1527.

[185] Prussia G. E. , Anderson J. S. , Manz C. C. , Self – leadership and performance outcomes: The mediating influence of self – efficacy [J]. Journal of Organizational Behavior, 1998, 19 (5): 523 – 538.

[186] Rafaeli A & Sutton R I. Expression of Emotion as Part of the Work Role [J]. Academy of Management Review, 1987, 12 (1): 23 – 37.

[187] Rhee S. Y. Group Emotions and Group Outcomes: The Role of Group – member Interactions [J] . Research on Managing Groups and Teams: Affect and Groups, 2007 (10): 65 – 95.

[188] Rhee S. Y. Group Emotions and Group Outcomes: The Role of Group – member Interactions [J]. Research on Managing Groups and Teams, 2007, 10: 65 – 95.

[189] Rodell J. B. & Judge T. A. , Can "good" Stressors Spark "bad" Behaviors? The Mediating Role of Emotions in Links of Challenge and Hindrance Stressors with Citizenship and Counter Productive Behaviors [J]. Journal of Applied Psychology, 2009 (6): 1438 – 1451.

[190] Rogers E. M. Diffusion of Innovation [M]. New York: Free Press, 1983: 457 – 920.

[191] Salavou H. The Concept of Innovativeness: Should we need to Focus?

[J]. European Journal of Innovation Management,2004,7(1):33-44.

[192] Sasidharan S., Santhanam R., Brass D. J. The Effects of Social Network Structure on Enterprise Systems Success: A longitudinal Multilevel Analysis [J]. Information Systems Research,2012,23(3):658-678

[193] Sauermann H., Cohen M. W,, What makes them tick - employee Motives and firm innovation [J]. Management Science, 2012, 56(12): 2134-2153.

[194] Schaefer C. E., Creativity Attitude Survey [M]. Jacksonville, IL: Psychologists and Educators, Inc., 1971.

[195] Schaubroeck J, Jones J R. Antecedents of Workplace Emotional Labor Dimensions and Moderators of Their Effects on Physical Symptoms [J]. Journal of Organizational Behavior, 2000, 21: 163-183.

[196] Scher S. J., Osterman N M. Procrastination, Conscientiousness, Anxiety, and Goals: Exploring the Measurement and Correlates of Procrastination Among School - aged Children [J]. Psychology in the Schools, 2002 (39): 385-398.

[197] Schumacker R E & Lomax R G. A beginner's Guider to Structural Equation Modeling [M]. Mahwah, NJ: Lawrence Erlbaum Associates, 1996.

[198] Schwarz N. & Clore G. L., Mood, Misattribution and Judgments of well - being: Information and Directive Functions of Affective States [J]. Journal of personality and Social Psychology, 1983, 45: 513-523.

[199] Scott S. G. & Bruce R. A. Determinants of Innovative Behavior: a Path Model of Individual Innovation in the Workplace [J]. Academy of Management Journal, 1994, 37 (3): 580-607.

[200] Semmer N., Zapf D. & Dunckel H. Instrument zur stressbezogenen Tätigkeitsanalyse (ista). In H. Dunckel (Ed.), Handbuch psychologischer Arbeitsanalyseverfahren, 1999: 179-204.

[201] Senge P. M., The Fifth Discipline [J]. New York: Double - day, 1990, 1.

[202] Seo E. H. A Comparison of Active and Passive Procrastination in Rela-

tion to Academic Motivation [J]. Social Behavior and Personality, 2013, 41 (5): 777-786.

[203] Shalley C. E., Zhou J., & Oldham G. R., The Effects of Personal and Contextual Characteristics on Creativity: Where should we go from here? [J]. Journal of Management, 2004, 30: 933-958.

[204] Shenhar A. J. and Dvir D. Reinventing Project Management: The Diamond Approach to Successful Growth and Innovation [M]. Harvard Business School Press, 2007.

[205] Siegfried S., Glenda Y., Nogami R. W., et al., Computer Assisted Training of Complex Managerial Performance [J]. Computers in Human Behavior, 1988, 4 (1): 77-88.

[206] Simone D., Linguistic Assumptions in Scientific Language [J]. Contemporary Psychodynamics: Theory Research and Application, 1993, 1: 8-17.

[207] Slotegraff R. J., Moorman C., Inman J. J. The Role of Firm Resources in Returns to Market Deployment [J]. Journal of Marketing, 2003, 40: 295-309.

[208] Small D. A. & Verrochi N. M., The Face of need: Facial Emotion Expression on Charity Advertisement [J]. Journal of Marketing, 2009 (27): 777-787.

[209] Smith E. R., Seger C. R., Mackie D. M. Can Emotions be Truly Group Level? Evidence Regarding four Conceptual Criteria. Journal of Personality and Social Psychology, 2007, 93 (3): 431-446.

[210] Sonnentag S, Kuttler I, Fritz C. Job Stressors. Emotional Exhaustion, and Need for Recovery: A Nuhi source Study on the Benefits of Psychological Detachment [J]. Journal of Vocational Behavior, 2010, 76 (3): 355-365.

[211] Sookman D. & Pinard G., The Cognitive Schemata Scale: A Multidimensional Measure of Cognitive Schemas in Obsessive Compulsive Disorder. Paper Presented at the World Congress of Behavioural and Cognitive Therapies, Copenhagen, Denmark, 1995.

[212] Spector P. E. & Fox S., Counterproductive Work Behavior and Organi-

zational Citizenship Behavior: are they Opposite Forms of Active Behavior? [J]. Applied Psychology: An International Review, 2010 (59): 21 - 39.

[213] Stajkovic A. D. & Luthans F. Differential Effects of Incentive Motivators on Work Performance [J]. Academy of Management Journal, 2001, 44: 580 - 590.

[214] Stalk G. J., Hout T. M. Competing against time: how time - based Completion is Reshaping Global Markets [M] . New York: The Free Press, 1990.

[215] Stock R. M. Interorganizational Teams as Boundary Spanners Between Supplier and Customer Companies [J]. Journal of the Academy of Marketing Science, 2006, 34 (4): 588 - 599.

[216] Streufert S., Simulation Based Assessment of Managerial Competence: Reliability and Validity [J]. Personnel Psychology, 1988, 41 (3): 537 - 557.

[217] Subramanian N. The Economics of Intrapreneurial Innovation [J]. Journal of Economic Behavior and Organization, 2005, 58 (4): 487 - 510.

[218] Svenson O., Maule J., Time Pressure and Stress in Human and Decision Making. Plenum Press, 1993.

[219] Thibodeau M. A., Carleton R. N., Gómez - Pérez L. "What If I Make a Mistake?": Intolerance of Uncertainty is Associated with Poor Behavioral Performance [J]. The Journal of Nervous and Mental Disease, 2013, 201 (9): 760 - 766.

[220] Tian X. and Wang T. Tolerance for Failure and Corporate Innovation [J]. Working Paper, Indiana University, 2010.

[221] Tierney P., Farmer S. M., The Pygmalion Process and Employee Creativity [J]. Journal of Management, 2004, 30 (3): 413 - 432.

[222] Ting - Toomey S. & Kurogi A., Facework Competence in Intercultural Conflict: An Updated Face - Negotiation Theory [J]. International Journal of Intercultural Relationship, 1998, 22 (2): 187 - 225.

[223] Tjosvold D. & Chen G., Cooperative Goals and Constructive Controver-

sy for Promoting Innovation in Student Groups in China [J]. Journal of Education for Business, 2002, 78 (1): 46-50.

[224] Tjosvold D., Implications of Controversy Research for Management [J]. Journal of Management, 1985, 11 (1): 21-27.

[225] Tjosvold D., Tang M. M. L. & West M. A., Reflexivity for Team Innovation in China: The Contribution of Goal Interdependence [J]. Group and Organization Management, 2004, 29 (5): 540-559.

[226] Totterdell P & Holman D. Emotion Regulation in Customer Service Roles: Testing a Model of Emotional Labor [J]. Journal of Occupational Health Psychology, 8 (1): 55-73.

[227] Totterdell P., Wall T., Holman D., Diamond H & Epitropaki O., Affect Net Works: A Structural Analysis of the Relationship between Work ties and Job-related affect [J]. Journal of Applied Psychology, 2004, 89: 854-867.

[228] Tuckman B. W., The Development and Concurrent Validity of the Procrastination Scale [J]. Educational & Psychological Measurement, 1991, 51 (2): 473-480.

[229] Uzzi B., Jarrett S. Collaboration and Creativity: The Small World Problem [J]. American Journal of Sociology, 2005, 111 (2): 447-504.

[230] Van Eerde W. Procrastination at Work and Time Management Training [J]. Journal of Psychology, 2003, 137 (5): 421-434.

[231] Van Hooft E. A. J., Born M. P., Taris T. W., Van der Flier H. & Blonk R. W. B., Bridging the Gap between Intentions and Behavior: Implementation Intentions, Action Control, and Procrastination [J]. Journal of Vocational Behavior, 2005, 66: 238-256.

[232] Walter F. & Bruch H, The Positive Group Affect spiral: A Dynamic Model of the Emergence of Positive Affective Similarity in Work Groups. Journal of Organizational Behavior, 2007, 11: 87-104.

[233] Walter F., Bruch H. The Positive Group Affect Spiral: A Dynamic Model of the Emergence of Positive Affective Similarity in Work Groups [J]. Journal of Organizational Behavior, 2008, 29 (2): 239-261.

[234] Wang A. C. & Cheng B. S. , When does Benevolent Leadership Lead to Creativity? The Moderating Role of Creative Role Identity and Job Autonomy [J] . Journal of Organizational Behavior, 2010, 31: 106 – 121.

[235] Wang C. L. , Siu N. Y. M. & Barnes B. R. The Significance of Trust and Renqing in the Long – term Orientation of Chinese Business – to – business Relationships [J]. Industrial Marketing Management, 2008, 37 (1): 819 – 824.

[236] Wang H. , Help Seeking Tendency in Situation of Threat to Self – esteem and face – losing [D]. UnPublished Ph. D. Dissertation, University of HongKong, 2002.

[237] Weening M. W. H. , Maarleveld M. The Impact of Time Constraint on Information Search Strategies in Complex Choice Tasks [J]. Journal of Economic Psychology, 2002, 23 (6): 689 – 702.

[238] Weiss H. M. , Cropanzano R. , Affective Events Theory: a Theoretical Discussion of the Structure, Causes and Consequences of Affective Experience at Work [A]. Straw BM, Cummings L L. Research on Organizational Behavior, 1996 (18): 1 – 74.

[239] West M. A. , Farr J. Innovation at Work: Psychological Perspectives [J]. Social Behavior, 1989, 4: 15 – 30.

[240] West M. A. Sparkling Fountains or Stagnant Ponds: An Integrative Model of Creativity and Innovation Implementation in Work Groups [J]. Applied Psychology, 2002, 51: 355 – 387.

[241] West M. A. & Farr J. , Innovation at Work: Psychological Perspectives [J]. Social Behavior, 1989, 4: 15 – 30.

[242] West M. , Sparkling Fountains or Stagnant Ponds: An Integrative Model of Creativity and Innovation Implementation in Work Groups. Applied Psychology [J]. An International Review, 2002, 51 (3): 355 – 424.

[243] West M. A. , Reflexivity and Work Group Effectiveness: A Conceptual Integration, in M. A. West (ed.), Handbook of Work Group Psychology, Chichester: JohnWiley & Sons, 1996: 555 – 579.

[244] Willis T. H. , Jurkus A. F. Product Development: An Essential Ingredi-

ent of Time – Based Competition [J]. Review of Business, 2001, 3: 22 – 27.

[245] Wolters C. A., Understanding Procrastination from a Self – Regulated Learning Perspective [J]. Journal of Educational Psychology, 2003, 95: 179 – 187.

[246] Yair L., Michelle M. R., Procrastination in Online Exams: What Data Analytics Can Tell Us? Proceedings of the Chais conference on instructional technologies research, 2012.

[247] Yang H. L., Cheng H. H., Creative Self – efficacy and its Factors: An Empirical Study of Information System Analysts and Programmers [J]. Computers in Human Behavior, 2009, 25 (2): 429 – 438.

[248] Zakay D., Attention and Duration Judgment [J]. Psychology francaise, 2005, 50: 65 – 79.

[249] Zampetakisa L. A., Bourantab N. & Moustakisa V. S., On the relationship between individual creativity and time management [J]. Thinking Skills and Creativity, 2010, 5: 23 – 32.

[250] Zapf D., Stress – oriented Analysis of Computerized Office Work [J]. European Work and Organizational Psychologist, 1993, 3: 85 – 100.

[251] Zapf D., Emotion Work and Psychological Well – being: A Review of the Literature and Some Conceptual Considerations [J]. Human Resource Management Review, 2002, 12 (2): 237 – 268.

[252] Zhang Xin – an., Cao Qing, & Grigoriou, N., Consciousness of Social Face: Development and Validation of a Scale Measuring Desire to Gain Face Versus fear of losing face [J]. Journal of Social Psychology, 2011, 151 (2): 129 – 149.

[253] Zhou J., Shin S. J., Barass D. J. et al., Social Networks, Personal Values, and Creativity: Evidence for Curvilinear and Interaction Effects [J]. Journal of Applied Psychology, 2009, 94 (6): 1544 – 1552.

[254] Zhou J., George J. M., When Job Dissatisfaction Leads to Creativity: Encouraging the Expression of Voice [J]. Academy of Management Journal, 2001, 44 (4): 682 – 696.

[255] Zirger B. J., Hartley J. L., The Effect of Acceleration Techniques on Product Development Time [J]. IEEE Transactions on Engineering Management, 1996, 43: 143-152.

[256] Zivnuska S., Kiewitz C., Hochwater W. A., Perrewe P. L. & Zellars K. L. What is too much or too little? The Urvilinear Effects of Job Tension on Turnover intent, Value Attainment, and Job Satisfaction [J]. Journal of Applied Social Psychology, 2002, 32: 1344-1360.

[257] Zlomke K. R., Jeter K. M. Stress and Worry: Examining Intolerance of Uncertainty's Moderating Effect [J]. Anxiety, Stress & Coping, 2014, 27 (2): 202-215.

[258] Zrucher L. A., The Staging of Emotion: A Dramaturgical Analysis. Symbolic Interaction, 1982, 5: 1-22.

[259] 班杜拉:《思想和行动的社会基础——社会认知论》,林颖译,华东师范大学出版社2001年版。

[260] 陈公海:《企业研发团队非正式网络的结构特征对产品创新绩效影响的研究》,博士学位论,中国人民大学,2008年。

[261] 陈俊、易晓文:《拖延行为个体对人格特征词、拖延词的注意偏向》,《心理科学》2009年第2期。

[262] 程德俊、宋哲、王蓓蓓:《认知信任还是情感信任:高参与工作系统对组织创新绩效的影响》,《经济管理》2010年第32期。

[263] 段文婷、江光荣:《计划行为理论述评》,《心理科学》2008年第2期。

[264] 傅前瞻、陈拥军:《大学生企业家精神培育——ERP沙盘模拟教学的视角》,《皖西学院学报》2010年第1期。

[265] 顾远东、彭纪生:《组织创新氛围对员工创新行为的影响:创新自我效能感的中介作用》,《南开管理评论》2010年第1期。

[266] 郭霖、帕德瑞夏·弗莱明:《组织结构与中小企业绩效》,《厦门大学学报》2005年第1期。

[267] 何友晖:《面子的动力:从概念化到测量》,转引自翟学伟主编《中国社会心理学评论(第二辑)》,社会科学文献出版社2006年版。

[268] 侯二秀、陈树文、长青:《企业知识员工心理资本维度构建与测

量》，《管理评论》2013 年第 2 期。

[269] 李刚：《组织结构创新的机理与方法研究》，博士学位论文，武汉理工大学，2007 年。

[270] 林泉、林志扬、孙振宁：《组织结构影响角色外行为和组织绩效分析——多种不同的视角》，《汕头大学学报》（人文社会科学版）2012 年第 2 期。

[271] 刘云、石金涛：《组织创新气氛与激励偏好对员工创新行为的交互效应研究》，《管理世界》2009 年第 10 期。

[272] 卢小君、张国梁：《工作动机对个人创新行为的影响研究》，《软科学》2007 年第 21 期。

[273] 陆静丹、陈培玲：《基于 SEM 的大学生创新能力测量模型》，《统计与决策》2011 年第 327 期。

[274] 罗家德：《社会网分析讲义》，社会科学文献出版社 2010 年版。

[275] 潘晓云：《团队冲突对团队成员情绪影响的研究——国外理论综述及我国的实证研究》，《河南社会科学》2011 年第 1 期。

[276] 钱铭怡、武国城、朱荣春等：《艾森克人格问卷简式量表中国版（EPQ. RSC）的修订》，《心理学报》2003 年第 2 期。

[277] 邱皓政、陈燕祯、林碧芳：《组织创新气氛量表的发展与信效度衡鉴》，《测验学刊》2009 年第 56 期。

[278] 邱林：《人格特质影响情感幸福感的机制》，博士学位论文，华南师范大学，2006 年。

[279] 曲如杰、孙军保、杨中、司国栋、时勘：《领导对员工创新影响的综述》，《管理评论》2012 年第 2 期。

[280] 孙绍邦、孟昭兰：《面部反馈假设的检验研究》，《心理学报》1993 年第 3 期。

[281] 孙卫、徐昂、尚磊：《创新速度理论研究评述与展望》，《科技进步与对策》2010 年第 7 期。

[282] 汤超颖、邹会菊：《基于人际交流的知识网络对研发团队创造力的影响》，《管理评论》2012 年第 4 期。

[283] 王大伟：《决策制定过程中时间压力效应的实验研究》，博士学位论文，华东师范大学，2007 年。

[284] 王双龙、周海华：《家长式领导对个人创新行为的影响机理研究》，

《软科学》2013 年第 12 期。

[285] 吴爱华、苏敬勤：《组织情景对创新速度影响的实证分析——技术不确定性的调节作用》，《科学学与科学技术管理》2012 年第 3 期。

[286] 吴万益、钟振辉、江正信：《企业文化、组织运作、制造策略与经营绩效之关系研究》，《中华管理评论》（台湾）1999 年第 1 期。

[287] 吴宗佑、徐玮伶、郑伯埙：《怒不可遏或忍气吞声华人企业中主管威权领导行为与部属愤怒情绪反应的关系》，《本土心理学研究》2002 年第 18 期。

[288] 谢霍坚、陈国权、刘春红：《团队组织模型——构建中国企业高效团队》，上海远东出版社 2003 年版。

[289] 杨皎平、金彦龙、戴万亮：《网络嵌入、学习空间与集群创新绩效：基于知识管理的视角》，《科学学与科学技术管理》2012 年第 6 期。

[290] 杨英、孙乃纪、肖丽梅：《员工创新行为相关研究综述》，《商业时代》2011 年第 26 期。

[291] 翟学伟：《人情、面子与权力的再生产》，北京大学出版社 2005 年版。

[292] 张钢、任燕：《关系嵌入对创业导向的影响研究》，《科技进步与对策》2011 年第 19 期。

[293] 张国华、戴必兵：《无法忍受不确定性研究进展》，《首都师范大学学报》（社会科学版）2012 年第 2 期。

[294] 张剑、刘佳：《时间压力对员工创造性绩效的影响》，《管理学报》2010 年第 6 期。

[295] 张剑、岳红：《我国企业创造性组织情景因素研究》，《科学学研究》2007 年第 3 期。

[296] 张剑、张微、Deci E. L.：《心理需要的满足与工作满意度：哪一个能够更好地预测工作绩效?》，《管理评论》2012 年第 6 期。

[297] 张敏、陈荣秋：《不确定收益下关键链项目缓冲前置分配模型》，《工业工程与管理》2009 年第 4 期。

[298] 张敏：《任务紧迫性下项目创新行为实验研究——基于情绪的调节作用》，《科学学研究》2012 年第 10 期。

[299] 郑伯埙、周丽芳、黄敏萍等:《家长式领导的三元模式:中国大陆企业组织的证据》,《本土心理学》2003 年第 19 期。
[300] 周婷:《网络英语教学对员工创造性思维能力及创新态度影响的研究》,硕士学位论文,华中科技大学,2006 年。
[301] 周文峰、阳霞:《并行设计和施工中进度缓冲的设置方法研究》,《人民长江》2007 年第 11 期。
[302] 朱瑞玲:《"面子"压力及其因应行为》,转引自杨国枢、黄光国主编《中国人的心理与行为》,桂冠图书公司 1989 年版。